Sommaire

Introduction

TCP/IP est un sujet d'actualité, car c'est le ciment qui maintient l'édifice de l'Internet (et du World Wide Web). Pour être correctement connecté (c'est le fondement des réseaux, n'est-ce pas ?), vous devrez vous familiariser tôt ou tard avec lui. Si vous voulez comprendre ce qu'est TCP/IP, pourquoi vous en avez besoin et comment l'utiliser, mais que vous ne savez pas par où commencer, ce livre vous est destiné.

Les conventions utilisées dans ce livre

Toutes les commandes que vous avez besoin d'entrer vous-même apparaissent ainsi :

```
COMMANDE à taper
```

Pour entrer cette commande, vous tapez COMMANDE à taper, exactement comme vous le voyez inscrit, en utilisant les mêmes lettres minuscules et majuscules, ensuite vous appuyez sur la touche Entrée.

Chaque fois que nous vous montrons quelque chose qui apparaît à l'écran (comme un message d'erreur ou une réponse), cela se présente ainsi :

```
Un message d'erreur TCP/IP à l'écran
```

Hypothèses insensées

Nous avons émis quelques hypothèses vous concernant et les réponses que vous recherchez dans ce livre :

- Vous utilisez un type d'ordinateur. Le type d'ordinateur importe peu – c'est une des caractéristiques de la beauté de TCP/IP.
- Votre ordinateur est déjà connecté à un réseau (ou voudrait l'être).
- Vous avez TCP/IP ou bien vous considérez TCP/IP comme le protocole nécessaire pour ce réseau.
- Vous savez peut-être déjà quelque chose sur TCP/IP et voulez en savoir plus.
- Vous avez peut-être entendu dire que TCP/IP est le protocole à utiliser pour votre réseau, mais vous n'êtes pas sûr de savoir comment démarrer.
- Vous êtes peut-être angoissé à l'idée de savoir que les futurs changements dans les protocoles TCP/IP détruiront votre réseau.

Le plus important : nous savons très bien que vous n'êtes pas vraiment un "nul". Vous essayez juste quelque chose de neuf. C'est tout à votre honneur.

Comment ce livre est organisé

Ce livre contient quatre parties. Chaque partie contient plusieurs chapitres, lesquels sont divisés en sections plus petites. Voici un rapide aperçu de ce que vous allez trouver dans chaque grande partie :

Première partie : Les bases et les termes branchés

Cette partie explique pourquoi TCP/IP est tellement à la mode. Vous comprendrez les relations entre TCP/IP et l'Internet, comment a démarré TCP/IP et ce qu'il va devenir. Nous avons également inclus des informations importantes sur la théorie des réseaux pour le cas où vous ne connaîtriez rien à la terminologie employée. Vous trouverez tous les termes branchés d'aujourd'hui, y compris ceux qui vous feront entrer dans le XXIe siècle.

Deuxième partie : Le menu TCP/IP de l'entrée au dessert

Cette partie rassemble de solides bases techniques sur les protocoles qui constituent la suite TCP/IP. Elle décrit tous les services que TCP/IP vous propose, et vous explique comment le réseau peut vous retrouver à partir de vos nom et adresse. Nous vous aidons à explorer les outils et les commandes de TCP/IP et nous expliquons étape par étape comment vous en servir. Nous présentons aussi quelques-uns des systèmes de fichiers compatibles TCP/IP que peut utiliser votre ordinateur, et ce que vous devez faire pour les utiliser.

Troisième partie : Le ragoût de TCP/IP – un doigt de ceci, une pincée de cela

Cette partie aborde des sujets variés, incluant la sécurité et le matériel. Nous vous donnons des informations générales sur le matériel dont vous pourriez avoir besoin dans un contexte particulier – par exemple, lorsque vous désirez transformer un ordinateur en passerelle pour un courrier électronique (voir le Chapitre 6).

Quatrième partie : Les dix commandements

Vous pouvez trouver ici les questions les plus fréquemment posées, les astuces, ainsi que quelques anecdotes assez farfelues mais vraies sur TCP/IP.

Les icônes utilisées dans ce livre

Cette icône signale les problèmes de sécurité et vous aide à les gérer.

Cette icône indique les raccourcis astucieux ou bien les éléments d'information qui vous facilitent la vie.

Cette icône vous rappelle les choses dont vous devez vous souvenir.

Cette icône vous fait savoir qu'il y a un revolver chargé pointé sur vous. Prenez garde !

Chaque fois que nous utilisons cette icône, nous signalons une RFC (Request For Comments). Les RFC sont la documentation à propos de l'Internet et incluent :

- Les standards pour les protocoles.
- Les matériaux de référence FYI (For Your Information).
- Les articles humoristiques, comme "The Twelve Days of Technology Before Christmas" (Les douze jours de l'Internet avant Noël) (RFC1822).

Première partie

Les bases et les termes à la mode

"Excusez-moi, est-ce qu'il y a une personne qui ne parle pas de TCP/IP."

Dans cette partie...

Nous faisons une présentation générale de TCI/IP et des concepts fondamentaux qu'il englobe.

Chapitre 1

TCP/IP, les internets, les intranets et les extranets

Dans ce chapitre :

- Etudier l'Internet ainsi qu'un internet.
- Examiner les intranets, les extranets et les réseaux privés virtuels ou VPN (Virtual Private Networks).
- Enquêter sur qui a la responsabilité de TCP/IP et de l'Internet.
- S'interroger sur l'utilité de l'Ipv6, la nouvelle version de TCP/IP.

Ce chapitre présente les origines et les différentes versions de TCP/IP.

Internet contre internet

L'Internet représente l'ensemble de tous les réseaux informatiques interconnectés dans le monde qui utilisent le protocole TCP/IP. Ces réseaux relient tous les continents – y compris l'Antarctique – et quasiment tout les pays.

L'Internet représente bien plus que ces connexions réseau. Il représente tous les ordinateurs individuels connectés à ces réseaux ainsi que tous les utilisateurs de ces ordinateurs, toute l'information qui leur est accessible, et tout le savoir qu'ils possèdent. L'Internet englobe tout autant les personnes et l'information que les ordinateurs et les réseaux.

Quand vous cherchez le mot "internet" dans le dictionnaire, vous trouvez ceci :

- *inter* signifie "entre", "parmi" ou "au milieu de".
- *net* est un groupe de stations de communication opérant sous contrôle unifié.

Donc, un internet est ce qui va entre, parmi et à l'intérieur des stations de communication situées sur un réseau. Beaucoup d'organismes (des entreprises, des universités, etc.) possèdent leur propre internet. Un internet est aussi la manière de relier un réseau à un autre – par exemple, pour étendre un réseau local (LAN) en réseau étendu (WAN).

Un moyen de distinguer l'Internet d'un internet est d'écrire l'*Internet* avec une majuscule.

L'Internet, c'est...

- Le seul et unique réseau de réseaux international utilisant TCP/IP, et la maison du World Wide Web.
- Un réseau qui a évolué ces trente dernières années.
- Public (pas gratuit mais ouvert à tout le monde).
- Un moyen de transport pour votre courrier électronique (e-mail) destiné aux personnes du monde entier, y compris au président de la République et à des personnages fictifs, comme Sherlock Holmes.
- Un endroit où vous pouvez vous procurer des logiciels gratuitement.
- Un endroit où le gouvernement des Etats-Unis publie des documents sur la vie sexuelle des gens (le rapport Starr).
- Des milliers de réseaux, des centaines de milliers d'ordinateurs, des millions de gens, et suffisamment d'informations pour remplir votre disque dur (et le nôtre) des centaines de fois.

Un internet, c'est...

- Un réseau de réseaux conçu généralement pour un organisme.
- Un réseau qui utilise les protocoles TCP/IP et qui peut éventuellement utiliser d'autres protocoles réseau.

L'Internet est-il gratuit ?

Oui, l'Internet est gratuit, au sens où vous ne devez payer aucun des comités de l'Internet pour y accéder. Mais si vous voulez obtenir une adresse Internet pour un organisme ou une personne, vous devez verser un droit d'inscription à l'InterNIC.

D'un autre côté, pour vous connecter à l'Internet, vous avez besoin :

- D'un ordinateur ou d'un terminal, ou même seulement d'un poste de télévision.
- D'un logiciel TCP/IP (pour un accès complet à l'Internet, ce qui inclut le World Wide Web).
- D'une connexion réseau qui peut être d'un des types suivants : Ethernet, token ring ou encore un modem et une ligne téléphonique. Il peut s'agir aussi d'une simple ligne vocale ou d'une ligne spécialisée pour les données.
- D'une connexion à un réseau qui soit connecté à l'Internet ou à un compte chez un fournisseur d'accès Internet (FAI), ou encore à un service en ligne, comme America Online (AOL), qui fournit l'accès à l'Internet. Si vous prévoyez une utilisation fréquente de l'Internet, le mieux est d'avoir un abonnement mensuel auprès d'un fournisseur pour avoir accès à tous ces services.

La plupart des FAI et des réseaux régionaux se connectent à des réseaux plus grands encore qui constituent la dorsale de l'Internet. De là sont renvoyées les données partout dans le monde et même dans l'espace. Les réseaux de cette dorsale louent les lignes des compagnies téléphoniques. Ils connectent alors ces lignes à des ordinateurs spécialisés, appelés *routeurs*.

- Privé. Seuls vous ou les autres membres de votre entreprise êtes habilités à l'utiliser. Cela ressemble à une version privée de l'Internet.
- Un moyen de transport pour le courrier électronique que vous destinez aux autres membres de votre entreprise.
- Connecté ou non à l'Internet. Si votre entreprise possède un internet qui n'est pas connecté à l'Internet, vous ne pouvez pas envoyer de courrier électronique à Marshall et à Candace, vos auteurs, parce qu'ils n'ont pas accès à votre internet privé et que vous n'avez pas accès à l'Internet, là où ils se trouvent.
- Un système qui utilise TCP/IP, s'il est connecté à l'Internet.

Net, net, de plus en plus net

Un intranet, c'est...

- Une sorte d'internet.
- Un nom amusant pour le réseau privé de votre entreprise. Les puristes disent qu'un intranet doit utiliser TCP/IP. S'il utilise n'importe quel autre protocole réseau, ce n'est qu'un simple bon vieux réseau, sans plus.
- Connecté ou non à l'Internet (ou éventuellement à un internet). Si une partie de votre intranet est accessible aux personnes extérieures à votre entreprise (comme les clients ou les fournisseurs), cette partie est appelée *extranet*.

Un extranet, c'est...

- Multiple, interconnecté à des intranets et à des internets.
- Les différents partenaires de votre entreprise, ce qui inclut les distributeurs, les fournisseurs, les clients et les partenaires qui collaborent tous de manière électronique.
- Quelque chose qui n'existe pas physiquement – c'est un réseau virtuel.

Un réseau privé virtuel, c'est...

- Un réseau privé qui parcourt des établissements privés, à l'instar de l'internet.
- Sûr et sécurisé, car il utilise un protocole d'accès spécial sur le réseau public ; il peut brouiller les données avant de les envoyer sur les lignes publiques.
- Une économie pour les réseaux des grandes entreprises, car il utilise des lignes de télécommunication publiques qui sont habituellement moins chères que les lignes privées.
- Utilisé à la fois par les intranets et les extranets.

La Déclaration d'indépendance de TCP/IP

Vous pouvez trouver toutes sortes de types de réseaux et de technologies de matériel, des anneaux jusqu'aux étoiles, des câbles téléphoniques aux signaux émis par satellite dans l'espace. De plus, de nouvelles technologies émergent sans cesse pour améliorer ou remplacer celles déjà existantes. Une des plus grandes forces de TCP/IP est qu'il est indépendant de tout ceci :

- L'architecture réseau. En anneau ou en étoile – TCP/IP n'en a que faire.
- Le moyen de transmission. Câble ou satellite – pas de problème.
- Le revendeur. Faites votre choix.
- Le système d'exploitation et le matériel informatique. Sélectionnez celui que vous préférez.

TCP/IP relie les réseaux à l'Internet, sans tenir compte du matériel et des logiciels utilisés pour construire ces réseaux. TCP/IP fonctionne partout et connecte presque n'importe quoi. Vous avez peut-être entendu parler d'autres protocoles réseau, comme SNA d'IBM ou SPX / IPX de Novell. Mais aucun autre protocole que TCP/IP ne relie autant de plates-formes matérielles et logicielles différentes. Cette diversité est la raison pour laquelle TCP/IP est le protocole réseau le plus populaire du monde.

Toutes les marques sont égales devant TCP/IP

Depuis le début, TCP/IP était destiné à relier les ordinateurs de différentes marques, comme IBM ou Hewlett-Packard, pour n'en citer que deux. Avec TCP/IP, vous pouvez acheter l'ordinateur que vous voulez en étant certain qu'il pourra communiquer avec tous les autres.

Tous les systèmes d'exploitation sont égaux devant TCP/IP

Certains ordinateurs sont capables de faire tourner plusieurs systèmes d'exploitation. Par exemple, vous pouvez installer Microsoft Windows 98, Microsoft Windows NT et UNIX sur un seul PC.

TCP/IP – enfant de la guerre froide

Dans les années 60, l'agence gouvernementale américaine DARPA (Defense Advanced Research Projects Agency) a fait des recherches sur la manière de connecter des ordinateurs afin d'échanger des données entre eux. Le but de cette recherche était de construire un système de commande et de contrôle qui survivrait à un "incident" nucléaire.

Ce premier réseau appelé ARPANET reliait des centres de recherche académiques et militaires. Comme l'ARPANET continuait de croître, les gens ont commencé à l'utiliser dans des buts assez différents de ceux d'origine, qui étaient strictement militaires. La majorité des utilisateurs était toujours constituée d'universitaires et de militaires rattachés au gouvernement, mais ils commencèrent à utiliser le réseau pour partager toutes sortes d'informations, de fichiers et de documents non militaires.

Le DARPA a développé tout un ensemble de protocoles pour la communication au sein de l'ARPANET. Deux de ces protocoles sont bien connus, TCP et IP, plus communément appelés TCP/IP. Au début des années 80, le secrétariat de la Défense américain a décrété que tous les ordinateurs connectés à l'ARPANET devraient utiliser TCP/IP. C'est à ce moment que l'Internet est né.

TCP/IP était – et est toujours – un protocole de choix, car il est capable d'assurer une communication en totale transparence en utilisant le système des paquets pour envoyer les données entre de nombreux types de réseaux différents.

Pas de problème ! Vous pouvez faire tourner tous ces systèmes d'exploitation et avoir toujours TCP/IP qui travaille pour vous. Utilisez tout simplement le système d'exploitation qui correspond le mieux à vos besoins.

En fait, bien que le système d'exploitation UNIX ait été le premier à intégrer TCP/IP, la plupart des systèmes d'exploitation récents le proposent en standard.

Cette intégration à grande échelle de TCP/IP est un indice de sa popularité. Les implémentations de TCP/IP vendues par certaines entreprises sont importantes, car elles peuvent avoir des fonctionnalités que les implémentations d'origine n'ont pas. Par exemple, le TCP/IP que Microsoft inclut dans Windows 95 et Windows 98 ne contient que les versions client. Si vous avez besoin des versions serveur, vous devez acheter un produit TCP/IP avec davantage de fonctionnalités.

Aujourd'hui, plus de 25 millions d'ordinateurs utilisent TCP/IP. A partir de ces statistiques, vous pouvez vous apercevoir que, bien que TCP/IP soit fourni avec la plupart des systèmes d'exploitation, les entreprises n'ont pas de souci à se faire pour leurs affaires.

TCP/IP est-il gratuit ?

Comme les spécifications de TCP/IP se trouvent facilement sur l'Internet, n'importe qui peut les acquérir et les implémenter. De nombreuses personnes le font, et certaines d'entre elles, ainsi que leurs entreprises, peuvent vendre leurs implémentations ou faire cadeau de ces produits. TCP/IP est habituellement inclus dans les systèmes d'exploitation vendus avec les ordinateurs. Parce que personne ne "possède" réellement TCP/IP, les développeurs des produits qui l'implémentent ou l'incluent n'ont aucun droit à payer. Cela permet de diminuer le coût des produits et de les rendre accessibles tout en conservant une marge de profit assez élevée. Si personne ne possède TCP/IP, qui en détient les droits ? Aujourd'hui, TCP/IP est un standard international surveillé par l'Internet Society.

Au fait, qui a la responsabilité de TCP/IP et de l'Internet ?

De plus en plus d'entreprises se connectent chaque jour, apportant plus d'utilisateurs en ligne chaque minute. Voici quelques-uns des organismes les plus importants de l'équipe chargée de surveiller cette croissance rapide :

- **InterNIC :** Network Services, Inc. (NSI) est responsable de l'Internet Network Information Center, connu sous le nom d'InterNIC. L'InterNIC assigne les adresses IP aux ordinateurs et aux réseaux. Votre entreprise doit être enregistrée auprès de l'InterNIC pour se connecter à l'Internet. Le NSI prévoit d'offrir les WorldNIC Services, une nouvelle gamme de services d'enregistrement destinés au commerce. Vous pouvez contacter l'InterNIC sur `www.internic.net`.

- **The Internet Assigned Numbers Authority (IANA) :** L'Internet Assigned Numbers Autorithy a été le contrôle central pour les adresses Internet, les noms de domaine et les paramètres de protocole. L'IANA a été lancée par l'University of South California's Information Sciences Institute et a été fondée par le gouvernement américain. Contactez l'IANA sur `www.iana.org`.

- **The Internet Corporation for Assigned Names and Numbers (ICANN) :** L'Internet Corporation for Assigned Names and Numbers est une association à but non lucratif lancée par un comité international de direction et fondée par la communauté de l'Internet. L'ICANN a fusionné le 30 septembre 1998 avec l'IANA et a pris la direction de ses recherches. Vous pouvez contacter l'ICANN sur `www.icann.org`.
- **Internet Activities Board (IAB) :** L'Internet Activities Board surveille l'Internet et ses protocoles (TCP/IP). L'IAB possède des sous-comités de bénévoles qui fixent les standards et cherchent de nouvelles solutions aux problèmes liés à la croissance de l'Internet. L'IAB travaille avec différents comités afin de fixer l'orientation de la recherche et du développement de l'Internet. Contactez l'IAB sur `www.iab.org`.
- **Internet Engineering Task Force (IETF) :** L'Internet Engineering Task Force est responsable de la maintenance et du fonctionnement quotidien de l'Internet. Plus de 70 groupes de travail composent l'IETF. Les membres de ces groupes élaborent et développent des standards pour TCP/IP. Un de ces standards est la nouvelle génération de protocoles IP, l'Ipv6. Contactez l'IETF sur `www.ietf.org`.

RFC ALERT

Référez-vous à la RFC 1718, "The Tao of the IEF – A Guide for New Attendees of the IEFT" (La Bible de l'IETF – Guide des nouvelles attentes de l'IETF).

- **Internet Engineering Steering Group (IESG) :** L'Internet Engineering Steering Group fixe les directions stratégiques et les buts de l'Internet. L'IESG coordonne la création d'un plus grand système d'adressage TCP/IP afin que l'Internet ne soit pas saturé. L'IETF fait quelques recommandations à l'IESG pour standardiser les protocoles TCP/IP de l'Internet. Vous pouvez contacter l'IESG sur `www.ietf.org/iesg.html`.
- **Internet Research Task Force (IRTF) :** L'Internet Research Task Force dirige les recherches relatives aux protocoles réseau, comme TCP/IP. L'IETF conduit les recherches de l'IRTF dans le monde pratique de TCP/IP et de l'Internet. Contactez l'IRTF sur `www.irtf.org`.
- **The Internet Society :** L'IAB, l'IETF et l'IRTF sont une partie de l'Internet Society, laquelle guide le futur de l'Internet. L'Internet Society publie deux magazines électroniques : *ISOC Forum* et *On The Internet*, lequel est inclus avec votre adhésion. Contactez l'ISOC sur `www.isoc.org`.

Les RFC, les FYI et les STD

Lorsqu'une personne propose une idée sur une nouvelle fonctionnalité de TCP/IP, elle écrit une proposition en tant que Request for Comments (requête de commentaire) et la publie sur l'Internet. Vous pouvez être sûr d'une chose au sujet des RFC : tant que nous avons TCP/IP et l'Internet, les gens écriront de nouvelles RFC.

Les auteurs de RFC sont des bénévoles et ne sont rétribués pour aucune de leur création. A chaque RFC est assigné un nombre, par lequel elle sera connue bien longtemps après. Les visionneurs (encore des bénévoles) répondent à l'aide de commentaires et de critiques constructives. Les auteurs de RFC corrigent alors et remettent à jour leurs documents. Si tout se passe bien, la RFC devient un projet de standard. Les programmeurs utilisent ces ébauches pour concevoir et créer un logiciel qui implémente la fonctionnalité décrite dans la RFC. Avant qu'elle ne devienne un vrai code de travail, la RFC n'est pas considérée comme un standard officiel.

Les RFC sont classées par catégorie. Par exemple, une RFC qui documente un standard technique est étiquetée "STD". Les RFC qui sont sur le point d'être adoptées comme standards sont appelées "Draft Standards and Proposed Standards". Les RFC qui fournissent une information générale sont étiquetées "FYI".

Ipv6, la prochaine génération de TCP/IP

L'Internet ne peut étendre les limites du système de numérotation des adresses actuelles. La fin est-elle proche? Bien que les estimations varient selon le degré de pessimisme des sondés, les adresses des petits réseaux seront probablement épuisés aux alentours de 2010. Ce qui n'est pas si loin.

Si l'Internet ne peut plus fournir d'adresses, cela signifie-t-il qu'il ne sera plus capable d'accepter de nouvelles entreprises ou de nouvelles personnes ? Pas du tout. L'IESG a créé un bureau d'études afin de traiter au mieux ce problème. Et la solution s'appelle Ipv6 !

L'Ipv6 est la prochaine génération d'IP. Elle offre des millions d'adresses en plus par rapport à ce que nous connaissons aujourd'hui, tout en satisfaisant tout le monde dans un futur proche. Les créateurs de logiciels doivent développer des produits comprenant le nouveau schéma d'adressage – quelques produits existent déjà, mais au moment où nous écrivons la plupart des gens utilisent encore la version 4 de TCP/IP (appelée *v4*).

Afin d'offrir plus d'adresses sur l'Internet, Ipv6 change le format d'adressage. Cela veut-il dire que tous les surfeurs d'Internet doivent trouver un nouveau moyen d'accès à l'Internet ou que le matériel réseau et les systèmes d'exploitation doivent changer pour intégrer l'Ipv6 ? Le bureau d'études de l'Ipv6 a décrété que les anciennes et nouvelles adresses devaient coexister.

Si vous êtes inquiet quant au devenir du cyberespace, rassurez-vous. Nous essayons juste de vous faire réfléchir sur les directions futures possibles pour votre réseau. La transition d'Ipv4 à Ipv6 sera lente et graduelle. Soyez certain que l'Internet intégrera les deux formes d'adresses IP durant les années à venir.

Hormis l'espace d'adressage plus grand, l'Ipv6 nous apporte quelques autres bonnes surprises :

SÉCURITÉ

- Si vous gérez un réseau, l'Ipv6 assigne les adresses plus facilement, vous laissant plus de temps pour votre pause déjeuner.

  Pour tous ceux qui sont concernés par la sécurité (et qui ne l'est pas ?), l'Ipv6 fournit de nouveaux moyens de cryptage de données ; ainsi les esprits malintentionnés ne pourront pas fouiner dans votre réseau.

- Si vous voulez d'autres détails techniques sur l'Ipv6, lisez la RFC 1883, qui lui est consacrée.

En résumé, l'Ipv6 résout le problème d'adressage de l'Internet, cette version étant plus compliquée à implémenter. La technologie CIDR (Classless InterDomain Routing) et le DHCP (Dynamic Host Configuration Protocol) repoussent plus loin les capacités des adresses IP sans pour autant les convertir en Ipv6.

Chapitre 2

Ce que vous devez savoir sur les réseaux

Dans ce chapitre :

- Comprendre de quoi est fait un réseau.
- Comprendre les avantages que procure la connexion à un réseau.
- Prévenir les problèmes si vous partagez des ressources dans un réseau.
- Voir si TCP/IP fonctionne mieux sur un LAN que sur un WAN.
- Acquérir ce que vous avez besoin de savoir sur l'Ethernet ou le token ring pour utiliser TCP/IP.

Ce chapitre vous présente la terminologie de base ainsi que les concepts fondamentaux relatifs à la technologie TCP/IP.

Qu'est-ce qu'un réseau ?

Un *réseau* est un ensemble d'ordinateurs (et autres matériels informatiques) reliés par un câblage, de cartes réseau se trouvant à l'intérieur des ordinateurs, et de logiciels réseau (comme les protocoles TCP/IP). La Figure 2.1 représente certains des éléments qui composent un réseau.

Un protocole logiciel régit la circulation des informations entre les éléments d'un réseau, et TCP/IP est le protocole le plus largement utilisé sur la plus grande gamme de matériel.

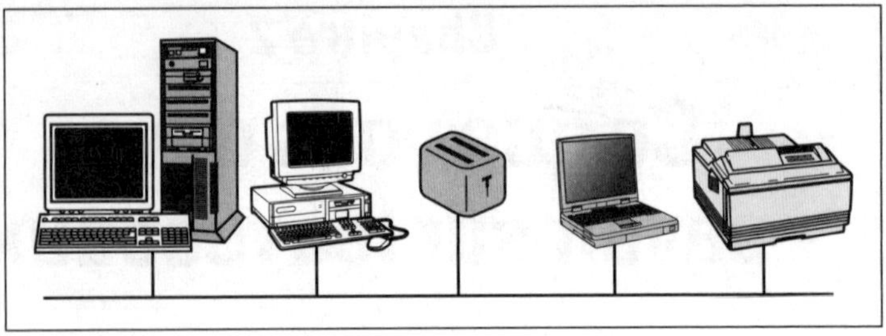

Figure 2.1 : Un réseau et quelques-uns de ses composants.

Quels types d'appareils peuvent être mis en réseau ?

N'importe quel appareil qui peut envoyer ou recevoir des données peut faire partie d'un réseau. Voici des composants classiques :

- **Les ordinateurs :** Cela inclut les PC, les Net PC, les portables, les stations de travail, les ordinateurs qui tiennent le rôle de clients (qui empruntent les ressources d'autres ordinateurs), les ordinateurs qui tiennent le rôle de serveur (qui prêtent leurs ressources à d'autres ordinateurs).
- **Les imprimantes :** Vous pouvez également connecter certains types d'imprimantes directement en réseau.
- **Les caisses enregistreuses et autres appareils se trouvant dans divers points de vente :** Ces appareils aident les magasins de vente au détail à contrôler leur inventaire. Les scanners de codes-barres en sont un bon exemple.
- **Les médias de connexion :** Ce qui correspond aux câbles, aux fils, à la fibre optique, aux micro-ondes ainsi qu'aux signaux transmis à partir ou en direction des satellites.
- **Les autres matériels informatiques :** Cette catégorie est assez vaste. Elle comprend les hubs, les routeurs, les passerelles, les serveurs de terminaux et les modems (certains modems spécifiques peuvent être reliés directement à un réseau).
- **Ce que vous n'imagineriez jamais trouver sur un réseau :** Vous n'avez pas idée de ce que certaines personnes ont connecté sur un réseau – des distributeurs de sodas et de friandises, des toilettes, pour n'en citer que quelques-uns.

Comment TCP/IP s'intègre-t-il dans le réseau ?

Confronté à tous les éléments possibles composant un réseau, vous réalisez sans doute la nécessité de disposer d'une série de règles afin de pouvoir transmettre des données entre ces derniers. Ces règles sont les protocoles réseau, comme TCP/IP. Quelques-uns des autres protocoles disponibles sont l'IPX de Novell et le SNA d'IBM.

Les réseaux et les protocoles sont inséparables : sans réseau, les protocoles n'auraient aucune raison d'exister. Sans protocole, un réseau ne serait qu'une collection de machines coûteuses et inutiles. Et sans TCP/IP, l'Internet serait une idée en manque d'implémentation.

Qu'est-ce qu'un réseau vous permet de faire ?

Un réseau fournit de nombreux avantages et services à ses utilisateurs.

- Vous pouvez déplacer des informations et des fichiers entre deux ordinateurs.
- Sans avoir à les copier, vous pouvez avoir accès à des objets partagés, des répertoires ou des fichiers, se trouvant sur d'autres ordinateurs.
- Vous pouvez partager une imprimante reliée à un autre ordinateur.
- Vous pouvez utiliser des applications qui tirent avantage du réseau. Par exemple, les applications groupware, qui fonctionnent en réseau, permettent à des collègues de communiquer et de partager leurs données – un commercial peut établir un contrat de vente et l'envoyer via le réseau jusqu'à son directeur pour obtenir une signature électronique. Les utilisateurs du réseau peuvent ne jamais avoir entendu parler des protocoles réseau, mais TCP/IP fournit à leurs applications un moyen de communiquer.
- Vous pouvez envoyer un courrier électronique à d'autres personnes qui sont elles aussi connectées à votre réseau. Via l'Internet, vous pouvez envoyer des courriers à des personnes illustres, comme le Père Noël ou le président de la République,

tout comme à celles qui le sont moins – vos auteurs, par exemple !

- Vous pouvez participer à des forums de discussions électroniques. Par exemple, si vous projetez de vous rendre à Disney World, vous pouvez joindre le forum de discussion sur l'Internet *rec.arts.disney* et réserver l'hôtel, le restaurant, ou encore établir votre trajet parmi les attractions du parc. Si vous avez prévu de passer vos vacances à en apprendre plus sur TCP/IP, allez sur *com.protocols.tcp-ip*.

Qu'est-ce qu'un réseau peut faire pour vous ?

Un réseau vous permet de partager vos ressources avec d'autres utilisateurs. Mais attention, si vous autorisez les autres utilisateurs du réseau à utiliser les disques durs de votre ordinateur, aurez-vous encore assez de place pour vos propres fichiers ? Ou, si vous avez une imprimante connectée à votre machine, les autres ne seront-ils pas toujours en train de l'utiliser au moment où vous en aurez besoin ?

Si vous prévoyez de partager les ressources de votre disque et de votre imprimante, vous devez décider comment et dans quelle mesure les utilisateurs du réseau pourront les employer. Après tout, vous ne voudriez pas reverser la totalité de vos revenus au service des impôts ?

Vous devez définir un certain niveau de partage. Si vous choisissez de ne pas utiliser ou de ne pas partager de ressources en réseau, vous avez le contrôle complet de votre environnement, mais vous devez vous contenter de vos ressources limitées, et vous aurez des difficultés à travailler et à communiquer avec les autres. Si vous choisissez d'utiliser ou de partager vos ressources en réseau, vous êtes tributaire des autres sur le réseau, et vice versa. Dans tous les cas, il y a un prix à payer.

Comment faire fonctionner tout ça ?

Pour rendre vos partages de ressources utiles et fiables, votre entreprise doit installer des ordinateurs spéciaux qui sont entièrement dédiés au partage de disques ou d'imprimantes entre de nombreux utilisateurs. Ces ordinateurs sont gérés de telle manière qu'ils sont toujours disponibles même s'il y a un problème matériel. Ces ordinateurs sont appelés *serveurs de fichiers*, *serveurs d'impression* ou simplement *serveurs*.

Attention aux virus !

SÉCURITÉ

En plus de tous ces fichiers, un réseau peut aussi transporter un virus jusqu'à votre ordinateur. Soyez prudent en accédant à un serveur de fichiers qui ne vous est pas familier. Nous vous recommandons vivement de contrôler régulièrement vos disques et disquettes avec un logiciel antivirus. Et testez également tous les logiciels que vous copiez avant de les utiliser.

Protocoles, paquets, et Humpty Dumpty qui tombe du mur

Tous les chevaux et tous les hommes du roi...

Les données que vous envoyez et que vous recevez par le réseau sont emballées dans un ou plusieurs paquets. Chaque paquet contient :

- Les données qu'il doit transmettre.
- L'information de contrôle, qui dit au réseau que faire des paquets.

Le protocole réseau – TCP/IP dans ce cas – détermine le format de chaque paquet. Tout cela est invisible pour l'utilisateur. Si nous ne vous en avions pas parlé, vous n'auriez jamais su que vos messages étaient, tout comme Mr Dumpty, divisés en morceaux pour être transmis, puis rassemblés pour être lus.

... peuvent rassembler vos paquets à nouveau (avec l'aide de TCP/IP)

Une fois les paquets envoyés, ils peuvent arriver à destination dans le désordre. A la Figure 2.2, le message d'un courrier électronique est divisé en paquets. Si vos données sont réparties dans plusieurs paquets, le roi TCP/IP indique à ses chevaux et à ses hommes comment les rassembler à nouveau pour que le message ait un sens.

Figure 2.2 : TCP/IP remet les paquets en ordre.

Qu'est-ce qu'un LAN ?

Un LAN, Local Area Network, est un *réseau local*. Les ordinateurs et les autres appareils en réseau dans un LAN communiquent sur de petites régions géographiques telles que :

- Une aile ou un étage d'immeuble.
- Tous les étages, si c'est un petit immeuble.
- Plusieurs bâtiments sur un petit campus universitaire.

Les LAN peuvent fonctionner sur différentes architectures réseau, comme Ethernet et le token ring.

Comment fonctionne Ethernet

Avec Ethernet, n'importe quel appareil sur le réseau, de l'ordinateur central d'une grande entreprise jusqu'à la caisse enregistreuse d'une épicerie de quartier, peut envoyer des données en paquets vers n'importe quelle destination sur le réseau, et à tout moment. De nombreux appareils se trouvent souvent sur un réseau et, par la force des choses, sont amenés à envoyer des paquets au même instant (Voir Figure 2.3). Quand les paquets de données entrent en collision, Ethernet arrête la transmission des appareils, attend un petit moment, et essaie à nouveau. L'intervalle d'attente est aléatoire et varie chaque fois qu'une collision se produit.

Figure 2.3 : Un réseau local (LAN) Ethernet.

Avec cet anneau...

Dans un réseau *token ring*, les appareils en réseau sont connectés en anneau (*ring*), et un jeton (*token*) passe parmi eux. Quand un appareil a des données à envoyer, il doit d'abord attendre d'obtenir le jeton. La possession du jeton assure que l'appareil qui envoie n'entre en concurrence avec aucun autre. Si un appareil n'a rien à envoyer ou qu'il a fini de le faire, il transmet le jeton à son voisin. Dans un token ring, tout le monde a droit à un tour égal. La Figure 2.4 représente un réseau local token ring.

Token ring contre Ethernet

Que votre réseau fonctionne sous Ethernet ou sous token ring, vos données vont où elles sont supposées aller. L'avantage du token ring tient dans le fait que des collisions semblables à celles qui surviennent sur Ethernet ne se produisent pas, quelle que soit l'activité du réseau. D'un autre côté, tous les appareils doivent faire circuler le jeton, même s'ils n'ont rien à envoyer. Ainsi, dans un réseau qui n'a pas une très grande activité, les appareils qui ont des données à envoyer doivent attendre que les appareils qui n'ont rien à faire prennent le jeton et le leur transmettent.

TCP/IP n'a rien à voir avec Ethernet ou token ring. Voici encore un avantage de TCP/IP : TCP/IP fonctionne sur ces deux types d'architecture. Ethernet et token ring représentent l'aspect matériel. TCP/IP représente l'ensemble de l'aspect logiciel et fonctionne sur presque tous les types de matériel.

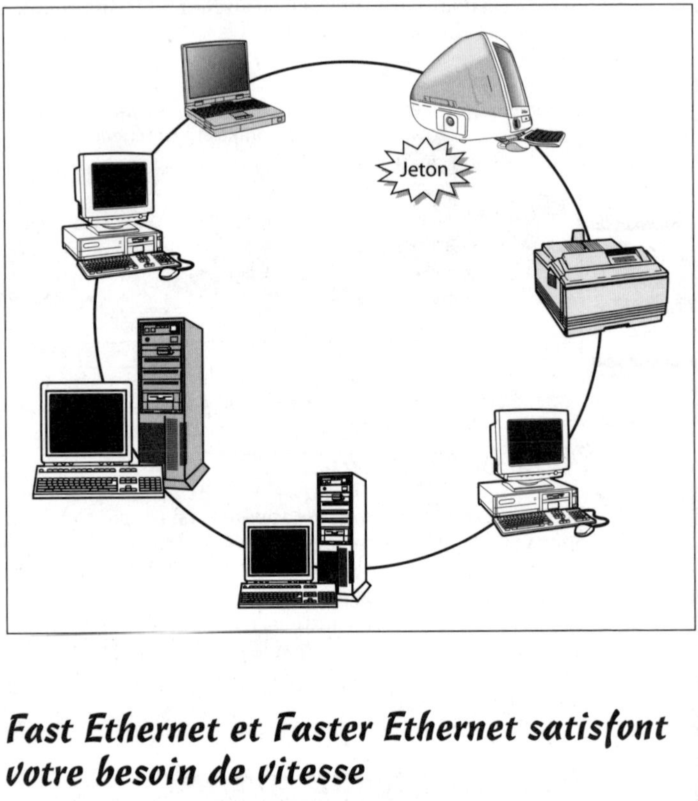

Figure 2.4 : Un réseau local (LAN) token ring.

Fast Ethernet et Faster Ethernet satisfont votre besoin de vitesse

Les informations se déplacent à une vitesse *théorique* de 10 Mbps (mégabits ou millions de bits par seconde) sur Ethernet et à 100 Mbps sur Fast Ethernet. Chaque caractère que vous tapez fait habituellement 8 ou 16 bits. Faites le calcul – 10 000 000/8 – et cela ressemble à une nuée de données qui traverse votre réseau à toute vitesse. Nous avons utilisé le terme de "vitesse théorique", car certains événements qui se produisent sur Ethernet ralentissent vos données.

L'IEEE (Institute of Electrical and Electronics Engineers), un autre groupe qui conçoit les standards et les normes, développe actuellement le standard décrivant comment les appareils doivent fonctionner sous le Gigabit Ethernet. Le standard définitif a été adopté en 1998. L'équipement que vous achetez aujourd'hui (comme les hubs et les cartes réseau) pour faire tourner le Gigabit Ethernet ne sera sans doute pas conforme aux exigences du standard définitif.

Qu'est-ce qu'un WAN ?

Que se passe-t-il si votre entreprise possède plusieurs bâtiments dans différentes villes et régions, ou même dans différents pays ? Cela veut-il dire que toutes les personnes qui travaillent dans cette entreprise ne peuvent pas être sur le même réseau parce que le LAN est limité dans la distance ? Non, bien sûr. L'Internet est planétaire, vous pouvez même envoyer vos données à travers l'espace grâce aux satellites.

Un WAN (*wide area network*, ou *réseau distant*) embrasse des distances géographiques trop grandes pour les LAN. Les LAN peuvent être reliés grâce à un matériel spécialisé, comme les routeurs, les hubs ou les passerelles, pour former un WAN (voir Figure 2.5).

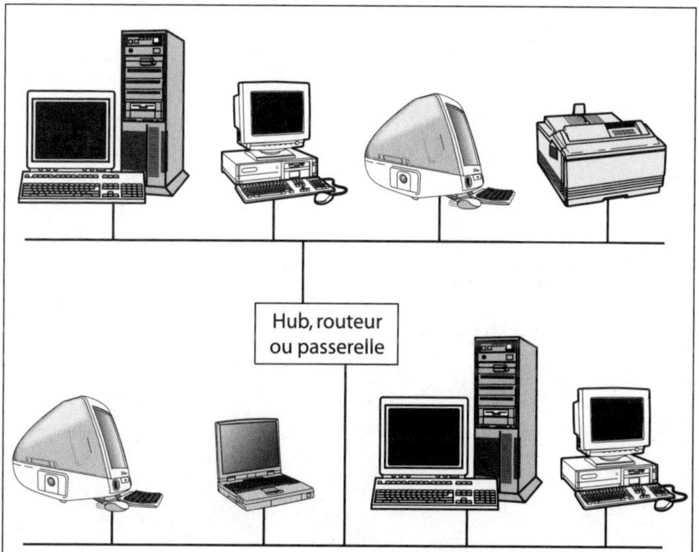

Figure 2.5 : Utilisation d'un routeur, d'un hub ou d'une passerelle pour connecter deux LAN en un WAN.

LAN contre WAN – lequel utiliser pour TCP/IP ?

Ça n'a pas d'importance – TCP/IP marche avec les deux. Il peut être le protocole qui connecte des ordinateurs différents sur un LAN comme sur un WAN. Votre choix dépend de la distance entre les ordinateurs que vous voulez mettre en réseau, et non du protocole que vous voulez utiliser. Rappelez-vous, un internet c'est deux réseaux interconnectés ou plus, et les réseaux individuels peuvent être des LAN, des WAN ou une combinaison des deux.

Chapitre 3

Le client/serveur

Dans ce chapitre :

- Examiner ce qu'est l'architecture client/serveur.
- Explorer comment TCP/IP fait fonctionner le client/serveur et en bénéficie.
- Découvrir comment le client/serveur interagit avec l'Internet et le World Wide Web.

Qu'est-ce que le client/serveur ?

Vous ne trouverez pas une seule et unique définition précise du client/serveur. L'industrie informatique reste un peu vague : le client/serveur a différents sens selon les personnes et les circonstances.

Pour certaines entreprises, le client/serveur est une partie du plan de "normalisation" du matériel. Pour d'autres, le client/serveur fait partie intégrante du développement des logiciels.

Le client/serveur combine les méthodes classiques de l'industrie informatique à une manière différente de travailler, distribuée. Ces méthodes classiques incluent les ordinateurs centraux, les ordinateurs et les mini-ordinateurs, les PC individuels qui ne sont pas en réseau, les grandes bases de données des entreprises, les programmes d'application, les réseaux...

Le client/serveur est défini par le logiciel et non par le matériel. Dans le client/serveur, une application client sur un ordinateur sollicite des services d'un ordinateur qui utilise un logiciel serveur. N'importe quel type de matériel peut être client ou serveur. Vous pouvez même utiliser un super-ordinateur Cray comme client pour solliciter des services d'un petit PC via un quelconque protocole réseau, TCP/IP par exemple.

Donc l'élément clé du client/serveur ne réside pas dans le matériel, ni même dans le logiciel, mais dans le partage du travail et des informations de la manière la plus appropriée à travers un réseau.

Ce qu'est le client/serveur

- **Une méthode de travail en informatique.** Pour être plus précis, cela comprend des technologies variées qui travaillent ensemble afin de proposer une solution. Ces technologies incluent les applications, le matériel, les systèmes d'exploitation et les technologies réseau qui établissent la communication entre les clients et les serveurs.

ATTENTION !

Que cela ne vous arrive pas !

Voici un exemple vécu par une entreprise qui a essayé une solution client/serveur sans réfléchir à toutes les conséquences – et maintenant ses données sont stockées au fond d'une armoire. Un directeur informatique avait lu que le client/serveur était la voie qu'il fallait suivre. Il a alors acheté des PC pour les connecter à son ordinateur central IBM qui gérait une grande base de données. Ensuite, il a fait développer une application client/serveur. Chaque fois qu'un utilisateur lançait une application client pour créer un rapport, la base de données était téléchargée de l'ordinateur central vers le PC de l'utilisateur. L'application serveur de l'ordinateur central stockait uniquement la base de données et la téléchargeait chaque fois sur les PC.

Le résultat fut que chaque PC devait avoir assez d'espace libre sur son disque pour contenir toute la base de données ; tous les traitements des rapports finissaient alors dans les PC, tandis que l'ordinateur central ne servait à rien. Etait-ce réellement du client/serveur ? Oui, le matériel jouait le rôle à la fois du client et du serveur. Oui, l'application avait une partie client (le générateur de rapports) et une partie serveur (la base de données téléchargeable). Peut-être était-ce conforme à la lettre au client/serveur, mais ce n'était certainement pas conforme à l'esprit. Trois facteurs ont contribué à empêcher que cela ne soit un véritable environnement client/serveur :

- Le trafic réseau considérable généré par tous ces téléchargements.
- L'énorme espace disque exigé pour télécharger les données.
- Le temps très long nécessaire pour générer un rapport sur de petits PC.

La morale de cette histoire ? Prenez le temps de réfléchir avant d'implémenter de nouvelles technologies. Dans cet exemple, une solution client/serveur aurait marché si le PC client avait sollicité un rapport et si le serveur central avait généré ce rapport et le lui avait envoyé (et non pas la base de données entière).

- **Quelque chose de très populaire actuellement.** Chaque jour, des entreprises construisent, déploient et évaluent des solutions client/serveur.
- **Quelque chose que l'on juge indispensable, même quand on ignore de quoi il s'agit.** Ce qui est curieux avec les lubies, c'est que l'excitation est contagieuse.

Ce que n'est pas le client/serveur

- **La seule méthode de travail en informatique.** Les ordinateurs individuels, autonomes, ont toujours leurs utilisateurs. Ce n'est pas parce que le client/serveur est populaire que les plus vieilles méthodes de travail ont disparu.
- **La meilleure solution pour tout.** L'attrait de ce qui est nouveau fait souvent oublier les besoins essentiels.
- **Un système en voie de disparition.** La navigation Web requiert un *client* Web qui ait accès au *serveur* logiciel Web.

La partie serveur du client/serveur

Un serveur est souvent dédié à une seule tâche. Dans certaines configurations spécifiques, le serveur doit être dédié à une tâche pour des raisons de performance ou de sécurité ou parce que certains logiciels en ont besoin. Par exemple, si vous installez le logiciel serveur Novell NetWare sur un PC, ce PC devient un serveur de fichiers dédié.

Les serveurs Web : le câble à travers l'Internet

Un *serveur Web* accepte les requêtes des navigateurs clients pour délivrer des objets Web, comme les pages d'accueil. Le serveur du World Wide Web trouve les informations demandées sur l'Internet et les renvoie au navigateur pour que vous puissiez les voir.

Les serveurs d'application Web : la collaboration à travers l'espace et le temps

Un *serveur d'application Web*, comme Lotus Domino, permet à des groupes d'utilisateurs d'interagir à travers les navigateurs afin de mettre en œuvre une collaboration qui n'aurait pas été possible autrement. Les applications se retrouvent dans toutes sortes d'industries, y compris dans les services bancaires et financiers, la santé, les services de vente, la publicité et le spectacle.

Les serveurs commerciaux : puis-je avoir les informations de votre carte de crédit, SVP ?

Un *serveur commercial* est un type de serveur d'application Web qui vous permet de faire du commerce sur le Web. Le logiciel serveur inclut des fonctionnalités de sécurité, comme le Secure Socket Layer (SSL), qui vous permettent d'utiliser votre carte de crédit sans vous soucier du piratage.

Les serveurs de fichiers : de Tombouctou à Kourou

Un *serveur de fichiers* partage son espace disque avec les autres ordinateurs. En sus de la possibilité d'emprunter de l'espace disque à d'autres ordinateurs, il a l'avantage que les fichiers partagés ressemblent à ceux qu'on a sur son propre ordinateur. Vous n'avez rien à faire de spécial pour utiliser les fichiers stockés sur un serveur de fichiers de votre réseau, même si ce serveur de fichiers est à des milliers de kilomètres, à Tombouctou par exemple.

Les serveurs d'impression : plus proches de la maison

Les *serveurs d'impression* sur un réseau permettent à de nombreuses personnes de partager une même imprimante, au lieu de doter l'ordinateur de chaque utilisateur de sa propre imprimante.

Les serveurs d'application : si loin, si proche

Un *serveur d'application* est un ordinateur qui fait tourner un programme à votre place.

Quand les ordinateurs étaient encore des dinosaures qui remplissaient une pièce entière et n'exécutaient qu'un seul programme à la fois, vous deviez prendre rendez-vous et vous déplacer en personne pour lancer votre programme. Aujourd'hui encore, bien que nous puissions choisir un ordinateur parmi une large gamme de modèles de toutes tailles et de toutes performances, et que la plupart d'entre nous en possèdent un, il nous arrive d'avoir besoin d'utiliser un ordinateur doté de capacités spécifiques.

Le serveur d'applications peut contenir ce programme coûteux que vous ne pouvez pas vous offrir ou ces données secrètes que vous ne devez pas copier, ou bien tout simplement disposer de plus d'espace disque et de plus de puissance pour faire tourner votre programme plus efficacement.

Les serveurs de fichiers et tous ces formats : comment font-ils tout cela ?

Le logiciel est ce qui fait tout fonctionner. Supposez que vous soyez sur un PC, où vos fichiers sont en format FAT (File Allocation Table, table d'allocation des fichiers) et que vous vouliez utiliser certains fichiers sur un serveur UNIX qui utilise le système de fichiers UNIX. Si votre PC ne comprend pas UNIX, comment pouvez-vous utiliser les fichiers du serveur ? Facile ! Le logiciel sur le serveur traduit du format UNIX au format FAT de votre PC (qui est le client). Vous ne verrez jamais cela se produire sous vos yeux. Votre fichier apparaît automatiquement dans le format approprié, prêt à être utilisé. Cette traduction est la partie appelée *transparent file access* (accès transparent de fichier) dans un environnement client/serveur.

La partie client du client/serveur

Le client est un ordinateur qui emprunte une ressource ou un service d'un autre ordinateur. Il peut effectuer différentes tâches. On distingue :

Les clients minimaux

Un *client minimal* est la combinaison la plus réduite, la plus simple, la moins chère de matériel et de logiciel configurés pour remplir les tâches précises (et rien de plus) dont vous souhaitez le charger. Les utilisateurs des clients minimaux font marcher leurs applications sur des serveurs à travers le réseau.

Les nouveaux Net PC sont des exemples de matériels qui font tourner des logiciels "client minimal" (certains disent en plaisantant que les terminaux VT100 et 3270 rattachés aux mini-ordinateurs et aux ordinateurs centraux sont des clients minimaux).

Les navigateurs

Un *navigateur* est un logiciel client qui reçoit des services d'un serveur Web. Le navigateur vous permet de naviguer sur les fichiers et les informations d'un réseau, y compris le World Wide Web. Pour naviguer sans contrainte, vous avez besoin d'un navigateur graphique. Les navigateurs en mode texte travaillent en général plus rapidement que ceux en mode graphique, et fournissent un accès aux données d'un réseau pour ceux qui ne possèdent pas d'interface graphique comme en proposent les systèmes d'exploitation Windows ou Macintosh.

Avez-vous été servi ?

N'importe quel ordinateur peut être :

- Ou client ou serveur.
- A la fois client et serveur.
- Ni client ni serveur.

Il peut changer aussi souvent que nécessaire pour fournir toutes sortes de services.

La Figure 3.1 représente un exemple de rôles multiples. Un ordinateur qui partage une imprimante est donc un serveur d'impression. Le même ordinateur partage également une partie de son espace disque et de ses fichiers. Il est aussi serveur de fichiers, et il est client d'un serveur de fichiers parce qu'il a accès aux fichiers d'un autre ordinateur.

Qu'est-ce que TCP/IP a à voir avec ça ?

Le client/serveur et TCP/IP peuvent vous sembler sans rapport – après tout, le client/serveur est une méthode de travail en informatique et

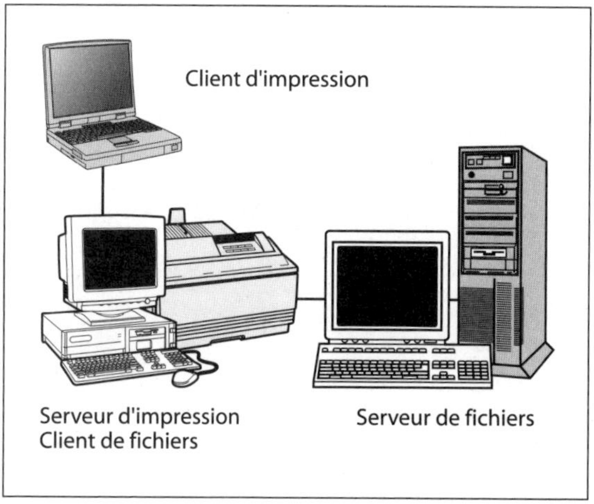

Figure 3.1 : Un ordinateur peut être client et serveur simultanément.

TCP/IP est une technologie. Pourquoi alors l'industrie informatique les relie-t-elle ? Parce que TCP/IP est le pivot de presque toutes les solutions client/serveur.

TCP/IP est un des acteurs majeurs de l'informatique client/serveur, et également un de ses plus grands utilisateurs. La conception modulaire et en couches de TCP/IP facilite la conception et l'implémentation de nouveaux services réseau. Mais un des plus grands avantages de TCP/IP, comparé à certains autres protocoles réseau, réside dans le fait que tous les ordinateurs du réseau sont considérés comme égaux.

TCP/IP : la taille importe peu

TCP/IP est considéré comme *le* protocole qui relie non seulement les ordinateurs entre eux mais aussi tous les différents ordinateurs et serveurs du monde, du plus petit ordinateur portable jusqu'au plus grand ordinateur central. TCP/IP fait de tous des candidats pour être des clients ou des serveurs.

Chapitre 4

De délicieuses couches

Dans ce chapitre :

- Introduction à l'OSI.
- Explorer l'architecture en couches des protocoles OSI.
- Comparer les couches de l'OSI et de TCP/IP.
- Comprendre pourquoi TCP/IP bat l'OSI dans la course aux standards.

ISO OSI – Plus qu'un palindrome ?

Afin de supporter les systèmes ouverts, les produits des principales marques de matériels et de logiciels doivent être conformes à des standards. Pour tout ce qui concerne les réseaux et les protocoles, l'ISO, International Standard Organization, impose que toutes les marques utilisent une architecture réseau standard tant pour leurs matériels que pour leurs logiciels, de sorte que tous les utilisateurs des réseaux soient capables de communiquer entre eux dans la simplicité et la bonne humeur, sans tenir compte du type des produits qu'ils utilisent.

Le rêve impOSIble ?

Comme vous devez vous en douter, réaliser ce rêve de compatibilité globale a soulevé de nombreuses difficultés. Des entreprises ont également essayé de définir une architecture réseau – parfois appelée *modèle* – et les protocoles qui l'accompagnent. Le Tableau 4.1 présente la liste de trois modèles et protocoles de réseau propriétaires.

Tableau 4.1 : Quelques protocoles définis par des entreprises.

Entreprise	Architecture/Protocole
IBM	System Network Architecture (SNA)
Novell Corporation	IPX/SPX
Apple Computer	Apple Talk

La différence entre les modèles définis par les entreprises citées dans le Tableau 4.1 et ceux de l'ISO tient à ce que l'ISO OSI permet l'interopérabilité entre les produits des différentes entreprises. Les standards interopérables de l'OSI ont été créées pour permettre à tous les éléments de votre réseau de travailler ensemble, sans tenir compte du fabricant auquel vous les avez achetés. Dans ce but, l'OSI a divisé les fonctions en couches et spécifié comment ces couches devraient interagir. Théoriquement, l'OSI est donc le paradis des utilisateurs de réseaux.

Le gouvernement des Etats-Unis a été le premier intéressé à utiliser l'OSI afin de connecter les installations gouvernementales.

Mais à la fin des années 70, quand l'ISO commençait juste à recommander le développement de l'OSI comme un standard réseau multiconstructeur, TCP/IP était déjà utilisé depuis de nombreuses années (par le gouvernement fédéral américain, entre autres) comme un standard sur l'ARPANET et par les autres réseaux dans le monde qui se développaient pour devenir l'Internet.

Aujourd'hui, il y a peu d'OSI en service, en comparaison de TCP/IP. D'une part, parce que les spécifications de l'OSI sont extrêmement compliquées et nécessitent énormément de temps pour être implémentées avec toutes leurs fonctionnalités. D'autre part, parce que TCP/IP était déjà en place et utilisé. Durant le long voyage vers ParadISO, les gens ont réalisé que leurs ordinateurs pourraient travailler ensemble en utilisant les protocoles de TCP/IP déjà existants.

Le gouvernement des Etats-Unis a été l'un des derniers groupes à le comprendre, mais maintenant – après avoir utilisé TCP/IP pendant des années – il recommande TCP/IP comme une alternative aux protocoles réseau OSI et a décidé de faire de TCP/IP un standard de fait.

Avoir une approche modulaire du réseau

L'OSI présente l'avantage d'être destiné à de grands réseaux qui ne se retrouveront pas à court d'adresses ; autre avantage : son concept d'un modèle réseau structuré en couches. Nous pouvons remercier l'ISO pour sa description limpide des couches réseau et des services à travers lesquels les applications, spécialement les applications client/serveur, peuvent communiquer. Quand le modèle OSI est né, il a défini la "bonne" manière de façonner les protocoles et les applications réseau, et dans ce cas "bonne" signifie *modulaire*.

TCP/IP utilise également le concept de couches. La notion des cinq couches de TCP/IP précède le modèle de référence ISO OSI de près de dix ans, mais le concept de TCP/IP n'était pas encore passé dans les mœurs. Aujourd'hui, les nouveaux développements de TCP/IP suivent l'exemple des couches modulaires et des interfaces claires de l'OSI. Les comités de l'Internet qui dirigent l'évolution de TCP/IP scrutent les efforts de l'ISO et l'approche en couches du modèle de référence de l'OSI. L'Ipv6 poursuit quelques-uns des objectifs de l'OSI.

Le mille-feuille de l'ISO OSI

Il y a sept couches dans ce qui est officiellement appelé le modèle de référence ISO OSI. Comme nous sommes plutôt enclins à parler de desserts et de gâteaux, nous l'avons appelé "mille-feuille".

Chaque couche du gâteau dépend de la couche qui la précède (qui est en dessous) ; de ce fait, chaque couche fournit des services à la couche suivante (qui est au-dessus.) Quand deux ordinateurs équivalents sont en communication, chacun possède son propre ensemble de couches. Quand vous envoyez un message à un autre ordinateur sur le réseau, votre information démarre à la couche supérieure de votre ordinateur, descend toutes les couches jusqu'au fond du gâteau, et saute jusqu'à l'autre ordinateur. Techniquement, les sept couches forment une *pile*.

Chaque couche a une fonction spéciale. Les couches du bas sont orientées matériel. Les couches du haut effectuent les tâches demandées par les utilisateurs, comme le courrier électronique et le transfert de fichiers. Commençons avec la couche 1 à la base du gâteau, puis nous examinerons chaque couche.

Couche 1 : La couche physique

La couche physique comprend uniquement le matériel, ce qui inclut le câble, le satellite, les cartes réseau ou tout autre média de connexion. C'est là que les signaux électriques se déplacent. Nous n'entrerons pas ici dans les détails.

Couche 2 : La couche liaison

Cette autre couche concerne le matériel. C'est la couche qui répartit vos données en paquets afin qu'elles soient envoyées à travers le média de connexion. C'est ici que le câblage, comme Ethernet ou token ring, entre en jeu. Une fois les informations dans le câble, la couche liaison prend en charge toute interférence éventuelle. S'il y a une surchauffe liée à l'activité solaire, la couche liaison travaille d'autant plus pour s'assurer que l'interférence ne brouille pas les signaux électriques.

Couche 3 : La couche réseau

C'est le premier endroit du modèle de l'OSI où un protocole de TCP/IP participe aux opérations. IP est le protocole de TCP/IP qui travaille à ce niveau. Cette couche reçoit les paquets de la couche liaison (couche 2) et les envoie vers l'adresse réseau correcte. Si plus d'un itinéraire est envisageable pour vos données, la couche réseau calcule le meilleur. Sans cette couche, vos données ne parviendraient jamais à leur destination.

Couche 4 : La couche transport

Bien que la couche réseau dirige vos informations vers leur destination, elle ne peut garantir que les paquets qui contiennent vos informations arrivent dans le bon ordre et qu'ils ne subissent pas d'altération durant la transmission. C'est le travail de la couche transport. TCP est un des protocoles de TCP/IP qui opèrent au niveau de la couche transport. UDP en est un autre. La couche transport s'assure que vos paquets ne comportent pas d'erreur, qu'ils arrivent bien à destination et sont assemblés dans le bon ordre. Sans cette couche, vous ne pourriez pas faire confiance à votre réseau.

Couche 5 : La couche session

Les autres protocoles qui constituent TCP/IP se trouvent sur la couche 5 et au-dessus. Cette couche établit et coordonne une *session*, qui désigne simplement une connexion entre deux ordinateurs. Vous devez établir une session avant même que deux ordinateurs puissent avoir l'intention d'échanger des données entre eux.

Couche 6 : La couche présentation

La couche présentation fonctionne avec les systèmes d'exploitation et les systèmes de fichiers. C'est ici que les fichiers sont convertis d'un format à un autre (si le serveur et le client utilisent des formats différents). Sans la couche présentation, le transfert de fichiers serait restreint aux ordinateurs utilisant un même format de fichiers.

Couche 7 : La couche application

C'est la couche où vous effectuez vos opérations, comme envoyer un courrier électronique ou faire une requête de transfert d'un fichier à travers le réseau. Sans la couche application, vous ne pourriez créer aucun message ni envoyer aucune donnée, il n'y aurait pas de navigateurs Web, et votre ordinateur ne saurait que faire des données envoyées par une autre personne.

Empiler les sept couches du mille-feuille TCP/IP

Les protocoles de TCP/IP s'empilent en couches, de façon similaire au modèle de référence de l'OSI. Mais TCP/IP possède moins de couches. Comme vous pouvez le constater à la Figure 4.1, le mille-feuille TCP/IP a cinq couches. Notez que la cinquième couche (celle du haut) est riche. Bien qu'elle soit appelée "couche application", elle combine les couches session, présentation et application de l'OSI. La troisième couche de TCP/IP est la couche Internet – elle est analogue à la couche réseau de l'OSI.

Les couches physique et liaison de l'ISO OSI sont incluses dans le mille-feuille de TCP/IP à la Figure 4.1, même si elles concernent le matériel et n'ont rien à voir avec TCP/IP. Ce dernier est un logiciel indépendant du matériel sous-jacent, néanmoins nous ne voulons pas

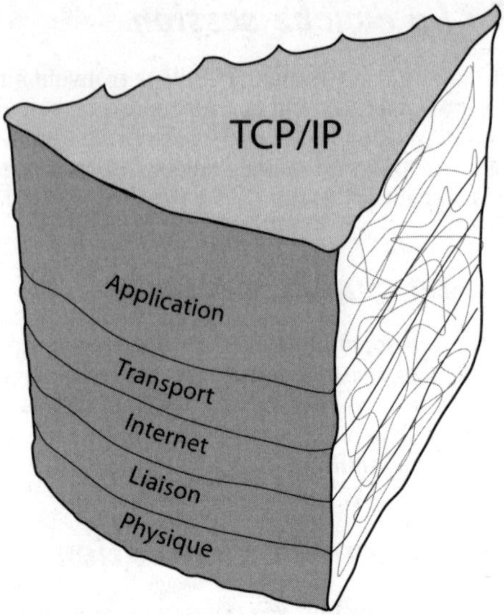

Figure 4.1 : Le mille-feuille à cinq couches de TCP/IP.

que vous oubliiez que le matériel fait toujours partie de la solution complète.

Un gâteau, si délicieux soit-il, ne constitue pas un repas complet. Si vous en désirez un, dirigez-vous vers la deuxième partie où nous vous servirons l'entrée avant de vous expliquer l'ensemble des protocoles de TCP/IP et de vous présenter les nombreuses applications qui fonctionnent avec ces protocoles.

Deuxième partie

Le menu TCP/IP de l'entrée au dessert

"Est-ce que quelqu'un peut me dire depuis combien de temps le restau routier Chez René a sa propre page sur l'intranet ?"

Dans cette partie...

Préparez vos fourchettes ! La deuxième partie trempe dans la suite TCP/IP : les protocoles eux-mêmes. Vous verrez comment les protocoles se lient dans les couches du mille-feuille-réseau, et vous pourrez vous familiariser avec la plupart d'entre eux.

Chapitre 5

Avez-vous un service TCP/IP complet ?

Dans ce chapitre :

- Découvrir que TCP/IP est bien plus que deux protocoles.
- Discerner les différences entre les protocoles, les services et les applications TCP/IP.
- Etudier les protocoles majeurs qui ont fait TCP/IP (et ce qu'ils font).
- Découvrir quelques-uns des plus récents protocoles TCP/IP, y compris les protocoles de sécurité.

La suite des protocoles TCP/IP

Qu'est-ce qu'une suite, vous demandez-vous ? Dans un hôtel, une suite est une série de pièces considérée comme une seule chambre. De même, TCP/IP est un ensemble de protocoles, dont deux des pièces originelles, TCP et IP, lui ont donné son nom.

Vous pouvez penser : "Une suite, c'est trop grand. Puis-je simplement louer une chambre ?" Eh non, désolé. Les protocoles de la suite TCP/IP déplacent les données depuis une couche réseau vers une autre, tout en interagissant avec une troisième. Vous ne pouvez pas avoir un réseau vraiment fonctionnel avec un seul des protocoles TCP/IP. En effet, il y a plus que TCP et IP dans TCP/IP.

TCP/IP, c'est renversant !

De nombreux éléments de la suite TCP/IP fonctionnent en tant que protocoles, applications et services. Dans ce chapitre comme dans les suivants, nous traiterons de toutes les grandes choses que vous pourrez faire avec TCP/IP, puis nous vous avertirons s'il s'agit bien d'un protocole TCP/IP, d'un service réseau ou d'une application, et nous soulignerons tout terme qui s'applique à un ou plusieurs de ces éléments.

La structure modulaire par couche de TCP/IP permet d'innover et d'ajouter facilement de nouveaux composants. Si vous envisagez un nouveau service en réseau, lorsque vous vous mettez à concevoir les applications clients/serveur, vous devez simultanément imaginer un nouveau protocole à ajouter à la suite TCP/IP. Le protocole permet à l'application serveur d'offrir le service, et à l'application cliente de l'utiliser. Cette simplicité est la clé du succès de TCP/IP.

Protocole, application ou service ?

FTP, File Transfer Protocol – Protocole de Transfert de fichiers, c'est tout d'abord trois choses : application, service et protocole. Supposez que vous ayez besoin de copier un fichier depuis un ordinateur distant. Sans application, votre ordinateur ne sait pas que vous voulez faire une copie. Sans service, vous n'avez pas de connexion avec l'ordinateur distant, lequel a les fichiers dont vous avez besoin. Sans protocole, le client et le serveur ne peuvent pas communiquer.

N'OUBLIEZ PAS

La plupart du temps, vous savez d'après le contexte si quelqu'un se réfère au service, à l'application ou au protocole. Si vous n'en êtes pas sûr, ce n'est pas vraiment grave.

Les protocoles (et vous pensiez qu'il n'y en avait que deux !)

Voici, dans le désordre, les éléments de la suite des protocoles TCP/IP.

IP : Internet Protocol (protocole Internet)

Le protocole Internet, IP, est responsable des connexions de base avec le réseau. IP, c'est l'assiette d'un couvert ordinaire. Quand vous mangez, vous avez besoin d'une assiette pour contenir votre nourriture. Quand vous travaillez en réseau, vous avez besoin d'un endroit pour placer (envoyer et recevoir) des données ; cet endroit est une adresse réseau.

Le noyau d'IP travaille avec les adresses Internet. Chaque ordinateur d'un réseau TCP/IP se doit d'avoir une adresse numérique. Le protocole IP de votre ordinateur sait comment et où envoyer des messages à ces adresses.

Tant qu'IP se charge de l'adressage, il ne peut pas faire grand-chose pour s'assurer que votre message se rend là où il doit aller, correctement et en un seul morceau. IP se moque de savoir si un paquet se perd ou n'arrive pas. Alors, vous avez besoin de quelques autres protocoles pour être sûr qu'aucun paquet ni aucune donnée ne sont perdus, et que les paquets sont assemblés dans le bon ordre.

Référez-vous aux RFC 791 et 1883 pour plus d'informations.

TCP : Transmission Control Protocol (protocole de contrôle de transmission)

Quand la nourriture est dans votre assiette, vous avez besoin de quelque chose pour la porter à votre bouche. TCP, le Transmission Control Protocol, c'est votre cuillère dans le réseau. Quel que soit le type de données que vous avez, TCP s'assure que rien ne s'éparpille. TCP utilise IP pour délivrer des paquets aux applications des couches supérieures et établir un flot de données fiable entre les ordinateurs du réseau. Vérification d'erreur et numérotation de séquence sont les deux fonctions les plus importantes de TCP. Lorsqu'un paquet arrive à l'adresse IP correcte, TCP se met au travail. Il établit un dialogue entre les deux ordinateurs, l'émetteur et le récepteur, pour qu'ils se communiquent des informations sur les données qui ont été transmises. On dit que TCP est "orienté connexion" parce qu'il *dit* au réseau de réexpédier les données perdues.

Théoriquement, vous pouvez avoir TCP sans IP. A part IP, quelques autres mécanismes de réseau peuvent délivrer les données à une adresse, et TCP peut toujours vérifier et séquencer ces données. Mais dans la pratique, TCP est souvent utilisé avec IP.

Référez-vous à la RFC 793 pour plus d'informations sur TCP.

UDP : User Datagram Protocol (protocole de transmission par datagrammes)

Si TCP est comparable à une cuillère, le protocole UDP l'est à une fourchette. Bien qu'il ne soit pas aussi efficace que TCP, UDP achemine néanmoins beaucoup de données à travers le réseau.

UDP utilise IP pour délivrer des paquets aux applications des couches supérieures et établir un flot de données vers les ordinateurs du réseau. UDP ne se charge ni de la vérification d'erreur ni de la numérotation des paquets, bien que ces caractéristiques puissent être ajoutées par l'application qui a choisi d'utiliser UDP. Ce protocole est dit "sans connexion" parce qu'il ne *dit* pas au réseau de réexpédier les données en cas d'erreur.

Référez-vous à la RFC 768 pour plus d'informations sur UDP.

ARP : Address Resolution Protocol (protocole de résolution d'adresses)

Si tout ce que vous connaissez d'un ordinateur distant est son adresse TCP/IP, ARP – le protocole de résolution d'adresses – vous permettra de retrouver l'adresse matérielle de sa carte réseau. ARP, c'est votre assiette de hors-d'œuvre. Avec sa charge d'adresses pour les systèmes du réseau, ARP est étroitement lié à IP.

Référez-vous à la RFC 826 pour plus d'informations sur ARP.

RARP : Reverse Address Resolution Protocol (protocole de résolution d'adresses inversé)

Si tout ce que vous connaissez est l'adresse matérielle de la carte réseau d'un ordinateur distant, le protocole de résolution d'adressage inversé RARP vous permettra de retrouver l'adresse TCP/IP de cet ordinateur.

Référez-vous à la RFC 903 pour en savoir plus sur RARP.

ICMP : Internet Control Message Protocol (protocole de messages de contrôle Internet)

Le protocole de messages de contrôle Internet, ICMP, rend compte des problèmes et relaie une information spécifique vers un autre réseau, comme un message d'erreur venant d'une machine dans le réseau. IP détecte l'erreur et la transmet à ICMP. Un usage très courant d'ICMP est la demande d'écho (*echo request*) générée par la commande *ping*.

Référez-vous aux RFC 1256 et 1885 sur ICMP.

FTP : File Transfer Protocol (protocole de transfert de fichiers)

Le protocole de transfert de fichiers, FTP, vous permet de copier des fichiers entre deux ordinateurs. Vous utilisez FTP soit pour "tirer" (*pull*) les fichiers depuis l'ordinateur distant (télécharger), soit pour "pousser" (*push*) les fichiers vers l'ordinateur distant (transférer). Comme nous l'avons déjà dit, FTP désigne aussi une application et un service.

Référez-vous à la RFC 959 pour en savoir plus sur FTP.

Telnet

Le protocole Telnet vous permet de vous connecter à un ordinateur distant et fonctionne comme si vous étiez assis face à cet ordinateur, quelle que soit la distance à laquelle cet ordinateur peut être situé. Avec Telnet, vous pouvez habiter à Paris et travailler sur un ordinateur situé quelque part en Antarctique, comme si vous étiez entouré de pingouins, sans vous geler. Tout en étant un protocole, Telnet c'est aussi un service et une application.

Référez-vous aux RFC 854 et 855 pour en savoir plus sur Telnet.

TFTP : Trivial File Transfer Protocol (protocole trivial de transfert de fichiers)

Le protocole trivial de transfert de fichiers, TFTP, est un FTP spécialisé. L'utilisation courante de TFTP est l'installation d'un système d'exploitation dans un ordinateur depuis un serveur de fichiers TFTP.

Référez-vous à la RFC 1350 pour plus d'informations sur TFTP.

SNMP : Simple Network Management Protocol (protocole simplifié d'administration de réseau)

SNMP est le protocole utilisé pour surveiller et administrer des réseaux et les systèmes qui y sont connectés, ainsi que pour collecter des informations sur les performances d'un réseau. Si vous voulez développer une application d'administration de réseau, vous utiliserez les messages SNMP, appelés *Protocol Data Units* (unités de données des protocoles) ou PDU pour savoir si les systèmes sont connectés ou déconnectés du réseau et si tout va bien pour ce dernier.

Référez-vous à la RFC 2272 pour en savoir plus sur SNMP.

SMTP : Simple Mail Transfer Protocol (protocole simplifié de transmission de messages)

Le protocole simplifié de transmission de messages, SMTP, est le protocole du courrier électronique sur Internet. Il achemine vos messages électroniques dans les ordinateurs. Les messages peuvent aller directement de l'ordinateur expéditeur vers le destinataire, ou ils peuvent avancer au travers de machines intermédiaires grâce à un traitement appelé *stockage de transit* (store and forward).

Le courrier électronique, bien sûr, est l'un des quatre piliers des applications en réseau (les autres étant le transfert de fichiers, la connexion aux ordinateurs distants et la navigation Web), et beaucoup de fournisseurs possèdent leurs propres protocoles de courrier. SMTP est le protocole de transmission de messages pour Internet. Le courrier UNIX "comprend" SMTP, alors que d'autres ne le peuvent pas. Si des utilisateurs d'ordinateurs dépourvus de SMTP doivent se brancher vers le monde extérieur (en d'autres termes, se brancher sur l'Internet), une passerelle SMTP spécifique doit être installée pour cette communication.

La RFC 821 offre également des informations sur SMTP.

POP3 : Post Office Protocol, v3 (protocole "bureau de poste", version 3)

La version POP3 fournit des dispositifs client/serveur de base qui vous permettent d'acheminer votre courrier depuis un serveur de courrier POP3 jusqu'à votre ordinateur. Si votre ordinateur a déjà une connexion SMTP avec un ordinateur voisin, vous n'avez pas besoin d'utiliser POP3.

La RFC 1939 a plus d'informations sur POP3.

IMAP4 : Internet Message Access Protocol, v4 (protocole d'accès aux messages Internet, version 4)

La version IMAP4 vous permet d'accéder à des services client/serveur évolués pour choisir la façon dont vous allez gérer vos courriers électroniques. IMAP4 dispose d'un plus grand choix de fonctions que POP3. Si votre ordinateur a déjà une connexion SMTP avec un ordinateur voisin, vous n'avez pas besoin d'utiliser IMAP4. Vous pouvez néanmoins choisir d'utiliser IMAP4 à cause de ses fonctionnalités lumineuses. Vous avez besoin d'un client IMAP4 pour communiquer avec un serveur de courrier IMAP4.

POP3 et IMAP4 ne sont pas compatibles. Vous ne pouvez pas vous servir d'un client POP3 avec un serveur de courrier IMAP4, ou d'un client IMAP4 avec un serveur de courrier POP3, mais vous pouvez trouver des clients et des serveurs qui utilisent les deux protocoles.

Référez-vous à la RFC 2060 pour en savoir plus sur IMAP4.

LDAP : Lightweight Directory Access Protocol (protocole allégé d'accès au répertoire)

LDAP permet de vérifier des informations telles que le nom d'utilisateur et l'adresse électronique dans un service d'annuaire compatible X.500. Comparez un service d'annuaire à une grande collection de Bottins contenant toutes les informations dont vous pouvez avoir besoin. Le problème, c'est qu'il n'y a pas qu'une seule collection de Bottins. Chaque organisme en a plusieurs.

X.500, qui fait partie de l'OSI de l'ISO, a son propre protocole d'accès au répertoire (DAP : Directory Access Protocol), mais ni X.500 ni DAP ne sont devenus populaires. LDAP s'attribue tout le mérite du travail effectué par X.500 et par les concepteurs visionnaires de DAP.

Référez-vous à la RFC 2251 pour en savoir plus sur LDAP.

NTP : Network Time Protocol (protocole temps réseau)

Les horloges temps réel des ordinateurs sont synchronisées via NTP. La temporisation est importante dans toutes sortes d'applications, fournissant les dates de création de documents jusqu'aux informations de temps de routage dans le réseau. NTP récupère la donnée de temps dans un *serveur de temps*, lequel l'obtient d'une source officielle, telle que le United States National Institute of Standards and Technology (l'Institut national américain pour les normes et la technologie). En Europe, l'ISO fournit un service de temps utilisé dans les transactions bancaires et les transferts de marchandises.

La RFC 1305 a plus d'informations sur NTP.

HTTP : HyperText Transfer Protocol (protocole de transfert hypertexte)

Le protocole de transfert hypertexte, HTTP, transfère le système de marquage et d'étiquetage hypertexte (HTML : HyperText Markup Language) et d'autres composants depuis les serveurs du World Wide Web (système d'exploration d'Internet) jusqu'à votre navigateur client.

Référez-vous à la RFC 2068 pour en savoir plus sur HTTP.

S-HTTP : Secure HTTP (HTTP sécurisé)

S-HTTP est une version sécurisée de HTTP qui crypte (encode) les données confidentielles telles que les paiements par carte de crédit.

BOOTP : Boot Protocol (protocole d'amorçage)

Tous les ordinateurs ne naissent pas avec un système d'exploitation pré installé, quelquefois vous devez l'installer vous-même. Si l'ordinateur n'a pas de disque dur pour le stockage des données, vous pouvez télécharger le système d'exploitation dans la mémoire de votre ordinateur depuis un autre ordinateur du réseau. Dans ce cas, votre ordinateur sans disque utilisera le protocole d'amorçage, BOOTP, pour charger son système d'exploitation (ou une autre application autonome) via le réseau. *Amorcer* signifie charger le système d'exploitation.

RFC 2132 offre de nombreuses informations sur BOOTP.

Si vous avez un disque sur votre nouvel ordinateur, vous devriez pouvoir installer "en local" votre propre système d'exploitation. Certains distributeurs de systèmes d'exploitation vous permettent de procéder vous-même à une installation à distance depuis un autre ordinateur du réseau. L'installation à distance copie tous les fichiers du système d'exploitation sur le disque de votre ordinateur. Une fois fait, vous pouvez démarrer (*booter*) en local votre système d'exploitation.

RIP, OSPF : Protocoles passerelles

Sous votre couvert réseau, s'étend une nappe constituée de passerelles et de routeurs, lesquels utilisent divers protocoles de routage les autorisant à échanger des informations sur la topologie et l'état du réseau. Le routage consiste à traiter la façon dont les paquets sont acheminés entre divers réseaux.

Voici quelques-unes des plus célèbres RFC contenant des informations sur ce sujet :

- RIP : Routing Information Protocol (protocole d'information de routage) – les RFC 1723 et 2080 (pour RIP avec IPv6).
- OSPF : Open Shortest Path First (prendre le plus court chemin en priorité) – la RFC 2328.
- IDRP : Inter Domain Routing Protocol (protocole de routage entre domaines) – la RFC 1479.

PPTP : Point to Point Tunneling Protocol (protocole de liaison point à point par tunnel)

Le protocole de liaison point à point par tunnel, PPTP, vous permet de créer un réseau privé virtuel (VPN : Virtual Private Network) dans l'Internet public. En utilisant PPTP, vous aurez un lien sécurisé avec votre réseau d'entreprise, comme si vous étiez dans le bâtiment et sur le réseau local (LAN), bien que vous soyez connecté à l'Internet via un fournisseur d'accès Internet (FAI). La totalité de vos communications peut être cryptée afin de vous assurer qu'aucun indiscret ne pourra lire vos données. Vous obtenez tous les avantages d'un réseau privé global sans avoir à lancer vos propres satellites ou à poser vos propres câbles sous-marins.

DHCP : Dynamic Host Configuration Protocol (protocole de configuration dynamique de l'hôte)

Ce protocole est une solution client/serveur pour partager les adresses IP numériques. Un serveur DHCP entretient un ensemble d'adresses partagées. Si un ordinateur DHCP client veut utiliser une application TCP/IP, ce client doit d'abord demander une adresse IP au serveur DHCP. Le serveur vérifie dans son stock d'adresses partagées. Si toutes les adresses sont utilisées, le serveur notifie au client qu'il devra attendre qu'un autre client finisse son travail et libère une adresse IP. Si une adresse est disponible, le serveur DHCP envoie au client une réponse qui contient cette adresse.

Référez-vous à la RFC 2131 pour en savoir plus sur DHCP.

SSL : Secure Socket Layer (couche d'encapsulation sécurisée)

SSL version 2 apporte la sécurité, en autorisant les applications à coder les données qui proviennent d'un client, tel qu'un navigateur Web, vers le serveur approprié (*coder* vos données signifie les convertir en un code secret.). En d'autres termes, si vous achetez une Lamborghini grâce au Web, personne hormis le vendeur ne peut lire le numéro de votre carte de crédit. SSL version 3 donne au serveur le moyen de certifier que le client est celui qu'il dit être.

SET : Secure Electronic Transaction (transaction électronique sécurisée)

Au moment où le vendeur de Lamborghini installé sur le Web effectue une opération de contrôle avec la banque pour s'assurer que votre carte de crédit est valable, vous n'aimeriez pas qu'un curieux en profite pour récupérer votre code. SET est le protocole qui protège votre carte jusqu'à la fin de la vente.

IPSec : IP Security Protocol (protocole de sécurité IP)

En tant que protocole de sécurité pour les VPN (réseaux privés virtuels), IPSec inclut quelques techniques de codage très sophistiquées pour protéger vos données dans le monde public ou privé des VPN. IPSec s'assure également que l'ordinateur qui accède à votre réseau privé par l'intermédiaire du très public Internet fait vraiment partie de votre réseau et n'est pas un simulateur essayant de se faufiler dans votre VPN.

Et beaucoup, beaucoup d'autres...

Vous pourrez trouver beaucoup plus d'éléments existants de TCP/IP, et de nouveaux sont développés en ce moment même ! Ceux qui sont décrits dans ce chapitre sont les plus importants, les plus apparents et les plus courants. Tous les protocoles qui utilisent une adresse IP doivent être mis à jour pour qu'ils puissent interpréter l'adressage IPv6.

Chapitre 6

Le courrier électronique : livraison et gestion du contenu incluses

Dans ce chapitre :

- Comprendre ce qu'est le courrier électronique.
- Obtenir des alias.
- Découvrir que le courrier électronique Internet s'accorde avec SMTP.
- Rencontrer les dernières et les meilleures (pour l'instant) technologies du courrier électronique : POP3 et IMAP4.
- Apprécier MIME, qui rend possible l'envoi de fichiers audio et vidéo…
- Obtenir des tuyaux sur la façon de protéger et d'accélérer son courrier électronique.
- Faxer et téléphoner sans taxe sur Internet.
- Remplacer le navigateur par un client Usenet.

Dans ce chapitre, vous allez découvrir les différents éléments qui composent le courrier électronique.

La ruée du courrier électronique vers TCP/IP

Le courrier électronique est la première application en réseau que la plupart des personnes utilisent. (Ou le partage de fichiers, mais les gens ne réalisent pas que le partage de fichiers permet d'arriver au même résultat, et encore moins que c'est un service réseau.) Nous utilisons le courrier électronique depuis si longtemps que beaucoup d'entre nous oublient qu'il y a toujours quelques personnes qui ne l'ont pas encore.

Les sections suivantes présentent les éléments entrant en jeu dans le courrier électronique.

Les adresses électroniques : @ comme signe distinctif

Pour envoyer ou recevoir du courrier électronique, vous et votre correspondant avez tous deux besoin d'une adresse électronique. Ces adresses se présentent ainsi :

```
nomutilisateur@adresse
```

La première partie, *nomutilisateur*, est un nom d'utilisateur dans un ordinateur. Le caractère @ (arobase) se trouve toujours à cet endroit. Ensuite vient l'adresse : le nom de l'ordinateur et quelques informations sur la localisation de l'ordinateur sur le réseau, séparées par des points. Voici un exemple (imaginaire) d'adresse électronique :

```
dupont@abc.université.edu
```

Dans cette adresse, *dupont* est le nom d'utilisateur, *abc* est le nom de l'ordinateur, *université* est l'endroit où est localisé cet ordinateur, et *edu* est un nom de domaine qui représente les institutions de l'éducation.

Comment puis-je trouver l'adresse électronique de quelqu'un ?

Trouver l'adresse électronique de quelqu'un, c'est comme trouver l'adresse de son domicile. Vous avez plusieurs possibilités pour joindre cette personne, et la plus simple est souvent la meilleure. Voici quelques moyens de retrouver où elle séjourne sur Internet :

- **Servez-vous du téléphone.** En dépit de tous les outils de recherche de personnes sur Internet, le téléphone est encore le meilleur moyen de retrouver une adresse électronique. Quelquefois le numéro de téléphone est inscrit sur la carte de visite.

Vous pouvez aussi le trouver dans l'annuaire ou en composant le 12 (les renseignements, ce dernier service étant payant).

- **Récupérez l'adresse électronique grâce au courrier électronique que vous recevez.** L'adresse de l'expéditeur s'y trouve. Si vous ne nous croyez pas, allez-y voir vous-même.
- **Recherchez l'adresse dans une base de données "Whois".** InterNIC entretient la base de données Whois originale. Tout le monde ne s'y trouve pas, mais il peut être utile de la consulter. D'autres bases de données Whois que vous pouvez inclure dans vos recherches avec telnet :

  Whois.arin.net – Registre des adresses Internet pour les Etats-Unis.

  Whois.ripe.net – Allocation des adresses IP pour l'Europe.

  Whois.apnic.net – Allocation des adresses IP pour l'Asie.

  Whois.nic.mil – Armée américaine.

  Whois.nic.gov – Gouvernement des Etats-Unis.

Y a-t-il quelqu'un à la maison ?

Il existe de nombreuses façons de voir qui est ou ce qui se trouve dans un réseau, y compris l'Internet lui-même. Quatre des outils que vous pouvez utiliser sont finger, rwho, ruptime et ping.

- L'utilitaire *finger* donne de nombreuses informations sur les utilisateurs du réseau, y compris sur leurs travaux en cours. Finger est idéal pour retrouver l'adresse électronique de quelqu'un. Cet utilitaire est étonnamment complet – il vous dira même combien il reste de sodas dans la machine.
- L'utilitaire *rwho* vous dit quels utilisateurs sont actuellement connectés aux ordinateurs de votre réseau. Vous pouvez voir les personnes authentifiées dans le réseau avant de tenter de converser électroniquement avec elles.
- L'utilitaire *ruptime* établit la liste de tous les ordinateurs du réseau. Vous pouvez utiliser ruptime pour voir si un ordinateur est disponible avant d'utiliser FTP ou rcp afin de transférer des fichiers depuis ou vers celui-ci.
- L'utilitaire *ping* vous permet de voir si un ordinateur donné est allumé et connecté au réseau. Si vous connaissez déjà le nom de l'ordinateur que vous recherchez, ping est un peu plus efficace que ruptime.

- **Cherchez sur le Web.** Vous pouvez utiliser un *moteur de recherche* (un programme qui utilise le Web pour trouver les informations que vous avez demandées) pour retrouver des gens. Yahoo ! (`www.yahoo.fr`) et AltaVista (`www.altavista.fr`) sont des moteurs de recherche très largement utilisés.

TRUC

Vous pouvez trouver plusieurs sites dédiés à la recherche de personnes sur le Web, comme `www.nedsite.nl/search/people.htm`. Ce site liste des douzaines de répertoires de courrier électronique, de l'Australie au Swaziland et presque partout ailleurs. Ce site contient également des liens vers des sites permettant de retrouver des personnes disparues, des adresses de rues, des numéros de téléphone et de fax, et des militaires.

ATTENTION !

Si un moteur de recherche trouve la personne que vous vouliez, il n'est pas garanti que vous pourrez remonter jusqu'à son adresse électronique. De nombreux sites qui collectent des adresses et des noms vous laissent les retrouver manuellement. La personne que vous cherchez peut ne pas être répertoriée. Essayez quand même.

- **Utilisez un service d'annuaire en ligne.** Les services en ligne, comme America Online et Compuserve, entretiennent les annuaires de leurs utilisateurs. Si vous souscrivez à un service en ligne, vous pourrez faire des recherches dans les annuaires des autres utilisateurs inscrits.

- **Présentez une requête auprès d'un serveur LDAP (Light Directory Access Protocol, protocole allégé d'accès au répertoire).** Un serveur LDAP entretient un répertoire (annuaire) contenant des noms, des adresses électroniques, et plus encore. L'arborescence LDAP est identique à la base de données Whois. Si votre MUA (Mail User Agent, agent de courrier utilisateur) se sert de POP3 ou d'IMAP4, vous pouvez vous enquérir d'une adresse électronique auprès d'un serveur LDAP. Parmi les serveurs LDAP célèbres figurent : `www.bigfoot.com` et `www.switchboard.com`.

SMTP

SMTP (Small Mail Transport Protocol, protocole d'acheminement de messages) fait partie de la suite des protocoles TCP/IP que les MTA (Mail Transfer Agent, agent de transfert de message) utilisent pour communiquer. SMTP détermine la façon dont vos messages vont se déplacer du MTA de votre PC vers un autre MTA, et non le chemin qu'empruntera chaque message. Un message peut aller directement de l'expéditeur au destinataire, ou bien il peut avancer au travers de machines intermédiaires, et ce grâce au traitement appelé *stockage de transit* (*store and forward*).

Dans le concept du stockage de transit, lorsque chaque message traverse le réseau pour rejoindre sa destination, il peut franchir un certain nombre d'ordinateurs intermédiaires, où il est brièvement stocké avant d'être expédié vers la prochaine machine qui se trouve sur le chemin. C'est un peu comme si un voyageur fatigué s'arrêtait de temps à autre pour se reposer, avant de poursuivre son voyage dans la galaxie du réseau (voir Figure 6.1).

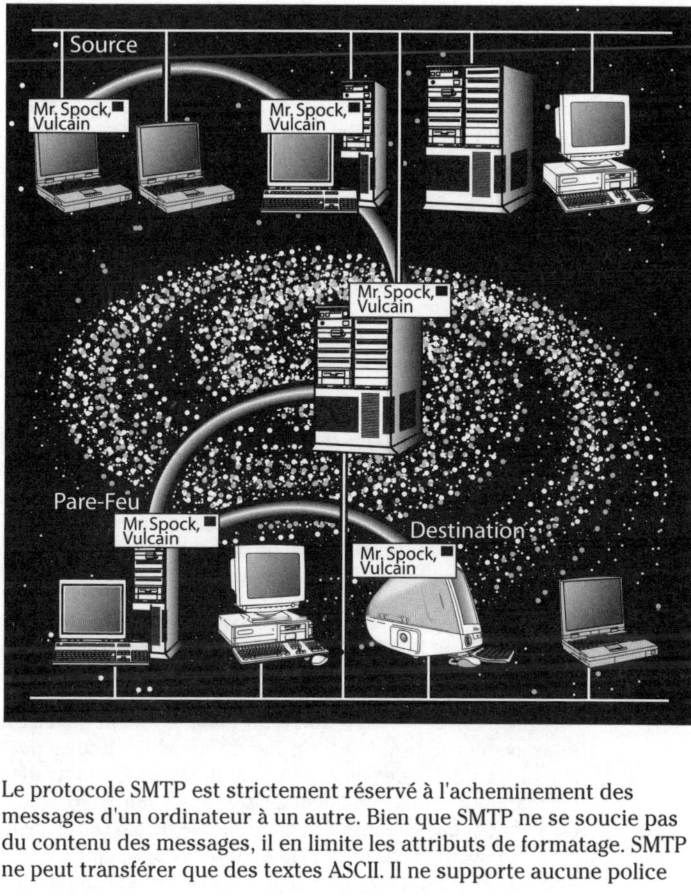

Figure 6.1 : Un message est stocké et acheminé à travers la galaxie du réseau.

Le protocole SMTP est strictement réservé à l'acheminement des messages d'un ordinateur à un autre. Bien que SMTP ne se soucie pas du contenu des messages, il en limite les attributs de formatage. SMTP ne peut transférer que des textes ASCII. Il ne supporte aucune police de caractères, aucun graphique, aucune inclusion d'objet (fichiers attachés), ni aucune de ces fonctionnalités fantaisistes du courrier électronique que vous adorez depuis que vous les connaissez.

MIME

Pour améliorer le corps d'un message électronique afin qu'il puisse être utilisé pour transporter des polices, des couleurs, etc., quelques bienfaiteurs (auteurs RFC) ont inventé MIME, Multipurpose Internet Mail Extension (extension multifonction au courrier électronique Internet).

MIME est décrit dans les RFC 2046 à 2049.

MIME autorise le corps du message à se parer de tous ces agréables ornements que sont les couleurs, les sons, les animations, tout en lui permettant d'être distribué par SMTP (lequel, comme il est expliqué plus haut, ne s'intéresse à rien d'autre qu'à du texte au format ASCII).

Quand le message parvient à sa destination finale, votre correspondant a lui aussi besoin d'un MUA compatible MIME afin de décoder toutes ces ornementations. Sans un MUA compatible MIME, le destinataire ne saura que faire de votre message.

S/MIME sécurise les communications entre un expéditeur et un destinataire.

Comment fonctionne une passerelle SMTP ?

Du fait d'une relation durable entre SMTP et TCP/IP, le système de messagerie UNIX utilise SMTP. Cependant, on ne peut pas dire la même chose d'autres produits de messagerie. Ces autres systèmes de messagerie ont besoin d'une passerelle SMTP.

Une *passerelle SMTP* est un logiciel qui traduit les messages électroniques du format RFC822/MIME au format d'un autre système de messagerie.

Chaque passerelle SMTP doit tenir compte du fait qu'il n'existe pas deux systèmes de messagerie électronique identiques, quelles que soient les similitudes de leurs fonctionnalités. Certains détails ne correspondront pas vraiment à l'interprétation du format du message qu'en fait la passerelle. L'élégance simple de SMTP réside dans son système de messagerie en général moins compliqué que d'autres, quoique MIME vous aide vraiment à atténuer ces différences.

"Alias Dupont et Durand"

Les alias du courrier électronique constituent une méthode pratique pour envoyer des messages à une adresse différente. Imaginez que vous devez travailler dans une succursale de votre entreprise pendant un mois. Au lieu de vous connecter au siège central pour lire vos messages, votre courrier peut être réexpédié vers un ordinateur de cette succursale. L'administrateur de la messagerie vous crée un alias électronique dans l'ordinateur du siège pour faire suivre vos messages vers un ordinateur de cette succursale.

Il y a deux sortes d'alias : privé et public. Ils sont différents, bien qu'ils partagent certaines fonctions.

- Les alias que vous créez vous-même sont privés. Personne d'autre ne peut les utiliser. Pour savoir comment créer vos alias privés, consultez le manuel de votre MUA (dans un système UNIX, vous les définissez généralement dans le fichier *.mailrc* situé dans votre répertoire d'accueil).
- Les alias que crée un administrateur de messagerie sont publics. Tout le monde peut les utiliser. Le système d'exploitation et l'environnement de la messagerie électronique vont déterminer la façon dont les alias publics sont créés et conservés (dans un système UNIX, l'administrateur de messagerie les définit généralement dans le fichier */usr/lib/aliases*).

Deux ou trois choses que vous pouvez faire avec des alias électroniques

Les alias électroniques fournissent aussi une aide aux utilisateurs de différentes manières.

Listes de diffusion (mailing lists)

Dans le langage de la messagerie, une liste de diffusion est une adresse électronique qui permet d'envoyer votre message à de multiples destinataires. Par exemple, une liste de diffusion pourrait transformer l'alias suivant :

```
auteurs_de_TCP/IP_pour_les_nuls
```

en ces deux adresses :

```
Mwilensky@lotus.com
Leidencci@aol.com
```

Adresses standard ou plus conviviales

Il est clair que cette adresse :

```
Marshall_Wilensky@crd.lotus.com
```

demande plus d'efforts à taper que cet alias :

```
Mwilensky@lotus.com
```

A propos des alias publics, un administrateur de messagerie peut créer et implémenter une convention de noms d'utilisateurs plus conviviale dans votre entreprise.

Une façon de joindre des personnes aux noms imprononçables

Bien des gens ont du mal à écrire le nom de famille de Marshall. Pour y remédier, l'administrateur de messagerie peut définir cet alias public :

```
Mwilenski@lotus.com
```

pour cette adresse :

```
Mwilensky@lotus.com
```

(Regardez de plus près : le "i" de Wilenski a été changé en "y".) Grâce à cela, Marshall pourra recevoir ses messages, que son nom soit orthographié correctement ou non.

Quelques exemples intéressants de courrier électronique

Voici un message envoyé à un nom d'utilisateur simple, sans aucun alias :

```
% mail marshall_wilensky@crd.lotus.com
Sujet : Salut tout le monde !
Ce message est pour l'utilisateur marshall_wilensky. Aucun alias.
```

```
L'expéditeur a dû taper une longue adresse et sait écrire le nom de
famille de Marshall (3 "l" et un "y" à la fin).
Ce message a été écrit grâce à MAIL, agent d'utilisateur-courrier
sous UNIX. SMTP a réceptionné ce message depuis l'agent de transfert
de courrier et l'a délivré par le réseau. Parce que ce message est en
texte brut, nous n'avons pas besoin de MIME pour trimbaler le moindre
accessoire de fantaisie. C'est tout. A bientôt.
.
Cc :
%
```

Voici un message envoyé à un alias. C'est la même chose, que l'alias soit public ou privé :

```
% mail wilenski@crd.lotus.com
Sujet : Salut tout le monde !
Ce message est adressé à la même personne, mais par son alias
électronique.
Et je n'ai même pas besoin de savoir comment écrire son nom.
Dur de voir la différence au premier coup d'œil, n'est-ce pas ?
C'est tout. A bientôt.
.
Cc :
%
```

TRUC

Accélérez l'envoi de vos courriers électroniques. De nombreuses messageries clientes comme Lotus cc :Mail, Lotus Notes, Microsoft Outlook Express et Qualcomm Eudora Pro vous permettent de programmer un envoi automatique. Vous pouvez programmer une liste d'attente de telle sorte que le message de la veille vous attende si vous n'êtes pas à votre poste.

Votre messagerie est-elle sécurisée ?

SÉCURITÉ

Vous pensez que vous n'avez rien à cacher ? Peut-être, mais la sécurité d'une messagerie garantit toujours votre vie privée, même si vous n'expédiez pas le numéro de votre carte de crédit ou des formules secrètes sur la jeunesse éternelle. Ne pensez pas qu'utiliser S/MIME en matière de sécurité puisse complètement vous protéger. Dans le cas du procès qui a fait date, Microsoft a dû remettre des preuves au département de la Justice américain, non seulement sous forme de documents papier, mais aussi sous forme de messages électroniques.

Ne laissez personne écouter aux portes de votre messagerie

Votre message électronique passe par plus d'ordinateurs que le vôtre et celui de votre destinataire. Référez-vous à la Figure 6.1, laquelle montre l'existence d'un message stocké brièvement puis acheminé à travers plusieurs ordinateurs sur la voie de sa destination intergalactique. Un *pirate* (hacker) n'a pas besoin d'être très bon pour piller le contenu de votre message. Tout ce qu'il a à faire est d'utiliser un programme *renifleur de paquets* (*packet sniffer*) pour intercepter les messages électroniques en transit. Un renifleur de paquets est un outil dont l'administrateur du réseau se sert pour enregistrer et analyser le trafic dans le réseau.

Faites de votre message une énigme et évincez les curieux

La cryptographie ne sert pas qu'aux agents secrets. Beaucoup de produits de messageries vous permettent de coder vos messages (au moyen d'une clé confidentielle) de telle sorte que seuls votre destinataire et vous-même puissiez les lire. Lotus Notes permet de crypter vos messages.

Surélevez les murs de votre réseau pour laisser vos caractères dans l'ombre

Si vous recevez des messages de gens qui se trouvent en dehors de votre réseau, vous devrez établir un pare-feu pour vous protéger. Le *pare-feu* est un ordinateur qui empêche les données non autorisées d'atteindre votre réseau. Par exemple, si vous ne voulez pas que quiconque de *curieux.com* pénètre votre réseau, placez devant celui-ci un pare-feu. Le pare-feu refoule tous les messages en provenance de *curieux.com*. Référez-vous à la Figure 7.3 qui montre notre réseau Vulcain protégé par un pare-feu.

Les news de Usenet : partager l'info sur le réseau

Usenet est un service TCP/IP composé d'une collection mondiale de forums de discussion en ligne. Chaque forum de discussion (newsgroup) est une conversation électronique à plusieurs sur un sujet particulier. Les sujets vont de Disney à Star Trek, du bricolage aux droits des homosexuels (hommes et femmes). N'importe qui sur l'Internet peut publier un article exprimant son opinion et/ou demandant une information.

Les forums de discussion sont répartis en centres d'intérêt, et les mots qui composent le nom d'un forum de discussion définissent une classification de ces centres d'intérêt. Ces mots sont séparés par des points. Le nom est le sujet principal, et chacun des mots qui suivent en donne une approche plus précise. Les noms de groupes de discussion ressemblent à la partie qui se trouve à droite de l'arobase (@) dans une adresse électronique, mais ce n'est qu'un hasard.

Le Tableau 6.1 répertorie la principale classification des forums de discussion. Vous rencontrerez souvent ces classifications dans des noms de forums de discussion.

Tableau 6.1 : Classement des principaux forums de discussion.

Classe	Sujet
comp.	Ordinateurs et sujets apparentés
misc.	Divers
news.	Sujets sur les forums de discussion eux-mêmes
rec.	Loisirs et arts
sci.	Science
soc.	Société/Sociologie ; parfois pertinent, parfois très théorique
talk.	Discussion, souvent contradictoire
alt.	Alternatif : des trucs aussi bizarres que sérieux

Le Tableau 6.2 répertorie d'autres catégories de classifications spécifiques ou régionales.

Tableau 6.2 : Classement des forums de discussion particuliers.

Classe	Sujet
ne.	Nouvelle-Angleterre et nord-est des Etats-Unis
biz.	Affaires
bionet.	Biologie

Forums de discussion pour les nouveaux venus

Si vous venez juste de découvrir les forums de discussion Usenet, vous pouvez en étudier quelques-uns pour savoir comment lire et écrire des articles. En voici trois parmi les plus utiles :

- `News.announce.newusers` : Les articles de ce forum de discussion parlent des nouveautés dans les forums de discussion Usenet.
- `News.newusers.questions` : Vous pouvez y envoyer des articles posant des questions sur la façon dont fonctionnent les forums de discussion Usenet.
- `News.answers` : Les articles établissent une liste des Questions Fréquemment Posées (QFP ou FAQ en anglais) dans la plupart des forums de discussion. Ce forum de discussion est une réunion impressionnante de questions utiles et inutiles.

Comment utiliser les forums de discussion pour en savoir plus sur TCP/IP

Vous trouverez plusieurs forums sur TCP/IP. Dans la liste suivante, la plupart se réfèrent au système d'exploitation.

- `comp.os.ms-windows.networking.tcp-ip`
- `comp.os.os2.networking.tcp-ip`
- `comp.os.ms-windows.nt.admin.networking`
- `comp.os.linux.networks`
- `comp.protocols.tcp-ip`
- `comp.protocols.tcp-ip.domains`
- `comp.protocols.tcp-ip.ibmpc`

Les forums de discussion vont et viennent, et parfois un forum existant devient inactif (c'est qu'il n'y a plus d'articles qui sont écrits pour lui). Notre liste de forums de discussion traitant de TCP/IP est à jour à l'heure où nous écrivons ces lignes, mais en jetant un coup d'œil dans l'Internet, il se peut que vous constatiez que la liste grossit ou diminue.

rn trn tin

L'application utilisateur terminale pour accéder aux forums de discussion Usenet est appelée *client Usenet* (application permettant de lire des articles et des messages électroniques). Le client Usenet transmet vos requêtes au service TCP/IP. Vous ne communiquez pas directement avec les composants TCP/IP. Le client Usenet le fait pour vous de manière transparente. Que les articles soient stockés dans votre PC (selon la vieille méthode) ou sur un serveur (selon la toute nouvelle technologie), vous utiliserez un client Usenet pour les lire, envoyer des compléments d'information ou de nouveaux articles, expédier un courrier réponse directement à l'auteur, faire suivre un article par messagerie pour quelqu'un d'autre, etc.

Les clients Usenet sont de toutes formes, tailles et "saveurs". Beaucoup sont gratuits (ils font partie du domaine public). Vous pouvez avoir à en choisir plusieurs pour votre PC. Quelques-uns des plus célèbres sont :

- rn
- trn (voir Figure 6.2)
- tin

Chaque client Usenet a besoin de garder la trace des articles que vous avez déjà lus. Un bon client Usenet vous aide en organisant les articles par thème de discussion. Cela signifie quelquefois que le client Usenet présente le sujet de l'article ou son sommaire sous la forme d'une ligne pour voir si cela se rapproche d'autres articles. Sans cette fonctionnalité, vous en seriez réduit à lire les articles dans l'ordre chronologique où ils parviennent à votre PC ou au serveur.

ATTENTION !

Attention ! Lire les articles dans l'ordre chronologique peut vous donner la migraine ! Supposez qu'un utilisateur de news d'Honolulu publie un article. Comme l'article parcourt le monde via l'Internet jusqu'à vous, un autre utilisateur de Usenet à San Francisco le lit et publie une réponse. Celle-ci aussi parcourt le monde via l'Internet jusqu'à vous. Il est tout à fait possible que la réponse arrive avant l'article original. Si l'article original était une question et que la réponse est une solution, vous pouvez découvrir la solution au problème avant la question elle-même ! Cette situation confuse est tout à fait courante sur l'Internet, alors habituez-vous.

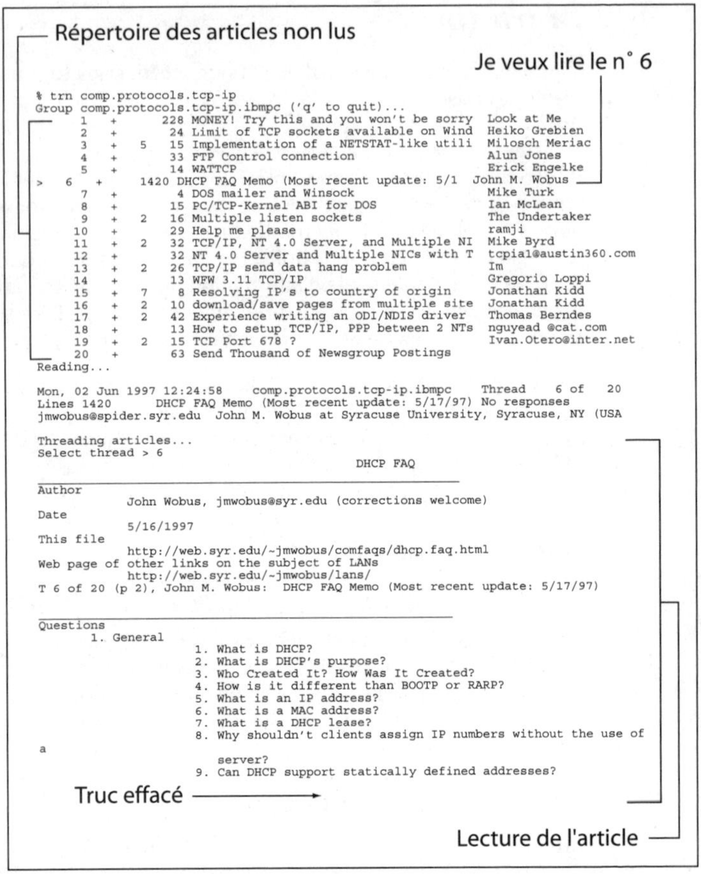


```
% trn comp.protocols.tcp-ip
Group comp.protocols.tcp-ip.ibmpc ('q' to quit)...
      1   +        228 MONEY! Try this and you won't be sorry  Look at Me
      2   +         24 Limit of TCP sockets available on Wind  Heiko Grebien
      3   +    5    15 Implementation of a NETSTAT-like utili  Milosch Meriac
      4   +         33 FTP Control connection                  Alun Jones
      5   +         14 WATTCP                                  Erick Engelke
>   6   +       1420 DHCP FAQ Memo (Most recent update: 5/1  John M. Wobus
      7   +          4 DOS mailer and Winsock                  Mike Turk
      8   +         15 PC/TCP-Kernel ABI for DOS               Ian McLean
      9   +    2    16 Multiple listen sockets                 The Undertaker
     10   +         29 Help me please                          ramji
     11   +    2    32 TCP/IP, NT 4.0 Server, and Multiple NI  Mike Byrd
     12   +         32 NT 4.0 Server and Multiple NICs with T  tcpia1@austin360.com
     13   +    2    26 TCP/IP send data hang problem           Im
     14   +         13 WFW 3.11 TCP/IP                         Gregorio Loppi
     15   +    7     8 Resolving IP's to country of origin     Jonathan Kidd
     16   +    2    10 download/save pages from multiple site  Jonathan Kidd
     17   +    2    42 Experience writing an ODI/NDIS driver   Thomas Berndes
     18   +         13 How to setup TCP/IP, PPP between 2 NTs  nguyead @cat.com
     19   +    2    15 TCP Port 678 ?                          Ivan.Otero@inter.net
     20   +         63 Send Thousand of Newsgroup Postings
Reading...

Mon, 02 Jun 1997 12:24:58    comp.protocols.tcp-ip.ibmpc    Thread    6 of   20
Lines 1420      DHCP FAQ Memo (Most recent update: 5/17/97) No responses
jmwobus@spider.syr.edu  John M. Wobus at Syracuse University, Syracuse, NY (USA

Threading articles...
Select thread > 6
                                          DHCP FAQ
____________________________________________________________
Author
            John Wobus, jmwobus@syr.edu (corrections welcome)
Date
            5/16/1997
This file
            http://web.syr.edu/~jmwobus/comfaqs/dhcp.faq.html
Web page of other links on the subject of LANs
            http://web.syr.edu/~jmwobus/lans/
T 6 of 20 (p 2), John M. Wobus:  DHCP FAQ Memo (Most recent update: 5/17/97)

____________________________________________________________
Questions
       1. General
                     1. What is DHCP?
                     2. What is DHCP's purpose?
                     3. Who Created It? How Was It Created?
                     4. How is it different than BOOTP or RARP?
                     5. What is an IP address?
                     6. What is a MAC address?
                     7. What is a DHCP lease?
                     8. Why shouldn't clients assign IP numbers without the use of
a
                        server?
                     9. Can DHCP support statically defined addresses?
```

Figure 6.2 : Voici un échantillon de session trn, lecteur de news en mode caractères.

Vous n'aimez pas taper des commandes ? Servez-vous d'un navigateur et frayez-vous un chemin avec votre souris dans les forums de discussion

Les navigateurs disposent de la plupart des fonctionnalités des applications clientes TCP/IP. Si vous disposez d'un navigateur Web, vous n'aurez bientôt plus besoin d'un client FTP autonome, d'un client

Usenet ou d'un client messagerie. La Figure 6.3 montre comment accéder via un navigateur Web aux mêmes articles de forums de discussion que dans la Figure 6.2.

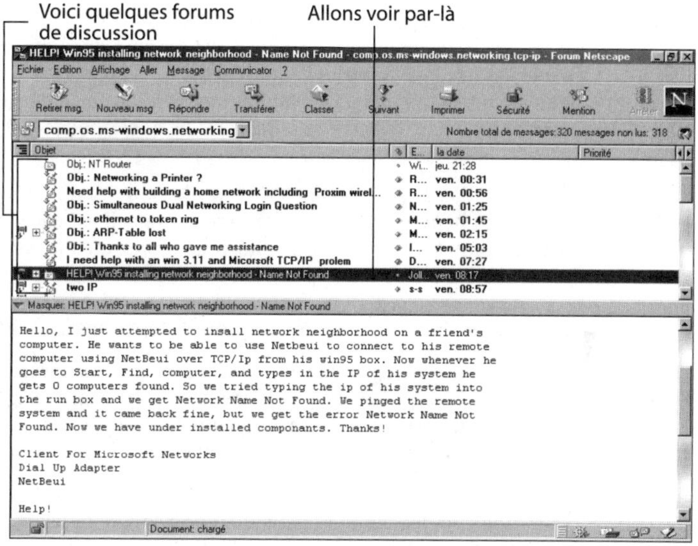

Figure 6.3 : Vous pouvez lire des articles au moyen d'un navigateur Web.

Ne pas avoir besoin de clients indépendants ne veut pas dire que vous n'en voulez pas. Le Web, c'est un dessert. Aussi plaisant et délicieux qu'il puisse être, il ajoute cependant beaucoup de gras à votre régime Internet. Et cela n'a pas toujours aussi bon goût qu'il y paraît. Un client Usenet vieille école vous apporte les articles plus vite que votre navigateur dernier cri.

Paroles, paroles...

La messagerie et les forums de discussion Usenet transportent les messages vers les utilisateurs qui sont séparés par le temps et l'espace. Deux autres services Internet, "talk" et l'IRC ("Internet Relay Chat", relais Internet du bavardage), transportent des messages en direct entre des utilisateurs qui sont uniquement séparés par la distance géographique.

Le service Internet talk vous permet d'avoir des conversations interactives (au moyen du clavier de votre PC) et en direct. Si vous voulez haranguer la foule et entendre des voix vous répondre d'Internet, vous avez besoin d'un téléphone Internet.

Ligne privée

En utilisant talk, vous pouvez dans l'instant faire des "appels téléphoniques" via TCP/IP. Vous et l'autre personne (l'appelé) devez être en ligne au même moment. Talk établit une connexion privée point à point. Il n'y a pas de lignes groupées ou de conférences téléphoniques.

Pourquoi utiliser talk ?

- Vous ne pouvez pas utiliser le téléphone. Il est cassé ou vos enfants s'en servent, ou alors vous n'avez qu'une ligne téléphonique et vous l'utilisez pour vous brancher sur l'Internet, ou pour envoyer un fax. Donc, pourquoi ne pas utiliser à la place une connexion réseau pour transporter votre message "vocal" ?
- Vous ne voulez pas vous servir du téléphone, parce que vous n'avez pas envie qu'apparaissent les prix d'appel longue distance sur votre facture. Quand vous êtes dans une session talk, le coût de la communication est basé sur le coût de votre connexion réseau.
- Vous voulez vérifier si quelqu'un est vraiment là avant de vous servir du téléphone.
- L'un de vous deux ou les deux a/ont des problèmes d'audition.

Aviez-vous déjà deviné que talk met en œuvre un client, un serveur et un protocole TCP/IP simultanément ?

TRUC

Vous ne trouverez pas de répondeur avec talk. Si vous voulez laisser un message, envoyez donc un courrier électronique.

ATTENTION !

Quand vous êtes en train de parler avec quelqu'un, votre écran se sépare en deux parties : votre discours apparaît dans une moitié, et celui de votre correspondant dans l'autre. Ce que vous tapez est immédiatement expédié dans le réseau. Cela signifie que votre correspondant voit exactement ce que vous tapez, erreurs de frappe et fautes de langage incluses. Alors réfléchissez avant de taper !

IRC (Internet Relay Chat) : la version TCP/IP de la radio amateur

Le relais internet du bavardage, IRC, est la radio amateur de TCP/IP. Cette forme de bavardage a été créée pour pallier la principale limitation de discussions sous talk qui fait qu'au plus deux personnes peuvent communiquer en même temps. IRC permet les discussions en groupe.

Le bavardage se pratique sur des canaux, lesquels ont des noms plutôt que des numéros. Chaque canal est supposé être réservé à un sujet spécifique, mais vous jugerez vous-même lorsque vous serez connecté. L'organisation est plutôt anarchique, même si des discussions peuvent être programmées à l'avance à une date, sur un sujet et dans un canal donnés. Chaque canal est administré par au moins un opérateur, qui, à défaut de pouvoir calmer les esprits, peut déconnecter individuellement des intervenants. Les bavards pouvant toujours s'introduire de nouveau dans le canal, les déconnecter ne permet pas toujours de préserver les débats de comportements peu civilisés.

Comme vous l'aurez deviné, vous utiliserez pour bavarder un client IRC qui communiquera avec un serveur IRC via un protocole TCP/IP. Le client vous aide à communiquer avec le serveur IRC, vous connecte au canal de votre choix et vous permet de converser avec les autres utilisateurs. Les serveurs conservent la trace des causeurs et des canaux, et ils échangent les messages entre eux de telle sorte que tous les causeurs puissent tout savoir de la causerie.

Talk et IRC vous permettent de communiquer en direct avec des gens n'importe où dans le monde. Il n'est pas nécessaire de soigner sa présentation. Personne ne saura jamais que vous êtes encore en pyjama.

E.T. aurait dû se servir du téléphone Internet

Avez-vous une idée des frais du téléphone, lorsque ce gentil petit visiteur, E.T., "téléphone maison" ? Le téléphone Internet, lui, est une option gratuite.

Bon, vous n'aurez rien à payer à la compagnie du téléphone, mais vous aurez besoin de ce qui suit :

- Un logiciel de téléphonie sur Internet.
- Une carte son et des haut-parleurs PC.
- Un combiné ou un micro.
- Une connexion Internet.

Lorsque vous êtes muni de ces équipements et du logiciel, vous payez le même tarif pour téléphoner une heure aux Philippines que pour parler une minute à "Trifouillis-les-Oies".

Avant de vous exciter à l'idée d'appeler vos copains (ou vos copines) à l'autre bout du monde, vous devez savoir que vous pouvez uniquement contacter des gens qui sont connectés à l'Internet et qui sont équipés d'un logiciel de téléphonie sur Internet.

Pour contacter une personne par ce moyen, suivez les étapes ci-dessous :

1. **Connectez-vous à l'Internet.**
2. **Lancez votre logiciel de téléphonie sur Internet**
3. **Tapez l'adresse IP de votre maman, ou sélectionnez-la dans votre annuaire électronique (lequel est fourni avec votre logiciel).**
4. **Lorsque votre maman vous répond, demandez-lui de l'argent.**

Vous pouvez brancher des appareils photo sur votre PC et sur celui de votre maman pour lui envoyer votre photo, en plus de votre voix.

Comment TCP/IP peut également vous aider à communiquer sur l'Internet

Vous pouvez faire bien plus que téléphoner à la maison ou envoyer des messages électroniques à votre maman. TCP/IP et l'application logicielle vous permettent :

- De lui envoyer des fax par l'Internet.
- D'établir une vidéoconférence avec tous les membres de votre famille.

Le futur, c'est maintenant

Voici quelques-unes des dernières applications de communication testées pour vous sur l'Internet :

- Vous effectuez un appel Internet, et dans le même temps le téléphone de votre ami(e) sonne et fonctionne comme pour une voix normale.

- Vous envoyez un fax longue distance par le biais d'une passerelle fax Internet. Vous payez uniquement la communication locale vers cette passerelle. Les RFC 2304 et 2305 décrivent l'envoi de fax par Internet.
- Vous effectuez un appel Internet, et laissez un message vocal lorsque personne ne répond.

TRUC

Vous pouvez étendre les capacités de votre PC en installant un système de téléphonie (à peu près 600 euros) qui se comporte comme votre modem, votre carte son, votre combiné téléphonique et votre système de messagerie vocale, du "tout-en-un." Pour plus d'informations sur les solutions des PC/fax/téléphones, connectez-vous sur : `www.computertelephony.com`.

Chapitre 7

Par là, par là, fais quelque chose, fais quelque chose !

Dans ce chapitre :

- Se servir de l'ordinateur de quelqu'un d'autre à distance – sur une *lo-o-o-n-n-gue* distance.
- Comprendre la différence entre telnet et rlogin – identiques, mais différents.
- Apprendre à être digne de confiance dans un environnement réseau.
- Utiliser l'interface graphique X (mais nous n'avons pas dit "réservé aux adultes").

Ce chapitre vous explique comment vous connecter via telnet ou rlogin à un ordinateur distant pour lire et éditer des fichiers à travers le réseau.

Partager les ordinateurs des autres

Dans un environnement réseau, les ordinateurs de votre entreprise ont souvent des ressources partagées. Au Chapitre 3, nous vous avons présenté le concept client/serveur d'un serveur, un ordinateur partageant sa puissance de calcul. Dans cette section, nous allons examiner quelques-uns des outils TCP/IP que vous pouvez utiliser pour accéder à un serveur d'applications.

Vous dites que vous voulez que je vole une Harley ?

Pour permettre la distribution de puissance de calcul d'une manière organisée, de nombreuses sociétés configurent des serveurs d'applications pour le vol des cycles ou le partage. Un serveur d'applications est un ordinateur puissant spécialement configuré pour le partage entre de nombreux utilisateurs.

Dans ce chapitre, vous découvrirez comment récupérer les cycles avec TCP/IP, mais la déontologie informatique nécessite que vous le fassiez toujours avec une autorisation. Après tout, si vous récupérez les cycles d'un ordinateur ayant un processeur poussif, vous volez quelqu'un qui n'a pas les moyens de partager, et le traitement obtenu pour chacun d'entre vous sera plus lent. En outre, si votre victime est un "technicien", il saura détecter votre vol, et vous pourriez avoir à vous enfuir plus vite que si vous aviez réellement "volé la bécane à Momo".

Vous ne pouvez pas voler une mob

Tous les ordinateurs ne peuvent pas être serveurs de ressources. Quelques systèmes d'exploitation ne peuvent pas fournir ce service – d'autres sont conçus pour ne pas le faire. Ni Macintosh (quand il fonctionne avec l'OS MAC), ni un PC fonctionnant sous DOS ou Windows 95/98 ne peuvent fournir des services de ressources pour d'autres utilisateurs du réseau. Ils sont destinés à être utilisés par une seule personne à la fois (pourquoi croyez-vous qu'on les appelle des "ordinateurs personnels"?).

Un système d'exploitation multi-utilisateurs, quel que soit l'ordinateur sur lequel il tourne, est destiné à être utilisé par plus d'une personne à la fois. La plupart des systèmes de partage de temps multi-utilisateurs, tels UNIX ou AS/400 d'IBM, sont capables de partager des ressources, même s'ils ne les proposent pas. La personne responsable de l'entretien du système informatique (l'administrateur système) peut avoir dans ce but mis en place une machine spécifique. Il existe de nombreux moyens techniques pour le faire, mais le bon choix dépendra du système d'exploitation lui-même.

Windows NT est un exemple intéressant de système d'exploitation parce qu'il est hybride. Seul un utilisateur peut se connecter directement sur un ordinateur fonctionnant sous Windows NT, mais de nombreux utilisateurs peuvent partager la puissance de son CPU, en se servant des applications TCP/IP.

Mais soyons positifs. Vous savez qu'il y a un ordinateur quelque part sur le réseau que vous pouvez utiliser pour récupérer plus de puissance. Heureusement pour vous, pour emprunter quelques cycles d'horloge depuis un autre ordinateur, cet ordinateur n'a pas besoin d'avoir le même système d'exploitation que le vôtre. En fait, c'est un des gros avantages de telnet et de rlogin, deux applications TCP/IP de vol de cycles. Vous pourrez les voir en action un peu plus loin dans ce chapitre.

Pourquoi les utilisateurs affamés ont-ils volé des bécanes ? Pour aller au restaurant de l'autre côté du réseau

Vous pouvez employer vos cycles volés à différents usages. Supposez que vous ayez un Macintosh sans trop de puissance CPU, et que vous ayez besoin de calculer quelques équations importantes relatives à la météo. Vous ne voulez pas éreinter votre Macintosh en le saturant de calculs. Vous pouvez à la place vous connecter via telnet sur le supercalculateur du local machines, et utiliser le processeur distant pour finir vos maths en quelques secondes, et non en plusieurs heures.

De bonnes vieilles antiquités

La plupart des applications telnet pratiquent l'émulation du terminal VT100 de DEC (Digital Equipment Corporation). Le VT100 fut en son temps, au début des années 80, le truc à avoir, et ses successeurs les plus connus furent tout aussi dans le vent. Vous deviez avoir un VT100 pour utiliser le grand ordinateur central partagé entre vous et votre entourage. Lorsque les PC sont devenus populaires, les terminaux VT100 et leurs descendants ont virtuellement disparu de l'environnement DEC. De nos jours, à la place d'un terminal réservé et muet, la plupart des gens se servent d'une application d'émulation de terminal tournant sur un ordinateur plus classieux.

Un autre standard en ces jours glorieux était le terminal IBM 3270. Une version spéciale de telnet, appelée tn3270, est l'émulation d'un IBM 3270 ("tn" est une abréviation de telnet). Pour vous connecter à l'ordinateur central IBM, vous devez utiliser tn3270, plutôt que telnet.

Votre entreprise entretient une grande base de données ? Ou même plusieurs ? Vous aimeriez accéder à celle qui répertorie tous les restaurants ? Pour l'utiliser, vous n'avez pas besoin d'installer un système de gestion de bases de données sur votre PC. Si vous avez faim, lancez tout simplement telnet, et vous pourrez lire les informations sur les restaurants de votre région.

De nombreuses personnes utilisent également telnet pour effectuer des recherches. Les sites publics telnet vous donnent accès à des librairies dans le monde entier. Lorsque vous êtes en voyage d'affaires, vous pouvez utiliser telnet ou rlogin pour vous connecter à votre bureau et lire vos messages à distance.

Utiliser telnet ou tn3270 pour emprunter la puissance du processeur

Telnet, c'est à la fois une application et un protocole TCP/IP pour se connecter à un ordinateur distant et travailler avec de manière interactive. L'ordinateur que vous utilisez – peut-être êtes-vous installé face à lui en ce moment – est l'ordinateur local. L'ordinateur distant, c'est l'autre, celui qui est loin de vous.

L'application telnet se comporte comme une émulation de terminal, faisant en sorte que votre ordinateur cher et surpuissant agisse exactement comme un terminal de la vieille époque. Quelles que soient les commandes que vous tapez sur votre clavier local, celles-ci sont envoyées à travers le réseau pour être exécutées par l'ordinateur distant.

Ce que vous devez savoir avant de démarrer telnet

Avant d'utiliser telnet pour vous emparer de cycles, il vous faut le nom de l'ordinateur auquel vous voulez vous connecter, ou du moins son adresse numérique TCP/IP. Si vous utilisez uniquement des adresses électroniques, le nom de l'ordinateur est la partie à droite de l'arobase : @. Par exemple, dans *dupont@abc.université.edu* , le nom de l'ordinateur est *abc.université.edu*.

Quand vous vous connectez à un système d'exploitation multi-utilisateurs, vous devez aussi connaître un nom d'utilisateur et un mot de passe sur l'ordinateur distant. Un administrateur système peut restreindre les accès au serveur d'applications ou empêcher un ordinateur d'agir en tant que serveur d'applications en ne divulguant pas les noms d'utilisateurs et les mots de passe de cette machine.

Vous pouvez trouver sur l'Internet des sites publics telnet (c'est-à-dire des sites distants accessibles via telnet) qui publient leurs noms d'utilisateurs avec leurs mots de passe. Et quelques autres sites – vraiment – publics ne requièrent même pas de nom d'utilisateur et de mot de passe.

Lorsque vous disposerez du nom de l'ordinateur (ou de son adresse numérique) ainsi que d'un nom d'utilisateur et d'un mot de passe, ou que, en toute connaissance de cause, vous vous connecterez à un site public, vous serez prêt à démarrer.

Chaque fois que vous vous poserez des questions sur le nom d'un ordinateur, vous pourrez le remplacer par son adresse numérique TCP/IP. Dorénavant, nous parlerons simplement du `nom d'ordinateur`, mais vous pourrez l'entendre soit comme son nom, soit comme son adresse numérique.

Maîtrisez telnet en suivant ces étapes :

1. **Lancez le programme telnet sur votre ordinateur local.**

   Autrement dit : taper la commande "telnet" puis le nom d'ordinateur auquel vous voulez accéder. Une fois que vous aurez tapé le nom, telnet vous ouvrira une connexion vers la machine distante.

   Ou bien, si vous tournez sous Macintosh ou sous un environnement fenêtré, cliquez sur l'icône qui lance telnet. Connectez-vous à l'ordinateur distant en sélectionnant d'autres commandes, par exemple la commande "Ouvrir" du menu "Fichier". Saisissez ensuite le nom de l'ordinateur à contacter.

2. **Faites attention aux messages telnet concernant votre connexion qui apparaissent à l'écran.**

   Vous pourrez voir l'adresse numérique de l'ordinateur distant et son nom, au moment où TCP/IP tente d'établir votre connexion.

Soyez particulièrement attentif à ce que l'application telnet vous dit au sujet du caractère d'échappement (vous pouvez en voir des exemples dans les Figures 7.1 et 7.2). Vous pourriez avoir besoin d'utiliser ce caractère plus tard, quand vous voudrez interrompre temporairement votre session distante, et transmettre à telnet lui-même quelques commandes supplémentaires.

3. **Ouvrez une session sur l'ordinateur distant en vous servant du nom d'utilisateur et du mot de passe que vous avez choisis.**

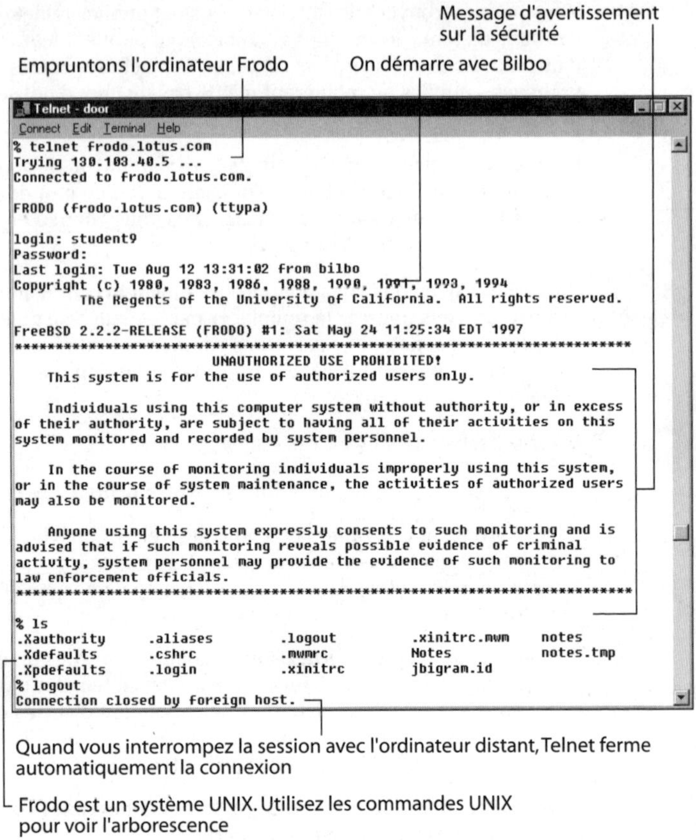

Figure 7.1 : Là, nous nous sommes connectés à un ordinateur distant en utilisant telnet.

4. **Vous pouvez commencer à taper les commandes que vous voulez utiliser lors de votre session de travail à distance.**

   A la Figure 7.1, les commandes apparaissent toutes précédées d'un signe de pourcentage (%), qui est l'invite de commande du système d'exploitation UNIX.

Dans l'exemple de session telnet représentée à la Figure 7.1, notre ordinateur s'est chargé de choisir un mode d'émulation de terminal en nous basculant automatiquement sous VT100. L'émulation de terminal indique à l'ordinateur distant la façon dont les données doivent être présentées sur notre ordinateur local (VT100 est le mode d'émulation

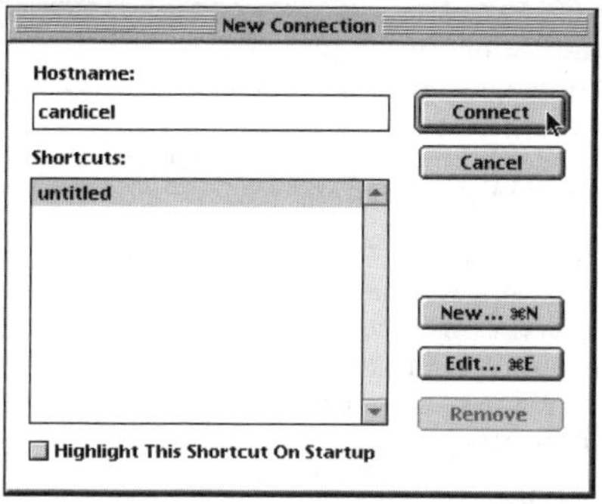

Figure 7.2 : Là, nous nous sommes connectés à un ordinateur distant en utilisant telnet et une interface utilisateur graphique.

terminal le plus courant). Il se peut que sur quelques ordinateurs vous deviez déterminer votre propre mode d'émulation terminal. Si ce que vous voyez à l'écran lorsque vous tapez des commandes est un amas des caractères incompréhensibles, vous êtes alors probablement dans un mode d'émulation terminal incorrect. Si tout est lisible, vous pouvez saisir n'importe quelle commande fonctionnant sur le système d'exploitation de l'ordinateur distant.

ATTENTION !

Faites attention aux messages de sécurité que l'ordinateur distant fait apparaître. C'est une atteinte à la loi qui interdit de pénétrer dans un ordinateur sans y être autorisé ("hacking"). Toutes sortes de comités de surveillance informatique vous traqueront – certains ont été condamnés à la prison pour piratage.

La grande évasion

En appuyant sur la (les) touche(s) signalant le caractère d'échappement à votre application telnet, vous pouvez permuter entre l'édition des commandes du système d'exploitation et celles de telnet. Le Tableau 7.1 contient quelques commandes telnet fort utiles.

La connexion à l'ordinateur central IBM

Si vous devez vous connecter à un ordinateur central de type IBM 3270, `tn3270` est l'application TCP/IP qu'il vous faut. Elle fonctionne comme telnet mais détermine le mode d'émulation de terminal qui fonctionne le mieux avec votre ordinateur central.

Tableau 7.1 : Quelques commandes telnet fort utiles.

Commande telnet	Fonction
Open/Ouvrir	Initialise une connexion avec un ordinateur distant
Close/Fermer	Ferme votre connexion avec un ordinateur distant. Si vous avez lancé telnet au moyen d'une adresse d'ordinateur, Close quitte également telnet. Si vous avez utilisé la commande Open pour démarrer votre connexion à distance, la commande Close interrompt la connexion, mais telnet reste actif, de telle sorte que vous pouvez ouvrir une connexion avec un autre ordinateur.
Quit	Ferme votre connexion et quitte telnet.
Set echo	Si les caractères que vous tapez n'apparaissent pas à l'écran, Set echo peut vous aider à résoudre le problème.

L'art et la manière d'ouvrir d'autres sessions à distance

Une alternative à telnet s'appelle rlogin. Bien qu'il ne soit pas opérationnel sur tous les systèmes d'exploitation, nombreux sont les systèmes qui en disposent. Bien qu'ils fournissent les mêmes types de fonctionnalités, telnet et rlogin ont été mis en œuvre par des groupes distincts de personnes, et chacun fonctionne différemment au niveau des bits et des octets.

L'application rlogin est un des utilitaires-r, un ensemble d'utilitaires de réseau (développés à l'Université californienne de Berkeley) permettant d'accéder aux ordinateurs distants. Les utilitaires de ce groupe commencent tous par la lettre "r".

Quand vous utilisez rlogin pour vous connecter à un ordinateur distant, il se peut qu'on vous demande un nom d'utilisateur et un mot de passe. Cela ne se produit pas si l'ordinateur distant a confiance en vous, ou en l'ordinateur depuis lequel vous établissez cette connexion. La notion de relation de confiance dans un échange vient d'UNIX et de l'environnement TCP/IP qui a évolué avec lui. Si deux ordinateurs UNIX sont définis de telle sorte qu'ils se fassent confiance mutuellement, tous les utilisateurs d'un de ces ordinateurs sont autorisés à utiliser l'autre. Le concept de relation de confiance s'est répandu jusqu'à d'autres systèmes d'exploitation comme Windows NT Server.

La confiance n'est pas automatiquement réciproque. Ce n'est pas parce qu'un ordinateur A fait confiance à un ordinateur B (et donc à tous les utilisateurs des ressources de B) que cela veut dire que l'ordinateur B fait confiance à l'ordinateur A (et à tous ses utilisateurs). Néanmoins, il est tout à fait courant que cette relation de confiance soit définie dans les deux sens.

Voler des cycles avec rsh

Quelquefois, vous devez vous connecter à un ordinateur distant et travailler de manière interactive pour accomplir un certain nombre de tâches, comme on peut le faire avec rlogin ou telnet. L'ensemble des utilitaires-r de l'Université californienne de Berkeley inclut rsh, abréviation de *remote shell* (interpréteur de commandes distant). Avec rsh, vous pouvez ordonner à un ordinateur distant d'exécuter une commande.

Si vous utilisez rsh, la commande que vous entrez doit inclure les trois paramètres suivants, séparés chacun par un espace :

- La commande rsh elle-même.
- Le nom de l'ordinateur distant que vous voulez utiliser.
- La commande à exécuter sur l'ordinateur distant.

En voici la syntaxe :

```
rsh ordinateur_distant ici_la_commande_à_lancer
```

Ainsi une simple commande permettant de répertorier les fichiers se trouvant dans l'ordinateur "max" fonctionnant sous UNIX ressemble à ceci :

```
rsh max ls
```

Pour que rsh fonctionne sans accrocs, le système distant doit établir une relation de confiance avec vous.

Si vous pouvez vous connecter sur un ordinateur distant par rlogin sans qu'on vous demande un nom d'utilisateur et un mot de passe, vous pouvez utiliser rsh.

Quoi ? On ne vous fait pas confiance ? Pas de problème ! Rexec arrive à la rescousse !

Un autre utilitaire-r, rexec, est similaire à rsh – il vous autorise à vous connecter à un ordinateur distant pour saisir une seule commande à la fois. Rexec diffère de rsh en ce que vous devez connaître un nom d'utilisateur et un mot de passe valides sur l'ordinateur distant.

Avant de tenter d'exécuter votre commande, rexec vous demande toujours un nom d'utilisateur et un mot de passe. Votre mot de passe est crypté avant d'être expédié vers le serveur. Rexec utilise le service TCP/IP rexecd.

Quoique rsh soit plus rapide parce qu'il ne s'embarrasse pas de processus de connexions complexes, rexec est plus sécurisé parce qu'il inclut ce type de connexions complexes. A vous de choisir !

La bête aux nombreuses têtes

Terminal Server Microsoft Windows est un serveur logiciel qui tourne sous le système d'exploitation Windows NT (versions 4 et 5). Le logiciel serveur terminal permet aux clients minimaux, comme Net PC, de partager ses applications en mode 32 bits et les services de son interface graphique utilisateur (le bureau Windows). De la même manière qu'avec telnet et rlogin, vous ne pouvez pas savoir à l'avance quelles applications tournent sur un ordinateur distant.

Pendant sa phase de développement, le serveur terminal Microsoft Windows avait été surnommé Hydra (l'hydre) en référence au monstre légendaire à plusieurs têtes. Le logiciel serveur, c'est le corps de la bête, et les clients qui y sont connectés sont ses têtes. L'intérêt de l'hydre est que ses têtes peuvent se trouver n'importe où dans le monde.

Parce que le serveur terminal Microsoft Windows exécute la maintenance de Windows 3.11 et des clients DOS, vous pourrez faire tourner de nouvelles applications Windows sur votre vieux PC. Le serveur de terminaux Microsoft Windows s'occupe également des clients qui font tourner les systèmes d'exploitation UNIX et Macintosh, aussi bien que Windows 95 et 98.

Chapitre 8

Partage et partage équitable

Dans ce chapitre :

- Découvrir différentes façons de prendre des fichiers sur l'Internet et sur le Web.
- Trouver de bons trucs sur l'Internet et sur le Web, en se servant d'un navigateur ou de FTP.
- Utiliser rcp pour copier des fichiers.
- Décider ou non de se fier à rcp – (et réciproquement).

Dans ce chapitre, vous allez découvrir d'autres moyens pour accéder à des fichiers sur des ordinateurs distants, en vous connectant explicitement ou implicitement sur le réseau.

Utiliser un navigateur Web pour faire de bonnes affaires

TRUC

Vous trouverez toujours de bonnes choses parmi toute l'information disponible sur le Web, et vous pourriez avoir besoin ou envie d'en copier une partie sur votre propre ordinateur en utilisant un navigateur Web. C'est facile. Il n'y a pas de commande dont il faut se rappeler. Presque rien à taper. Dirigez votre navigateur vers le site approprié, placez le curseur de votre souris sur ce que vous voulez, et cliquez. La Figure 8.1 montre vos auteurs affamés naviguant sur le Web à la recherche de recettes de cuisine. Ces biscuits pour chiens semblent intéressants, surtout s'ils sont arrosés d'un lait de poule !

Figure 8.1 : Fido rapporte des biscuits pour chiens du Web.

Nous préférons utiliser un client FTP pour récupérer des fichiers. Le Web c'est délicieux, mais c'est la partie grasse de la nourriture Internet. C'est bien plus rapide et efficace d'éviter l'interface attrayante du Web et d'utiliser directement FTP.

Le cordon bleu FTP

Au Chapitre 5, nous vous avons présenté FTP, le protocole qui permet de copier des fichiers vers, et depuis un ordinateur distant (n'oubliez pas que l'ordinateur devant lequel vous êtes assis est l'ordinateur local. L'ordinateur distant, c'est l'autre, celui qui est loin de vous). Rappelez-vous que vous utilisez l'application cliente FTP pour vous connecter à un ordinateur distant, lequel fournit le service FTP. Le protocole FTP intervient au moment où (finalement) vous demandez à l'application de transférer les fichiers.

Si vous voulez récupérer des fichiers depuis trois ordinateurs différents, vous pouvez vous déplacer jusqu'à chacun d'eux et prendre ce qu'il vous faut. Ou bien, vous pouvez rester assis et vous servir de FTP. C'est d'ailleurs la meilleure chose à faire.

Avec FTP, vous n'avez pas à vous préoccuper du système d'exploitation de l'ordinateur distant, parce qu'il dispose toujours de TCP/IP. Cette capacité à transférer des fichiers depuis et vers des ordinateurs distants tournant sous différents systèmes d'exploitation est un des plus importants avantages de FTP. Par exemple, supposez que votre ordinateur local fonctionne sous DOS et MS Windows, et que vous ayez besoin d'un fichier se trouvant dans un système UNIX. Aucun problème. Lancez l'application cliente FTP depuis votre PC, connectez-vous au système UNIX, et prenez ou déposez vos fichiers.

"Prendre ? Déposer ? De quoi parle-t-on ?", vous demandez-vous sans doute. Rassurez-vous, "get" (prendre) et "put" (déposer) sont des commandes FTP, et vous les verrez bientôt en action.

Utiliser FTP pour transférer des fichiers

Vous êtes sur le point d'obtenir des tuyaux en vous servant de l'un des outils les plus maniables de tout TCP/IP. Mais tout d'abord voici quelques petites choses que vous devez avoir préparées avant de démarrer l'application cliente FTP :

- Le nom de l'ordinateur distant ou son adresse TCP/IP.
- Votre nom d'utilisateur et votre mot de passe – indispensables pour accéder à l'ordinateur distant, à moins que vous utilisiez un compte d'utilisateur FTP anonyme.

Si possible, vous devez aussi savoir à l'avance :

- Les noms des fichiers auxquels vous vous intéressez.
- Leur localisation. Si vous n'êtes pas sûrs du répertoire ou du dossier qui contient ces fichiers, vous pouvez toujours naviguer pour les trouver.
- Si les fichiers contiennent autre chose que du texte brut. Si oui, vous devez les transférer en mode binaire, au lieu de le faire en mode ASCII (mode par défaut).

Au fait, n'hésitez pas à passer au contrôle antivirus les fichiers que vous transférez. Vous ne pouvez jamais savoir s'ils ne sont pas infectés.

Vous devez suivre six étapes principales si vous voulez transférer des fichiers au moyen de FTP :

1. **Lancez votre application cliente FTP.**

   Si vous avez une interface graphique telle que MS Windows, cette étape peut se réduire à un clic de souris sur l'icône FTP. Sans une interface graphique, vous devrez taper la commande "ftp".

2. **Donnez à l'application cliente FTP le nom (ou l'adresse numérique) de l'ordinateur distant qui possède les fichiers que vous voulez récupérer.**

   Vous pouvez taper le nom de l'ordinateur comme suite logique à la commande "ftp", comme à la Figure 8.2. Ou bien, vous pouvez utiliser la commande "open" lorsque le prompt "ftp>" apparaît, pour vous connecter à l'ordinateur distant, comme ci-dessous :

```
ftp> open candacel
```

```
% ftp frodo
Connected to frodo.
220 frodo FTP server (SunOS 4.1) ready.
Name (bilbo:wilensky): student9
331 Password required for student9.
Password:
230 User student9 logged in.
z
```

Figure 8.2 : Tapez "ftp" suivi de l'adresse de l'ordinateur distant.

3. **Lorsqu'on vous les demande, donnez à l'ordinateur distant votre nom d'utilisateur et votre mot de passe.**

Au démarrage, FTP affiche le nom de votre ordinateur suivi d'un deux-points et de votre nom d'utilisateur, le tout entre parenthèses. Si vous possédez un compte d'utilisateur à ce nom sur le système distant, confirmez-le en appuyant sur la touche "Entrée". Sinon, tapez un nom d'utilisateur valide. Il existe une mesure de sécurité supplémentaire : quand vous tapez un mot de passe, rien n'apparaît à l'écran. Voilà à quoi cela ressemble :

```
** Name (candy : leiden) :
331 Password required for leiden.
Password :
230 User leiden logged in.
```

   Si vous ne connaissez pas de compte d'utilisateur valide sur le système distant, vous pouvez entrer le nom d'utilisateur anonyme "anonymous".

4. **Quand l'invite "ftp>" apparaît, tapez "dir" ou "ls" (ces deux commandes ont la même fonction) pour trouver les fichiers que vous recherchez.**

```
ftp> dir
```

5. **Si vous voulez vous déplacer vers une autre arborescence ou un autre dossier sur le serveur, tapez "cd", la commande de *changement de répertoire*, suivie du nom de répertoire ou dossier.**

   Si vous ne savez plus où vous vous trouvez sur l'ordinateur distant, tapez la commande "pwd" pour afficher le chemin d'accès au répertoire courant.

   ```
   ftp> cd pub
   ftp> pwd
   ```

6. **Vous pouvez maintenant transférer les fichiers que vous voulez en utilisant la commande "get" pour les copier sur votre ordinateur, depuis l'ordinateur distant.**

   Utilisez la commande "put" pour copier des fichiers depuis votre ordinateur jusqu'à l'ordinateur distant.

   ```
   ftp> put fichier1
   ftp> put fichier2
   ```

   Si vous voulez que la nouvelle copie du fichier ait un nom différent, ajoutez-le à la fin de la commande "get" ou de la commande "put", de la façon suivante :

   ```
   ftp> get fichier1 nouveau1
   ftp> put fichier2 nouveau2
   ```

   fichier1, fichier2, nouveau1, et nouveau2 remplacent les vrais noms de fichiers que vous devez saisir. Assurez-vous que vous écrivez les noms de fichiers correctement (en distinguant bien les majuscules et les minuscules). Sous DOS et Windows, fichier1, Fichier1, FICHIER1, FicHieR1, et fIChIEr1 désignent tous indifféremment le même fichier. Mais sous UNIX, ils représentent cinq fichiers différents !

   En fait, vous pouvez avoir à renommer des fichiers que vous copiez entre deux systèmes d'exploitation qui utilisent des conventions de noms de fichiers différentes. Par exemple :

   ```
   ftp> get nom-de-fichier-trop-long-sous-UNIX.text fich-dos.txt
   ```

7. **Sortez de FTP quand vous avez terminé en entrant :**

   ```
   ftp> quit
   ```

Dépasser les bases

Que faire si vous voulez déplacer plus d'un fichier ? Vous pouvez toujours faire de multiples "get" et "put" – ce qui n'est pas une mauvaise solution si vous avez seulement besoin de deux fichiers, mais devient carrément pénible quand il s'agit d'en transférer tout un groupe.

Demandez ASCII et on vous répondra

A moins de lui spécifier autre chose, FTP présume que vous déplacez des fichiers en bon vieux mode texte ASCII. FTP dispose de l'option binaire que vous pouvez utiliser si vous voulez transférer quelque chose qui soit un peu plus exotique, comme de nouveaux jeux ou un fichier compressé au format "zip".

Pour passer en mode binaire tapez "binary" à l'invite "ftp>" juste avant de taper "get" ou "put". Ensuite, après avoir transféré vos fichiers binaires, vous pouvez facilement revenir au mode de transfert ASCII en tapant "ascii".

Si vous transférez un fichier dans un mode incorrect, vous ne pouvez pas vous en servir, surtout si vous copiez le fichier binaire d'une application en mode ASCII. Vous devez recommencer l'opération de copie dans le bon mode. L'application FTP cliente ne vous avertit pas que vous faites une erreur, parce qu'elle ne sait pas qu'il peut y en avoir. Elle fait seulement ce que vous lui dites de faire.

Des raccourcis pour de multiples fichiers

Si vous voulez récupérer de nombreux fichiers, vous pouvez utiliser "mget" et "mput" (pour multiples "get" et multiples "put") pour transférer des groupes de fichiers. Il vous suffit d'aligner la liste des fichiers à droite de la commande "mget" ou "mput", comme ceci :

```
ftp> mget fichier1 fichier2 fichier3 …
ftp> mput fichier4 fichier5 fichier6 …
```

Ici, fichier1, fichier2, etc. remplacent les vrais noms de fichiers que vous devrez saisir. La seule contrainte est de faire tenir la liste des fichiers sur une seule ligne.

Vous ne pouvez pas renommer les fichiers que vous copiez avec "mget" et "mput". Pour ce faire, vous devrez utiliser plusieurs commandes "get" ou "put".

Si vous voulez copier un groupe de fichiers si gros que l'ensemble de leurs noms ne tiendrait pas sur la ligne de commande, vous pouvez vous servir des caractères génériques ("wildcards") pour rétrécir la chaîne de leurs noms.

Par exemple, pour copier les fichiers contenant les enregistrements des comptes utilisateurs de tout type, mais dont les noms commencent par "dur", vous utilisez le caractère générique étoile (*), accolé au nom incomplet du fichier, comme ci-dessous :

```
ftp> mget dur*
```

Ce qui commande à FTP de récupérer tous les fichiers dont les noms commencent par les caractères précédant l'étoile (*).

Si vous voulez copier tous les fichiers du répertoire, c'est encore plus simple. Mettez seulement l'étoile (*) après la commande "mget" ou "mput". Par exemple, pour déplacer tous les fichiers de votre répertoire local vers l'ordinateur distant, tapez :

```
ftp> mput *
```

Pour voir comment tout cela marche en vrai, étudiez l'exemple de session FTP de la Figure 8.3.

Un coup d'œil en passant

Vous voulez vérifier le contenu d'un fichier sans le transférer pour l'instant ? Entrez alors un nom de sortie avec le caractère tilde (~) :

```
ftp> get LISEZMOI ~
```

Cette commande transfère le fichier LISEZMOI sur votre écran. Peu importe le système d'exploitation que vous utilisez. Le caractère tilde (~) signifie toujours "à l'écran". Le fichier n'est sauvegardé en aucune manière. Si son contenu vous intéresse, et si vous voulez avoir votre propre copie de ce fichier, utilisez "get" de nouveau mais sans le caractère tilde.

```
% ftp frodo
Connected to frodo.
220 frodo FTP server (SunOS 4.1) ready.
Name (bilbo:wilensky): student9
331 Password required for student9.
Password:
230 User student9 logged in.
ftp> dir
200 PORT command successful.
150 ASCII data connection for /bin/ls (130.103.40.225,1109) (0 bytes).
total 36
-rw----  1 student9 users        0 Mar  1  1994 .Xauthority
-rw-r-r-  1 student9 users      579 Feb 18  1994 .Xdefaults
-rw-r-r-  1 student9 users    13888 Jan 26  1994 .Xpdefaults
-rw-r-r-  1 student9 users      449 Feb 18  1994 .aliases
-rw-r-r-  1 student9 users      793 Jan 26  1994 .cshrc
-rw-r-r-  1 student9 users      790 Feb 18  1994 .login
-rw-r-r-  1 student9 users        6 Dec 13  1993 .logout
-rw-r-r-  1 student9 users     4340 Dec 13  1993 .mwmrc
lrwxrwxrwx  1 student9 users      27 Feb 18  1994 .xinitrc ->
/usr1/student9/.xinitrc.twm
-rw-r-r-  1 student9 users     1221 Jan 26  1994 .xinitrc.mwm
-rw-r-r-  1 student9 users      459 Feb 18  1994 Notes
-rw-r-r-  1 student9 users     3027 Jan 27  1994 jbigram.id
drwxr-xr-x  4 student9 users    3072 Jan 27  1994 notes
-rw-r-r-  1 student9 users     1490 Jan 10  1994 notes.tmp
226 ASCII Transfer complete.
939 bytes received in 0.074 seconds (12 Kbytes/s)
ftp> bin
200 Type set to I.
ftp> get jbigram.id
200 PORT command successful.
150 Binary data connection for jbigram.id (130.103.40.225,1110) (3027 bytes).
226 Binary Transfer complete.
local: jbigram.id remote: jbigram.id
3027 bytes received in 0.0014 seconds (2.1e+03 Kbytes/s)
ftp> ascii
200 Type set to A.
ftp> put dead.letter
200 PORT command successful.
150 ASCII data connection for dead.letter (130.103.40.225,1111).
226 ASCII Transfer complete.
local: dead.letter remote: dead.letter
1097 bytes sent in 0.0022 seconds (5e+02 Kbytes/s)
ftp> quit
221 Goodbye.
%
```

Vous connaissez déjà cette authentification

Votre première commande

Liste des fichiers sur le serveur

Message technique de ftp

Votre commande pour effectuer un transfert binaire

Un autre message FTP

Finalement, le transfert du fichier de frodo à bilbo

Votre commande pour effectuer un transfert binaire

Encore des messages

Transfert d'un fichier de frodo à bilbo

Figure 8.3 : Un utilisateur transfère des fichiers avec FTP.

Se servir d'un compte d'utilisateur FTP anonyme pour récupérer des trésors

Les sites FTP anonymes sont des sortes de flocons de neige – il n'y en a pas deux identiques – mais TOUS contiennent des fichiers que vous pouvez récupérer gratuitement. Certains ont des mégaoctets et des mégaoctets de logiciels du domaine public et de sharewares. D'autres proposent des graphiques, des musiques et des vidéos, et d'autres encore des choses étranges ou merveilleuses, trop nombreuses pour les citer toutes ici.

Bien que tous les sites FTP anonymes soient accessibles en lecture au public, seule une très petite partie l'est en écriture. Vous pouvez vous connecter à n'importe lequel et récupérer tous les fichiers que vous voulez mais, sur la plupart d'entre eux, vous ne pouvez pas y déposer de fichiers.

Comment se servir du compte FTP anonyme

SÉCURITÉ

Démarrez votre application cliente FTP de la même manière que précédemment, comme pour une session FTP ordinaire. Une fois que vous vous serez identifié en tant qu'anonyme, continuez et utilisez les commandes "cd" et "dir" pour découvrir ce qui est disponible sur le site distant. Beaucoup de répertoires contiennent des fichiers appelés README (LISEZMOI), ou quelques variantes comme READMEFIRST (LISEZMOID'ABORD). N'hésitez pas à lire ce que vous rencontrez pour mieux naviguer dans les archives de dossiers et de fichiers.

TRUC

Commencez par le répertoire "pub" du site anonyme si vous en trouvez un. Beaucoup de sites placent les bonnes affaires publiques dans le répertoire "pub".

Il peut arriver, quand vous vous identifiez en tant qu'anonyme, qu'un message de l'administrateur du site vous demande de ne copier les fichiers qu'en soirée. Cela est dû au fait que chaque requête FTP grignote les ressources du système de l'ordinateur distant, ce qui en ralentit les performances quand un grand nombre de personnes y sont connectées. Alors, soyez sympa.

Anonyme n'est pas omniprésent

Il n'est pas certain que vous pourrez copier n'importe quel fichier sur l'Internet ou sur l'internet de votre entreprise. L'administrateur réseau ou système du site distant doit avoir configuré son système pour autoriser l'usage du compte FTP anonyme. S'il ne l'a pas fait, vous aurez alors besoin d'un compte d'utilisateur et un mot de passe valides pour vous servir de FTP et copier des fichiers depuis et vers cet ordinateur.

Attention – cette dame est nue !

Si vous avez des "cyber-gosses", vous devez surveiller ce qu'ils récupèrent via le FTP anonyme. Ils peuvent trouver des choses très intéressantes, comme la copie d'une décision juridique à utiliser dans un devoir scolaire, ainsi que des tonnes d'informations sur les enfants et des logiciels de jeux gratuits. Mais contrôlez ces jeux. Certains peuvent être violents. Plus important, ayez conscience que, quoique le FTP anonyme soit un vaste creuset où l'on peut trouver tout ce que l'on veut, il se trouve parmi ce "tout ce que l'on veut" une large sélection de matériel pornographique.

Protégez vos enfants avec des logiciels sécurisés qui vous permettent de bloquer les données provenant de l'Internet dont vous trouvez le contenu choquant. Certains de ces programmes comme "Net Nanny" (la nounou du net) vous permettent aussi de bloquer une information en partance, comme un code de carte de crédit, l'adresse du domicile, et le numéro de téléphone.

Trucs et astuces FTP

Vous pouvez vous servir de ces petites astuces FTP pour vous faciliter la vie sur l'Internet :

- Décompresser les fichiers compressés.
- Résoudre les problèmes de connexion pour recevoir des fichiers depuis des archives FTP quand vous ne pouvez pas ouvrir de session FTP.

L'espace disque pose toujours un problème à quasiment tout le monde. Pour conserver de l'espace et faire en sorte de pouvoir stocker beaucoup plus de fichiers, de nombreux sites FTP compressent ces derniers. Une fois que vous avez rapatrié le fichier que vous voulez, vous devez le décompresser pour pouvoir l'utiliser.

Il n'existe malheureusement aucun petit utilitaire bien pensé nommé "FTP Unzip" pour vous aider. Votre première tâche est donc de déterminer quelle méthode de compression a été appliquée au fichier. Il en existe des dizaines et des dizaines. Lancez la commande "dir" "dir" pour trouver les fichiers README (LISEZMOI). En lisant le fichier READ ME vous saurez le type de compression des fichiers, et aussi où trouver l'utilitaire de décompression. La plupart des programmes de compression décompression se trouvent dans le domaine public (ce qui veut dire qu'ils sont gratuits ou très bon marché).

Vous pouvez parfois déterminer quel logiciel de compression a été utilisé d'après le type du fichier, c'est-à-dire par ce que les utilisateurs de DOS appellent l'extension de son nom. L'extension est une suite de quelques caractères qui suit le point dans le nom du fichier. Le Tableau 8.1 répertorie la plupart des types de fichiers les plus courants et la méthode de compression correspondante.

Tableau 8.1 : Méthodes courantes de compression/décompression.

Type de fichier	Système d'exploitation	Utilitaire de compression
.zip	MS-DOS	PKZIP/PKUNZIP
-z ou .Z	UNIX	compress/uncompress
.tar	UNIX et bien d'autres	C'est un utilitaire de sauvegarde personnalisé qui permet de regrouper un ou plusieurs fichiers en une seule archive. Tar signifie "Tape ARchive" (archive sur bande), mais vous rencontrerez le plus souvent des archives "tar" stockées sur des disques.
.sit	Macintosh	Stuffit

Utiliser rcp (qui est bien plus qu'un autre programme de copie)

Rcp est un autre des utilitaires-r UNIX spécialisés dans les accès distants. Rcp est disponible sur de nombreux ordinateurs qui utilisent TCP/IP (mais pas sur tous).

L'utilitaire rcp est un petit peu plus allégé que FTP, et par conséquent plus rapide. Sachez que vous ne vous identifiez pas explicitement par un nom d'utilisateur et un mot de passe. Et qu'il n'y a aucun système d'utilisateur anonyme sous rcp.

Voici les trois manières d'utiliser rcp, avec syntaxe et exemple de commandes dans chaque cas :

- Pour copier un fichier depuis votre ordinateur vers un ordinateur distant à travers le réseau :

```
Rcp fichier_local ordinateur_distant : fichier_distant
Rcp benefices1 candace1 : benefices1
```

- Pour copier un fichier depuis un ordinateur distant jusqu'à votre ordinateur sur le réseau :

```
Rcp ordinateur_distant : fichier_distant fichier_local
Rcp candace1 : benefices2 benefices2
```

- Pour copier un fichier depuis un ordinateur distant vers un autre sur le réseau :

```
Rcp ordinateur_distant_A : fichier_distant
ordinateur_distant_B :  fichier_ distant
Rcp marshall1 : benefices3 candace1 : benefices3
```

Chapitre 9

Le partage du pain et du poisson – NIS et NFS

Dans ce chapitre :

- Partager des informations avec NIS.
- Introduction aux domaines NIS.
- Mieux comprendre le client/serveur.
- Partager des fichiers avec NFS.
- Quelques conseils sur la sécurité sous NIS et NFS.
- Introduction aux futurs partages de fichier avec WebNFS.

Dans ce chapitre, nous vous présentons NIS (Network Information Service), le Service d'information réseau, et NFS (Network File System), le Système de fichiers réseau.

A la pêche aux informations avec NIS

NIS, le Service d'information réseau, est un environnement client/serveur qui permet aux ordinateurs (essentiellement ceux sous UNIX) de partager système et base d'information d'accès utilisateurs via un réseau TCP/IP.

NIS ayant été conçu pour UNIX, il est très pratique car disponible pour toutes les versions d'UNIX.

Dans un environnement NIS, un client NIS effectue des requêtes sur des informations stockées sur des serveurs NIS. Un serveur NIS traite les requêtes et envoie les réponses au client. Ces réponses sont soit l'information recherchée soit l'indication qu'il n'existe pas de réponse à ces requêtes.

Comme NIS est destiné aux fichiers systèmes partagés, il est principalement utilisé par les administrateurs systèmes. Cependant, les utilisateurs peuvent aussi en profiter lorsqu'ils ont des droits d'accès sur plusieurs ordinateurs différents.

A propos du nom

NIS a été développé par Sun Microsystems, Inc. Le service s'appelait initialement "Yellow Pages" (les Pages jaunes), mais British Telecom ayant déjà déposé le nom, Sun le changea en NIS. Certaines personnes et certains ordinateurs peuvent se référer toujours à NIS avec ses anciennes initiales, à savoir YP. Apparemment, BT ne possède pas cette abréviation.

Comprendre pourquoi NIS est si populaire sur les intranets

Le service de partage d'information NIS est particulièrement précieux pour :

- **Les utilisateurs,** car ils peuvent facilement travailler sur plus d'un ordinateur sans avoir à se rappeler les différents noms d'utilisateur et les mots de passe pour chaque ordinateur auquel ils se connectent. Ils ne savent peut-être même pas que NIS fonctionne.
- **Les administrateurs systèmes,** car ils peuvent aisément contrôler plusieurs ordinateurs et ils n'ont pas à recopier de multiples fois des fichiers sur le réseau. NIS peut faire gagner énormément de temps aux administrateurs systèmes pour configurer et administrer l'intranet de l'entreprise.

Les spécifications techniques de NIS sont libres de droit, et le code source est disponible pour l'ensemble des distributeurs de systèmes d'exploitation. Les spécifications et le code source sont importants si vous prévoyez d'écrire votre propre version de NIS, mais sachez que très peu de personnes le font.

Qu'entend-on par domaine ?

Un *domaine NIS* est l'ensemble des ordinateurs de votre organisation qui partagent l'information contenue dans les tables. Le domaine peut contenir l'ensemble des ordinateurs de votre intranet ou seulement une partie d'entre eux. Le *nom de domaine* est la clé qui donne accès aux données aux membres du domaine.

Le terme *domaine* est utilisé par plusieurs produits réseau, comme Microsoft Windows NT Server, Lotus Notes, et Novell Netware. Mais sachez que *domaine* a une signification différente selon un produit donné. A la lecture de ce chapitre, faites abstraction des différentes significations de ce terme et concentrez-vous sur les domaines NIS, tels que définis dans le paragraphe précédent.

Maître de votre domaine

Le serveur maître NIS contient les fichiers alimentant les tables, répond aux requêtes des clients NIS et approvisionne périodiquement les serveurs esclaves, s'ils existent, avec des copies des tables de données.

Le rôle des serveurs esclaves

Chaque serveur esclave NIS répond aux requêtes des clients NIS et récupère périodiquement des copies des tables auprès du serveur maître.

Le rôle des clients

Dans un domaine NIS, il n'existe que trois rôles. Si un ordinateur n'est ni le serveur maître ni un serveur esclave, il est simplement un client. Le client effectue des requêtes et attend des réponses qui émanent de n'importe quel serveur disponible. D'un point de vue technique, le serveur maître et n'importe lequel des serveurs esclaves peuvent aussi être considérés comme clients.

En tant qu'utilisateur final, vous pouvez vous connecter sur le serveur maître, sur un serveur esclave ou sur un client. Vos informations de compte sont disponibles dans tout le domaine. L'administrateur système doit néanmoins limiter l'accès aux serveurs car ils sont, en général, très occupés.

NIS en action

Prenons l'exemple d'un distributeur imaginaire de poissons et crustacés, "Sushis de pieuvre à domicile", dont l'acronyme est SPAD. L'entreprise possède un intranet de 20 ordinateurs répartis dans tous les bureaux de sa branche internationale. Tous les ordinateurs utilisent le système d'exploitation UNIX. Les commerciaux ont accès aux 20 ordinateurs et peuvent se connecter sur n'importe quel ordinateur disponible quel que soit le site qu'ils visiteront durant la journée.

Dans les coulisses de SPAD

Sur les systèmes UNIX, l'information sur le compte utilisateur et son mot de passe est stockée dans un fichier nommé /etc/passwd. Ce fichier contient la liste des noms des utilisateurs, des mots de passe, des répertoires racine, et d'autres informations générales concernant l'utilisateur. Si SPAD a connecté 20 ordinateurs à son intranet, cela signifie donc que quelqu'un doit stocker et mettre à jour 20 fichiers passwd.

Le problème de SPAD

Gérard Surimi, l'administrateur système de l'intranet de SPAD, passe la plupart de son temps à gérer les 20 fichiers passwd, et n'en trouve jamais pour effectuer ses recherches. SPAD a besoin de trouver une solution afin de partager une copie du fichier passwd sur tout l'intranet.

La solution de SPAD

NIS est la solution. Puisque NIS est une partie d'UNIX, Gérard n'a pas besoin de l'acheter ni de l'installer. Il l'a déjà. Il décide alors de créer un domaine NIS pour les 20 ordinateurs de SPAD. Il choisit Poulpe comme nom de domaine et sélectionne un ordinateur comme serveur maître. Les 19 autres rejoignent le domaine Poulpe comme clients NIS.

Puis, Gérard stocke les informations des 20 ordinateurs dans des fichiers sur le serveur maître. Ces fichiers alimentent les tables NIS. Quand Gérard apprend l'arrivée de nouveaux employés, il a juste à effectuer une mise à jour dans les fichiers centraux. Il a maintenant tout loisir de manger autant de sushis de pieuvre qu'il souhaite.

Quand un employé de chez SPAD se connecte sur n'importe quel ordinateur de l'intranet de la compagnie, la procédure de connexion récupère les informations relatives au compte auprès du serveur maître du domaine NIS, via les protocoles UDP et TCP.

Bien, NIS est puissant – mais y a-t-il des pièges ?

Il existe trois domaines dans lesquels NIS connaît quelquefois des difficultés :

- La configuration et l'administration.
- La performance.
- La sécurité.

Configuration et administration

L'administrateur système, Gérard Surimi, aura initialement beaucoup de travail lorsqu'il configurera NIS pour l'intranet de SPAD. Il devra transformer un système où l'information est distribuée (une copie du fichier des mots de passe et des fichiers système se trouve sur chaque machine) en un système centralisé (les fichiers sont stockés sur le serveur). Il ne peut pas simplement effacer les fichiers locaux, puis créer les fichiers centraux NIS. De plus, il devra décider quelles informations doivent rester distribuées et quelles informations doivent être centralisées. Le déploiement de NIS peut donc prendre du temps, même si cela facilitera beaucoup l'administration de l'intranet ultérieurement.

La plupart des éditeurs de système d'exploitation UNIX fournissent les outils nécessaires pour installer NIS. Ces outils éditent des fichiers et configurent des ordinateurs en serveurs ou clients.

Les fichiers SPAD stockés sur un serveur maître NIS ne sont utiles que s'ils sont régulièrement mis à jour, aussi Gérard devra-t-il prendre soin de procéder immédiatement aux mises à jour. Heureusement, cela se résume à mettre à jour les fichiers centraux, ce qui représente bien moins de travail que d'avoir à entretenir 20 copies distribuées, comme c'était le cas auparavant.

Performance

Les requêtes des clients NIS (fonctionnalité principale des ordinateurs de SPAD) vers les serveurs maîtres et esclaves génèrent un accroissement du trafic sur le réseau. Il en résulte que plus le domaine NIS est grand (plus le nombre d'ordinateurs qu'il comprend est élevé), plus le temps de réponse augmente.

Si SPAD est configuré avec un seul serveur maître et aucun serveur esclave, les performances du serveur maître ralentiront tout le monde dans le domaine lorsque tous les clients s'adresseront au serveur simultanément. Gérard peut utiliser des serveurs esclaves pour réduire la charge de travail du serveur maître, mais cela rajoute du travail au serveur maître : celui-ci devra effectuer la mise à jour des tables stockées sur les serveurs esclaves.

Si le serveur maître tombe en panne, les serveurs esclaves peuvent prendre le relais et répondre aux requêtes. Cependant, ils ne peuvent le faire indéfiniment. En effet, les serveurs esclaves présentent périodiquement des requêtes au serveur maître pour garder leurs tables à jour. S'ils n'ont pas de réponse, les serveurs esclaves attendent, et les clients qu'ils servent aussi.

Il n'y a pas de moyen automatique pour convertir un serveur esclave en serveur maître de rechange. Aussi, Gérard conservera des copies de sauvegarde des fichiers de données dans un endroit sûr et élaborera une procédure afin de convertir manuellement un des serveurs esclaves en un serveur maître temporaire. En fait, SPAD a besoin d'au moins un serveur esclave par segment réseau de son intranet.

Sécurité

L'utilisation de NIS peut générer des failles dans la sécurité de l'intranet de SPAD. Gérard ne peut pas imposer de restrictions aux membres du domaine NIS – tout ordinateur peut entrer dans le domaine à n'importe quel moment et accéder aux informations contenues dans les tables. La seule information dont un employé a besoin pour ajouter un client au domaine est le nom de domaine, Poulpe. Pour ajouter un serveur esclave, un employé a besoin du nom de domaine et du nom du serveur maître. Si un employé configurait un autre serveur maître pour le domaine Poulpe, les serveurs esclaves ne l'utiliseraient pas parce qu'ils connaissent le nom du vrai serveur maître, mais les clients pourraient accepter les réponses de ce drôle de serveur.

TRUC

N'utilisez pas NIS sur un ordinateur accessible depuis n'importe quel autre ordinateur. Bref, n'utilisez pas NIS sur un pare-feu ou une passerelle qui vous permet d'accéder à un autre réseau, et particulièrement l'Internet. Vous ne voulez sans doute pas partager vos fichiers systèmes NIS – votre mot de passe, par exemple – avec des personnes extérieures.

NIS+ est une excellente marmite de poissons

Sun Microsystems a créé NIS+, une nouvelle version de NIS. Les anciennes *tables* de NIS deviennent les *tables* de NIS+, mais leurs fonctions restent les mêmes : centraliser l'information relative aux comptes utilisateurs et aux ordinateurs, aux adresses réseau, et aux données de configuration du système.

NIS+ est plus performant dans de nombreux domaines, comme par exemple la sécurité, mais le nouveau produit n'est pas encore disponible auprès de tous les éditeurs d'UNIX.

Utiliser NFS pour partager des fichiers

Partager un espace disque est l'une des raisons principales pour lesquelles des ordinateurs sont mis en réseau (mais partager une imprimante, envoyer des courriers électroniques, naviguer sur le World Wide Web sont des raisons tout aussi importantes). La section précédente de ce chapitre traitait des tables NIS – un exemple de partage de fichiers systèmes. Mais qu'en est-il des fichiers utilisateurs, comme les documents, feuilles de calcul, textes ? Si Mlle Hélène Sushi, une utilisatrice dans le domaine de SPAD, peut se connecter sur son ordinateur depuis n'importe quel autre ordinateur, peut-elle visualiser directement ses propres fichiers ? Ou doit-elle effectuer une copie de ses fichiers sur l'ordinateur auquel elle se sera connectée pour la journée ?

Au Chapitre 8, vous avez appris comment utiliser FTP et RPC pour faire des copies de fichiers. Donc si Mlle Sushi doit copier ses fichiers, elle dispose de tous les outils pour cela. Mais en copiant les fichiers, elle utilise deux espaces disque, et si elle effectue des modifications, elle devra finalement recopier ces fichiers sur son ordinateur. De toute façon, ses fichiers ne seront pas synchronisés. Il doit bien exister un moyen plus simple afin que Mlle Sushi puisse, lors de ses déplacements, accéder à ses fichiers depuis l'intranet sans avoir à les copier.

NFS ou le partage de fichiers malin

NFS est un environnement client/serveur qui permet aux ordinateurs de partager un espace disque et aux utilisateurs d'accéder à leurs fichiers depuis d'autres ordinateurs sans pour autant avoir à les recopier.

Dans l'environnement NFS, les ordinateurs disposés à prêter de leur espace disque sont des serveurs NFS, et ceux qui en empruntent sont des clients NFS.

Un ordinateur donné peut être :

- Un serveur NFS ou un client NFS.
- A la fois serveur et client, simultanément.
- Ni un serveur, ni un client.

La plupart des systèmes d'exploitation sont livrés avec la partie client NFS, mais certains ne sont pas livrés avec la partie serveur.

Le service de partage de disque NFS est extrêmement pratique pour :

- **Les utilisateurs,** car ils ont accès à plus d'espace disque.
- **Les administrateurs systèmes,** car ils peuvent plus facilement fournir de l'espace disque aux utilisateurs, mais aussi effectuer plus facilement des copies de sauvegarde de leurs fichiers.
- **Tout le monde,** car personne n'a plus à se préoccuper de conserver la trace des nombreuses copies d'un même fichier.

Pourquoi NFS est-il si fort ?

L'un des points forts de NFS est sa transparence. Avec NFS, les employés de SPAD ne font pas la différence entre un espace disque local et un espace disque partagé provenant d'un serveur NFS de l'intranet.

Avec NFS, Hélène Sushi peut travailler sur n'importe quel ordinateur de l'intranet et avoir accès à tous ses fichiers. Les fichiers la suivent d'ordinateur en ordinateur, incluant portables et organiseurs, lorsqu'ils sont connectés à l'intranet. Un fichier reste un fichier et peu importe l'endroit où Hélène est connectée.

Si votre ordinateur tombe en panne, il vous suffit de trouver un ordinateur disponible et de vous connecter depuis celui-ci. Avec NFS, vos fichiers sont toujours disponibles. Si vous ne voulez pas utiliser un système d'exploitation différent de celui dont vous vous servez d'habitude, vous pouvez vous connecter sur un ordinateur qui fonctionne sous le système d'exploitation désiré. Vos fichiers vous suivent.

Et concernant les performances de NFS ?

L'environnement client/serveur NFS est particulièrement souple dans le sens où chaque ordinateur peut avoir simultanément le rôle de serveur et de client. Mais Gérard, l'administrateur système, devra bien adopter un compromis entre souplesse et performance lorsqu'il mettra en œuvre les serveurs.

Les trucs sur les performances de NFS

TRUC

Pour de meilleures performances, Gérard peut dédier un ordinateur au rôle de serveur NFS et limiter les autres services fournis par cet ordinateur. Tous les fichiers utilisateurs seront stockés sur le serveur, et chacun des ordinateurs des utilisateurs deviendront des clients accédant aux fichiers du serveur. Un serveur NFS dédié facilite la tâche de Gérard quand il doit sauvegarder les fichiers de tous les utilisateurs de SPAD, car tous ces fichiers se trouvent sur un unique ordinateur. Gérard peut, et devrait, dédier autant d'ordinateurs dont il a besoin. Leur nombre n'est effectivement pas limité.

Le juste compromis entre performance et sécurité

TRUC

Si les employés de SPAD travaillent sur de gros projets, comme l'édition d'un long document, ils peuvent réduire le trafic réseau (et travailler ainsi plus rapidement) en se connectant directement sur le serveur pour travailler localement sur le fichier concerné.

SÉCURITÉ

Cependant, avec un serveur dédié, Gérard ne doit pas laisser n'importe qui se connecter directement sur le serveur, à moins d'avoir une très bonne raison, comme l'édition d'un gros document.

Emprunter un autre chemin

Puisque NFS maintient une unique copie d'un fichier partagé, il arrive parfois que plus d'une personne accède en même temps au même fichier. Si vous ouvrez ce fichier en lecture seule, il n'y a pas de problème. Mais si trois utilisateurs essayent de mettre à jour simultanément le même fichier, deux des trois mises à jour disparaîtront..

NFS reste cependant une excellente solution pour partager des fichiers et préserver de l'espace disque. De nombreux environnements ne sont jamais confrontés à des problèmes de mises à jour concurrentes, car la plupart des utilisateurs lisent les fichiers sans tenter d'y apporter de modification. En cas de problèmes répétés, nous conseillons à Gérard de mettre en œuvre des procédures de travail collaboratif sur l'intranet.

Il y a interopérabilité et interopérabilité

L'interopérabilité de TCP/IP est un autre des points forts de NFS. Le système d'exploitation du serveur n'est pas regardant quant au système d'exploitation du client. Cela veut dire que Hélène Sushi peut utiliser son PC ou le PC de n'importe qui d'autre pour accéder aux fichiers stockés sur un serveur UNIX, si Gérard a configuré le serveur de cette manière. Cependant, tout n'est pas toujours ce qu'il semble être.

N'achetez pas vos solutions réseau à la sauvette

Aussi ennuyeux que cela puisse être, vous devez prendre en considération le matériel quand vous pensez performance. Depuis un client NFS, vous accédez aux fichiers via le réseau. C'est-à-dire via le câblage, les paquets voyageant sur les fils métalliques, les contrôleurs de réseau, et toutes les choses du type passerelle et routeur.

La qualité et la robustesse du matériel ont un effet considérable sur les performances de NFS. Si votre carte réseau est vieille et lente, n'espérez pas visualiser vos fichiers aussi rapidement que votre voisin qui utilise la plus récente et la meilleure carte réseau du marché. Si certains matériels de votre intranet sont bon marché et peu fiables, le serveur NFS ne sera pas toujours performant. Cela signifie que vos fichiers (et ceux de nombreuses autres personnes) ne seront pas facilement accessibles.

La bonne nouvelle est qu'il existe des matériels et solutions logiciels fiables pour pallier ces problèmes. En matière de matériel réseau et de client/serveur, on obtient toujours la qualité pour laquelle on est prêt à payer.

Il se peut que vous ayez des surprises avec NFS dans un environnement où coexistent des systèmes d'exploitation différents, car chacun de ces systèmes utilise des formats de fichiers différents. Par exemple, supposons que le PC de Mlle Sushi tourne sous MS DOS, et qu'elle essaie d'éditer un fichier du serveur UNIX. Le fichier risque d'apparaître dans l'éditeur de son PC sur une unique et très longue ligne. Tout cela parce que les formats de fichiers de MSDOS et d'UNIX traitent différemment les caractères de fin de ligne.

Sur le système de fichier DOS, la fin de chaque ligne est marquée par une combinaison de deux caractères, qui sont le retour de chariot <CR> (*carriage return*) et le début de ligne <LF> (*line feed*). Sur le système de fichiers UNIX, la fin de ligne n'est signalée que par un caractère, le début de ligne <LF>. Cette différence perturbe quelques éditeurs et logiciels de traitement de texte sur PC.

Les utilisateurs de SPAD (et vous-même) doivent tenir compte des différences entre les conventions de noms de fichiers lors de l'utilisation des clients DOS. DOS n'autorise que des noms de fichiers 8.3 – c'est-à-dire 8 caractères pour le nom, un point séparateur, et trois caractères optionnels pour l'extension. UNIX, Windows 95 et 98, Windows NT et d'autres systèmes d'exploitation autorisent les noms de fichiers longs – pouvant parfois atteindre 255 caractères. Pour éviter tout problème, SPAD doit niveler par le bas et s'adapter au moins performant des systèmes utilisés, c'est-à-dire DOS dans la plupart des cas.

Auto-montage : cela semble tendancieux

Le montage de NFS

La Figure 9.1 représente deux ordinateurs, chacun disposant d'une arborescence de répertoires. Bien que les arborescences semblent exactement les mêmes, certains des fichiers n'existent que sur l'un des ordinateurs. L'ordinateur charlie n'a pas beaucoup d'espace disque disponible, c'est pourquoi l'administrateur système NFS a *monté* (rajouté) les répertoires d'aide sur celui-ci, laissant les fichiers correspondants résider physiquement sur l'ordinateur hélènes. Les utilisateurs de l'ordinateur charlie accèdent aux fichiers d'aide comme s'ils étaient locaux, bien que le chemin d'accès soit le même, /usr/man/man1. Gérard effectue la même manipulation sur les fichiers d'Hélène. Lorsque Hélène est connectée sur l'ordinateur charlie, elle peut accéder à ses fichiers comme elle le ferait sur l'ordinateur hélènes.

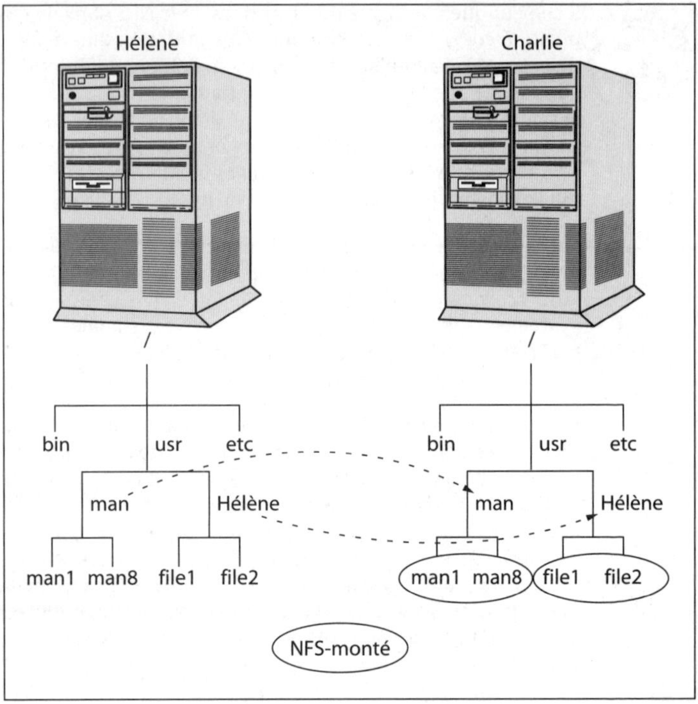

Figure 9.1 : Hélène peut accéder à ses fichiers NFS – fichiers montés au moment où elle se connecte sur charlie.

Maintenant, puis-je comprendre ce qu'est l'auto-monteur ?

Oui, vous le pouvez maintenant. Supposez qu'Hélène ne se connecte d'habitude pas sur l'ordinateur charlie. Elle n'a besoin d'en visualiser les fichiers qu'occasionnellement. N'oubliez pas que Gérard Surimi ne souhaite pas que les fichiers d'Hélène soient constamment montés sur charlie. De plus, il ne souhaite pas être à la disposition d'Hélène et lui monter ses fichiers sur charlie quand celle-ci décide qu'elle en a besoin. Après tout, Gérard est très occupé.

Utiliser l'auto-monteur est une option particulièrement pratique pour les administrateurs systèmes, qui gèrent les systèmes de fichiers inactifs pendant longtemps. L'auto-monteur détermine à l'aide d'un chronomètre le temps durant lequel un espace disque est utilisé.

Quand le délai de montage est expiré, l'auto-monteur démonte l'espace disque. Lorsque vous en avez à nouveau besoin, il vous le remonte.

Et des trucs sur la sécurité de NFS ?

SÉCURITÉ

Pour protéger vos fichiers NFS, vous devez faire deux choses :

- **Protéger les fichiers.** La sécurité du système de fichiers vous aide à le faire.
- **Protéger le serveur de tout accès non autorisé.** Le fichier exports vous aide à le faire.

Pour protéger vos fichiers et serveur, essayez cela :

- Utilisez les protections du système de fichier qui fonctionne sur votre serveur.
- Restreignez les permissions sur les fichiers NFS en lecture seule.
- Soyez prudent pour les accès en écriture.
- Soyez sélectif sur les hôtes à qui vous autoriserez l'accès à vos fichiers NFS. (Un serveur NFS a un fichier nommé exports qui répertorie les hôtes ayant accès à ce dernier.)
- Ne laissez pas votre système de fichiers ouvert à toute personne sur l'Internet.

NIS et NFS ensemble

NFS et NIS sont complètement indépendants l'un de l'autre, mais ils sont très souvent utilisés ensemble. NIS permet le partage d'informations regroupées dans des fichiers systèmes. NFS permet le partage des fichiers utilisateurs. Lorsqu'ils sont utilisés ensemble, Hélène Sushi n'a plus qu'à avoir un nom d'utilisateur et un mot de passe pour pouvoir se connecter depuis n'importe quel poste de l'intranet de SPAD.

Bien qu'ils puissent être utilisés dans des environnements différents, NIS et NFS sont communément utilisés dans des environnements UNIX.

Quand elle se connecte sur un ordinateur qui est aussi un client NFS, Hélène y retrouve tous ses fichiers. Si l'ordinateur est seulement un client NIS, Hélène aura uniquement accès aux fichiers stockés localement. Dans ce cas, elle irait plus vite en stockant ses fichiers sur chaque ordinateur du domaine NIS.

S'il s'agit seulement d'un client NFS, Hélène aura un compte différent sur chaque ordinateur, mais elle ne devra s'occuper que d'une copie de ses fichiers.

Quand ils sont utilisés ensemble, NIS et NFS dissimulent l'emplacement physique des fichiers distants aux yeux des utilisateurs. Vos fichiers vous suivent sur l'ensemble des postes.

Un ordinateur peut être à la fois un serveur NFS et un serveur NIS (maître ou esclave).

NIS et NFS sont-ils utilisés sur l'Internet ?

NIS n'est pas utilisé sur l'Internet, et cela pour des raisons assez évidentes. Qui contrôlerait le seul serveur maître ? Que se passerait-il si le serveur maître tombait en panne ? Comment les serveurs pourraient-ils traiter l'ensemble des requêtes présentées par les très nombreux clients ? Rude tâche. Pourtant, beaucoup d'organismes connectés à l'Internet utilisent NIS tous les jours. Ils ne pourraient pas faire fonctionner leur intranet sans NIS. NFS peut être utilisé pour donner un accès public à certaines informations, mais pensez plutôt à mettre en place un site FTP anonyme.

WebNFS : La technologie du futur

L'Internet n'était jusqu'à aujourd'hui pas doté d'un composant important : un système de fichiers distribués. WebNFS permet aux administrateurs systèmes de transférer des fichiers sur l'Internet. WebNFS localise automatiquement un fichier, vérifie si vous avez les droits requis pour y accéder, et monte les fichiers dans votre arborescence quel que soit l'endroit où se trouve le ficher sur l'Internet. Vous accédez à vos fichiers comme s'ils étaient sur le disque dur de votre ordinateur.

Qu'est-ce que WebNFS ?

La RFC 2055 décrit les spécifications d'un serveur de clients WebNFS.

WebNFS est une proposition élaborée par Sun Microsystems pour un standard de protocole sur Internet fournissant un accès Web aux fichiers de 10 000 000 serveurs NFS (au moment de la rédaction de ce livre). Avec WebNFS, Hélène Sushi peut se connecter depuis n'importe quel poste Internet, et non plus uniquement depuis l'intranet de SPAD, et visualiser ses documents. La plupart des grosses entreprises d'informatiques prennent le wagon en marche. IBM, Sequent, Netscape, Oracle, Apple, et Novell ont annoncé leur soutien à WebNFS.

Comment utiliser WebNFS

Pour utiliser WebNFS :

- Votre navigateur Web doit comprendre WebNFS. Sun fournit un client WebSoft avec ses clients minimaux du type Network Computer (NC).
- Votre serveur Web ou FTP doit être un serveur WebNFS.
- Lors d'une demande de fichier avec WebNFS, l'URL (Uniform Ressource Locator ou Emplacement de ressource constante) doit commencer par nfs au lieu de http. Par exemple :

```
nfs://monordinateur.monsite.com/monrepertoire/monfichier
```

WebNFS résout les problèmes de NFS-Internet

Problème Internet : Les vitesses de connexion réduites ont tendance à engendrer des pertes de données.

Solution : Les serveurs de WebNFS peuvent retrouver des données perdues. Même si votre connexion est aussi lente qu'une tortue, vous disposerez toujours d'un accès fiable à l'Internet (une des raisons pour lesquelles WebNFS peut retrouver une information malgré de mauvaises connexions réseau est qu'il utilise TCP à la place d'UDP).

Problème Internet : Naviguer sur le Web peut devenir terriblement lent.

Solution : Pour l'affichage des images et animations, WebNFS est pratiquement dix fois plus rapide que le traditionnel protocole HTTP.

Problème : NFS ordinaire a trop de failles dans sa sécurité pour permettre de travailler en toute sécurité sur l'Internet.

Solution : En plus de ses caractéristiques avancées en terme de sécurité, WebNFS peut fonctionner avec, et au travers des pare-feu.

Chapitre 10

A la pêche au gros

Dans ce chapitre :

- Découvrir comment DNS organise vos ordinateurs sur l'Internet (ou sur votre intranet).
- Comprendre pourquoi votre adresse électronique contient autant de composantes.
- Trouver noms et adresses sur l'Internet en utilisant whois et nslookup.
- Comprendre pourquoi WINS, la version Microsoft de la résolution de nom et d'adresse, sera de moins en mois utilisée.

Comprendre DNS

Un service de nom convertit un nom d'ordinateur en une adresse numérique (ou *résolution* de nom). DNS est le service de nom utilisé sur l'Internet, et convertit des noms d'ordinateur en adresse numérique TCP/IP.

Si le réseau de votre société est aussi connecté à l'Internet, vous devez utiliser DNS. Et si votre société a un réseau internet privé, vous devez utiliser DNS pour fournir le service de nom à votre réseau.

DNS a été spécialement conçu pour répondre à l'exigence d'unicité de nom pour chaque ordinateur sur le réseau. En ajoutant quelques données à votre ordinateur, afin de le rendre unique, DNS résout le problème de doublons de noms.

N'OUBLIEZ PAS

Les gens aiment les noms. Les ordinateurs aiment les nombres.

DNS ou les recherches pratiques

Pour les ordinateurs, DNS est une façon de partager l'information d'adresses et de noms de machine sur les réseaux TCP/IP. Dans le cas de gros réseau (comme l'Internet), cela représente une énorme masse d'informations.

Contrairement à NIS, qui est essentiellement utilisé par les machines UNIX, DNS est utilisé par tous les systèmes d'exploitation.

Les ordinateurs d'un réseau TCP/IP – et cela inclut Internet – ont à la fois un nom et une adresse numérique. La plupart d'entre nous préférons appeler notre ordinateur par un nom et le réseau est suffisamment compréhensif pour accepter les noms ou les nombres. Lorsque vous utilisez un nom, le réseau traduit en coulisses le nom en nombres.

N'OUBLIEZ PAS

Pour être unique, un nom d'ordinateur possède plusieurs parties séparées par un point. Prenons le cas de l'adresse électronique

```
candace@max.tiac.net
```

N'OUBLIEZ PAS

Rappelez-vous que la première partie de cette adresse, `max`, est le nom d'ordinateur, et la dernière partie à droite, `net`, représente un nom de domaine – un nom de domaine DNS. La partie intermédiaire représente l'organisation.

Encore le client/serveur ! Vous ne pouvez pas y échapper !

DNS est un environnement client/serveur. Les requêtes sont formulées par des clients (à partir d'applications comme telnet, FTP), qui demandent à un serveur de noms une conversion de nom vers une adresse numérique. Si le serveur peut répondre, il renvoie l'information demandée, et tout se passe bien.

Si le serveur de noms ne peut répondre, il peut se produire deux choses, selon que le serveur est *responsable* ou non de cette information :

- Si le serveur de nom est responsable de l'information, il répond avec un message qui indique que l'information n'existe pas.
- S'il n'est pas responsable de cette information, il renvoie la requête vers le serveur de noms responsable (le serveur de noms sait comment faire cela grâce aux informations que lui aura fournies l'administrateur système lors de sa configuration). Lors du retour de l'information, elle repasse par toute la chaîne, puis parvient finalement au client.

- Si le client "fait une pause", fatigué d'attendre une réponse, c'est la même chose que s'il recevait une réponse négative de la part du serveur de noms.

Morceaux et parties de DNS

Il existe de nombreux éléments qui travaillent ensemble pour DNS : le matériel, les logiciels (programmes et protocoles TCP/IP), les fichiers de données, et les personnes.

En voici un résumé :

- **La base de données distribuée** détient les informations des ordinateurs appartenant à un domaine sur l'Internet ou sur votre internet.
- **Les domaines** sont une collection d'ordinateurs dont toutes les requêtes d'adresses réseaux sont traitées par le(s) même(s) serveur(s).
- **Les serveurs de noms** sont des programmes qui accèdent à l'information d'une base de données et répondent aux requêtes du client.
- **Les clients** sont des programmes qui recherchent une adresse réseau en provenance des serveurs de noms.
- **Le resolver** travaille pour le compte des applications clientes pour récupérer les adresses réseau du serveur de noms.
- **Les administrateurs systèmes et les administrateurs réseaux** installent et maintiennent les bases de données à jour.

La définition de domaine selon l'Internet

N'OUBLIEZ PAS

Lors de la présentation de NIS au Chapitre 9, nous vous avions précisé que le terme *domaine* désignait divers produits et applications mais avec des sens différents. Dans le contexte Internet, domaine prend une nouvelle signification. En effet, tous les ordinateurs reliés à Internet sont organisés en groupes d'unités administratives, ces unités sont appelées *domaines*. Ces domaines sont eux-mêmes organisés hiérarchiquement dans des structures arborescentes.

N'OUBLIEZ PAS

Aux États-Unis, les plus hauts domaines ont les extensions génériques répertoriées dans le Tableau 10.1 (Vous reconnaîtrez sans doute les trois caractères de la première colonne comme la dernière partie de nombreuses adresses Internet.)

Tableau 10.1 : Les plus hauts noms de domaines aux Etats-Unis.

Extension	Définition
Com	Entreprises commerciales
Edu	Education
Gov	Gouvernement US
Org	Association, organisation
mil	Militaires
net	Fournisseur de services réseaux

Aux États-Unis, si vous voulez que votre organisme soit sur l'Internet, vous devez l'enregistrer dans une agence, comme l'InterNIC. La plupart des fournisseurs de service Internet (ISP, Internet Services Providers) sont autorisés à le faire pour vous. Quand vous vous enregistrez, que ce soit directement auprès de l'InterNIC ou par l'intermédiaire d'un ISP, votre organisme est assigné à résider dans un des domaines du plus haut niveau présenté au Tableau 10.1.

TRUC

Pour plus d'informations concernant les autres bureaux d'enregistrement et les différentes activités d'enregistrement dans le monde, consultez le site de Yahoo :

```
www.yahoo.com/Computers_and_Internet/Internet/Domain_registration/.
```

Sous-domaines

Les domaines du niveau le plus haut ont des ramifications vers les *sous-domaines*, qui sont habituellement désignés d'après le nom de votre société. Un sous-domaine est n'importe quelle subdivision d'un domaine. Ainsi un sous-domaine d'un domaine se trouvant au niveau le plus haut est un domaine de second niveau. Si votre société est vaste, il serait prudent de créer vos propres sous-domaines pour des questions de gestion. Ces sous-domaines sont de troisième niveau, quatrième niveau, et ainsi de suite.

L'internationalisation de l'Internet

En dehors des États-Unis, la plupart des adresses se terminent par les deux caractères du standard ISO 3166. Quelques exemples sont donnés dans le Tableau 10.2.

Tableau 10.2 : Noms de domaines internationaux.

Code Pays	Pays
`ca`	Canada
`In`	Inde
`fr`	France
`uk`	Royaume-Uni (United Kingdom). (Actuellement, le code ISO est `gb`, pour Grande-Bretagne, mais il est difficile d'expliquer ici en détail pourquoi il est parfois employé `gb`, parfois `uk`).
`Us`	États-Unis (United States)

Les sous-domaines peuvent (ou non) avoir des noms différents en dehors des États-Unis. Les Australiens utilisent les mêmes dénominations (`com.au`, `edu.au`, et ainsi de suite), mais les domaines administratifs des Britanniques sont nommés différemment, comme dans `co.uk` (corporation) et `ac.uk` (academic community). Comme la géographie mondiale a changé rapidement au cours des années 90, l'Internet n'a pas toujours été capable de suivre. Par exemple, le domaine du premier niveau `yu` existe toujours sur l'Internet, même si la Yougoslavie n'existe plus sur les cartes.

Des noms de domaines complètement qualifiés

Chaque domaine DNS porte un nom unique. Le nom est si important qu'il devient une partie du nom d'ordinateur. Le résultat est appelé un *nom de domaine complètement qualifié*. (FQDN, ou Fully Qualified Domain Name.)

Voici quelques exemples :

- L'ordinateur appelé `hbs` appartient au domaine DNS `harvard.edu` ; le FQDN est donc `hbs.harvard.edu`.
- L'ordinateur mythique `viper` fait partie du domaine mythique DNS `support.lotus.com` ; le FQDN est donc `viper.support.lotus.com`.

Vous vous demandez sans doute pourquoi un FQDN est si long. Vous aimeriez pouvoir utiliser des raccourcis – selon l'endroit d'où vous envoyez vos courriers électroniques. Si vous envoyez un courrier à `mwilensky@abc.university.edu`, le message lui parvient et peu importe l'endroit d'où vous le lui envoyez, mais vous devez taper toute cette longue adresse. Pour faciliter les choses, vous n'êtes pas obligé d'utiliser un FQDN. Dans ce cas, TCP/IP considère que vous faites référence à votre propre domaine.

Ainsi, si vous êtes sur l'ordinateur `abc`, vous pouvez simplement envoyer un message à `mwilensky` sans avoir à taper `@abc.university.edu`. Si vous êtes sur une autre machine, disons `xyz`, appartenant aussi au domaine `university.edu`, vous pouvez simplement envoyer le message à `mwilensky@abc`.

Ces raccourcis ne sont pas limités aux courriers électroniques.

Serveurs, autorité et autres trucs techniques

Vous pouvez avoir trois types de serveur dans votre domaines DNS :

- Le serveur de noms primaire.
- Le(s) serveur(s) de noms secondaire(s).
- Le(s) serveur(s) cache(s) de noms.

Qui est responsable ici ?

N'OUBLIEZ PAS

Dans l'environnement DNS, un serveur de noms – quel qu'il soit – peut se retrouver dans l'un des trois états suivants lorsqu'un client lui présente une requête :

- Il connaît la réponse autoritairement. Cela veut dire que la réponse est dans ses fichiers de données. C'est la même chose que d'être responsable des données.
- Il connaît la réponse mais non autoritairement. Cela signifie qu'il a la réponse en mémoire cache, celle-ci provenant d'une requête précédente.
- Il ne connaît pas la réponse et doit la demander à un autre serveur.

Quand le serveur primaire délègue son autorité, il la délègue sous la forme de base de données au serveur de noms secondaire. Plus le serveur primaire délègue, moins il est stressé. Chaque domaine devrait comporter un serveur primaire et au moins un serveur secondaire.

Tous les serveurs utilisent un cache, en particulier avec les données pour lesquelles ils ne sont pas responsables. Les serveurs caches utilisent le cache uniquement parce qu'ils n'ont pas de fichiers de données et ne sont responsables d'aucune information.

Le primaire est le maître du domaine

Le serveur de noms primaire est vraiment le plus important. Il détient l'autorité dans l'ensemble du domaine. Cela signifie qu'il administre les bases de données pour sa zone. Il peut aussi déléguer son autorité aux serveurs secondaires. Le maître est le garant fondamental de la vérité – du moins en ce qui concerne les noms et les adresses du domaine.

De grâce, ne confondez pas serveur de noms primaire DNS avec serveur maître NIS !

Les serveurs de noms secondaires

A l'école, les enfants en classe primaire imitent toujours les enfants des classes supérieures. Mais sur l'Internet, c'est exactement le contraire : les serveurs de noms secondaires téléchargent des copies d'informations de noms et d'adresses en provenance du serveur primaire ou d'un autre serveur secondaire.

Plus il y a de serveurs secondaires, moins il y a de problème de saturation du serveur primaire, et mieux vous serez protégé d'une éventuelle panne de ce dernier. Les serveurs secondaires servent de serveurs de sauvegarde pour les serveurs primaires. Si le primaire délègue son autorité, le secondaire peut alors répondre aux requêtes que lui présente n'importe quel serveur de noms de sa zone.

La grande différence entre serveur primaire et secondaire est la provenance de l'information. Le primaire l'extrait de ses fichiers de base de données tandis que le secondaire l'obtient auprès d'un primaire ou d'un autre secondaire.

Les serveurs caches

Les serveurs caches n'ont aucune autorité dans un environnement DNS et ne stockent aucune base de données sur leurs disques. Ils dépendent des autres serveurs de noms. Ils présentent des requêtes à d'autres serveurs pour obtenir des noms et des adresses, et conservent ces données en mémoire pour les utilisateurs qui sont géographiquement proches (le "cache").

ATTENTION !

Si Catherine envoie un mail à `ken@beacon.com`, son serveur cache local cherche `beacon.com` dans le DNS et récupère l'information. Quand elle envoie un nouveau courrier à Ken, l'adresse IP `beacon.com` est maintenant rapidement disponible dans le cache, et la conversion du nom en adresse lui épargne un long voyage sur le réseau.

TRUC

Si `beacon.com` change d'adresse IP, le serveur cache de Catherine peut effectuer une mauvaise résolution. Pour éviter ce genre de problème, les données en cache expirent périodiquement.

Pour gérer le délai d'expiration, l'administrateur du serveur faisant autorité attribue un TTL (Time To Live, temps de vie). Considérez TTL comme la limite de validité des données en mémoire cache. Lorsque le temps de validité expire, les données en cache sont détruites. Sans TTL, il n'y aurait pas de mise à jour de ces informations.

De courtes valeurs de TTL impliquent que les données en cache sont renouvelées plus souvent, ce qui se traduit par des requêtes plus fréquentes. De plus grandes valeurs réduisent le trafic réseau mais augmentent la probabilité de résolutions erronées.

DNS contre NIS

DNS et NIS sont des services de noms. Tous les deux fournissent des noms qui permettent de désigner des groupes d'ordinateurs par des domaines. DNS permet d'associer des noms à des adresses et la traduction. NIS fonctionne avec de plus petits groupes d'ordinateurs. Il permet d'associer des noms et des adresses et des informations relatives à des comptes UNIX.

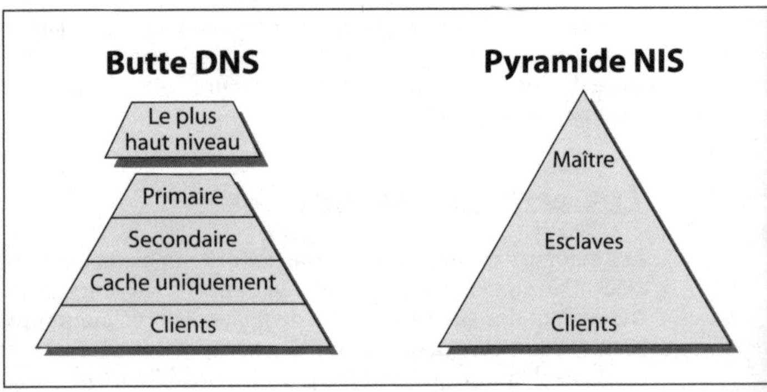

Figure 10.1 : Serait-ce une butte ?

DNS présente un avantage stratégique par rapport à NIS. Même si chacun possède une arborescence, NIS est une montagne avec un sommet pointu et DNS est une butte avec un sommet plat, comme le représente la Figure 10.1. Le sommet de la montagne NIS est l'unique serveur maître du domaine et c'est l'unique point faible. Le sommet plat de DNS est composé d'un ensemble de serveurs de noms, si bien qu'aucun serveur ne peut être un point faible. Cela rend DNS extrêmement robuste – suffisamment pour l'Internet.

Utilisez DNS dans les circonstances suivantes :

- Si vos ordinateurs sont connectés à l'Internet.
- Si vous êtes administrateur système ou administrateur réseau responsable de nombreux ordinateurs.
- Si beaucoup d'ordinateurs fonctionnent avec un autre système que UNIX, ce qui signifie que NIS ne vous aidera pas.

DNS est le meilleur choix lorsque vous avez la charge d'un vaste intranet privé, car il facilite la maintenance. Mettre à jour et synchroniser manuellement tous les fichiers hôtes locaux de tous les ordinateurs est une corvée, une perte du temps, et peut être risqué. Du reste, ces fichiers peuvent être très gros, si votre société comporte des milliers d'ordinateurs, et que chacun nécessite une copie. Avec DNS, si vous rattachez votre société à l'Internet, votre domaine sera immédiatement fonctionnel.

Trouver l'information sur les domaines et les noms de serveurs

Deux outils vous permettent de trouver des informations sur les domaines DNS et noms de serveurs : whois et nslookup.

Où est whois ?

Le Chapitre 6 explique comment chercher les domaines et serveurs dans les bases de données whois. La clé pour utiliser whois est : "Si vous n'y arrivez pas du premier coup, essayez et réessayez d'autres bases de données whois."

La Figure 10.2 montre le résultat d'une requête sur le domaine de `lotus.com`.

```
% whois -h rs.internic.net lotus.com
Lotus Development (LOTUS-DOM)
   55 Cambridge Parkway
   Cambridge, MA 02142

   Domain Name: LOTUS.COM

   Administrative Contact, Technical Contact, Zone Contact:
      Sanderson, William J.  (WJS2)  wsanders@ccmg.lotus.com
      617-693-1115

   Record last updated on 20-Oct-94.

   Domain servers in listed order:

   NIC.NEAR.NET                 192.52.71.4
   BU.EDU                       128.197.27.7
   NOC.CERF.NET                 192.153.156.22


The InterNIC Registration Services Host contains ONLY Internet Information
(Networks, ASN's, Domains, and POC's).
Please use the whois server at nic.ddn.mil for MILNET Information.
%
|
```

Figure 10.2 : La commande whois vous renseigne sur les domaines et les serveurs.

Votre canne à pêche : nslookup

Pour faire une requête manuelle sur un serveur DNS, vous pouvez utiliser l'utilitaire nslookup. Ce programme est inclus dans la plupart des offres TCP/IP. Parce qu'il utilise les mêmes routines de résolution que toutes les autres, c'est un outil de médiation.

Vous pouvez utiliser `nslookup` pour :

- Dépanner les problèmes de connections réseau.
- Voir si les données en cache sont récentes.
- Voir comment les courriers électroniques parviennent à leur destinataire.

Toutes les commandes `nslookup` que vous pouvez utiliser sont décrites à la Figure 10.3.

Soyez prudent lorsque vous les utilisez. Toute faute de typographie est traitée comme une demande d'information sur le serveur DNS. Par exemple, si vous tapez **sit timeout=5** au lieu de **set timeout=5**, nslookup demandera au serveur des informations concernant le serveur nommé `sit`.

Lorsque vous lancez nslookup, il se connecte au serveur par défaut – à savoir celui que votre ordinateur utilise pour ses requêtes DNS. Vous pouvez parfaitement changer de serveur en spécifiant un autre serveur via les commandes `server` et `lserver`.

nslookup ne retourne par défaut que les adresses. Pour obtenir d'autres types d'informations, utilisez la commande `set type=`, suivie par un enregistrement type répertorié dans le Tableau 10.3.

```
% nslookup
Default Server: dnsp.lotus.com
Address: 130.103.48.124

> ?
Commands:    (identifiers are shown in uppercase, [] means optional)

NAME          - print info about the host/domain NAME using default server
NAME1 NAME2   - as above, but use NAME2 as server
help or ?     - print help information
exit          - exit the program
set OPTION    - set an option
    all           - print options, current server and host
    [no]debug     - print debugging information
    [no]d2        - print exhaustive debugging information
    [no]defname   - append domain name to each query
    [no]recurse   - ask for recursive answer to query
    [no]vc        - always use a virtual circuit
    domain=NAME   - set default domain name to NAME
    root=NAME     - set root server to NAME
    retry=X       - set number of retries to X
    timeout=X     - set time-out interval to X
    querytype=X   - set query type to one of A,CNAME,HINFO,MB,MG,MINFO,MR,MX
    type=X        - set query type to one of A,CNAME,HINFO,MB,MG,MINFO,MR,MX
server NAME   - set default server to NAME, using current default server
lserver NAME  - set default server to NAME, using initial server
finger [NAME] - finger the optional NAME
root          - set current default server to the root
ls NAME [> FILE]- list the domain NAME, with output optionally going to FILE
view FILE     - sort an ÔlsÕ output file and view it with more
>
> exit
%
```

Requête manuelle sur un serveur DNS

Le serveur sur lequel nous faisons la requête se présente

Ask for online help.

Demande d'aide en ligne

Voici toutes les commandes. Tout ce que vous tapé d'autre sera interprété comme une demande de résolution d'adresse

Figure 10.3 : Voici les commandes nslookup uniquement. Toute autre chose est une requête DNS.

Tableau 10.3 : Enregistrements types à utiliser avec la commande Set Type=.

Enregistrement type	Description
A	Information concernant l'adresse (par défaut)
CNAME	Alias ou nom canonique
HINFO	Information d'hôte, comme modèle d'ordinateur et système d'exploitation
MX	Échangeur de courriers électroniques
any	Toutes les informations

WINS (Windows Internet Name Service) : la résolution de noms selon Microsoft

Microsoft propose WINS comme alternative à DNS pour la résolution de noms. WINS remplace les fichiers hôtes locaux, base de données DNS, et serveurs DNS. WINS est conçu pour faciliter l'installation et la gestion que les bases de données DNS ne font pas.

Bien que deux RFC (RFC 1001 et 1002) décrivent WINS et comment WINS coopère avec TCP/IP, il ne fait pas partie de la suite TCP/IP. C'est un protocole propriétaire de Microsoft.

Les services client et serveur de WINS fonctionnent uniquement sur des ordinateurs dont le système d'exploitation est Windows NT. WINS serveur fonctionne uniquement sur Windows NT. Alors pourquoi utiliser WINS qui est si restrictif ? Simplement parce qu'une de ses propriétés est de convertir l'ancien protocole de Microsoft NetBEUI en des noms DNS.

Windows NT 5.0 n'utilise pas le protocole propriétaire NetBEUI. Il fonctionne avec un DNS natif et utilise un nouveau service, Active Directory (répertoire actif), pour gérer ses ressources, utilisateurs, et groupes. Active Directory utilise les standards Internet (DNS et LDAP), plutôt que la technologie propriétaire (WINS) pour gérer les ressources.

WINS convient aux réseaux Microsoft non connectés à l'Internet. Il peut travailler avec DNS, mais si vous utilisez DNS, par exemple, pour faire fonctionner un serveur de noms connecté à l'Internet, pourquoi utiliser les deux ? Vous voudrez sans doute maintenir les bases de données pour les deux. Nous vous recommandons de vous faciliter la vie et de n'utiliser DNS que pour la résolution de noms à l'intérieur de votre intranet ainsi que pour l'Internet.

Chapitre 11

Le festin de l'information

Dans ce chapitre :

- Explorer l'hypertexte et l'hypermédia.
- Découvrir les dernières technologies des navigateurs.
- Parcourir le World Wide Web – rapidement.
- Trouver des mets sur l'Internet : le goulasch de Gopher, les ailerons de Web et les bières d'Archie et Betty.
- Traquer les moteurs de recherche pour trouver ce que vous désirez sur le Web.

Comment les services d'informations peuvent-ils m'aider ?

Comme la plupart des applications et des services dont nous parlons dans ce livre, les services d'informations de l'Internet sont des environnements client/serveur. Vous utilisez une application cliente – soit en utilisant un logiciel sur votre propre ordinateur, soit en vous connectant à un hôte qui utilise cette application cliente.

Certains de ces outils d'exploration de l'information ont une *GUI* (Graphical User Interface, ou interface utilisateur graphique), aussi devez vous les faire fonctionner sur un ordinateur à base de Windows, de MacOS ou de Motif pour bénéficier pleinement de leurs fonctionnalités. Les autres outils ont une interface simple, si bien que vous pouvez les utiliser sur PC à base de DOS, ou même sur un terminal passif connecté à un mini-ordinateur ou à un ordinateur central. Mais quelle que soit l'interface que vous utilisez, il y a généralement un protocole TCP/IP quelque part à l'intérieur. Et l'information à laquelle vous pouvez accéder est bien plus que du simple texte.

Le paradis des surfeurs

Si vous avez prêté attention aux pages Web qui vous ont été présentées tout au long de ce livre, vous avez dû remarquer que les adresses commencent par `http`. Cette ligne de caractères est appelée URL, *Uniform Resource Locator*, ou Localisateur uniforme de ressources (l'acronyme se prononce habituellement en disant les lettres U R L, mais certaines personnes le prononcent "eurl").

Voici un exemple d'URL :

```
http://www.lotus.com
```

Le `http` (Hyper Text Transfer Protocol, ou Protocole de transfert hypertexte) est le protocole que vous utilisez pour avoir accès à une ressource. Tout ce qui suit les deux points ":" est la localisation de la ressource Web. La localisation commence par //, suivi par le nom du site. Si quelque chose suit le / final, c'est le nom d'un fichier sur ce site (dans ce livre, nous avons omis la partie "http://" de l'URL parce qu'il n'est pas nécessaire de saisir cette partie dans de nombreux navigateurs).

Les URL ne localisent pas uniquement les ressources Web. Voici quelques exemples d'URL. L'une pointe sur un site FTP anonyme, et l'autre sur un serveur LDAP :

```
ftp://ftp.microsoft.com
ldap://ldap.bigfoot.com
```

Pendant que vous naviguez avec entrain, le Web peut vous amener vers des ressources non http comme celles que nous venons de mentionner.

Que sont l'hypertexte et l'hypermédia ?

Vous avez peut-être entendu les termes *hypertexte* et *hypermédia* utilisés avec les derniers et les plus puissants outils Internet. Quoi qu'il en soit, l'hypertexte et l'hypermédia sont en place pour longtemps et sont utilisés non seulement par les outils Internet comme Gopher ou les navigateurs, mais aussi par des applications qui n'ont aucun lien avec TCP/IP et l'Internet, comme Hypercard sur les Macintosh.

L'hypertexte est un texte qui contient des pointeurs en ligne vers un autre texte dans le même fichier ou dans un autre fichier. Un exemple courant d'hypertexte est le système d'aide de Microsoft Windows, dans lequel vous cliquez sur un mot surligné, une icône ou un bouton pour accéder à davantage d'informations sur le thème de ce sur quoi vous avez cliqué. L'information multipages, contenant les liens sur lesquels vous cliquez, est de l'hypertexte.

L'hypermédia étend le concept de l'hypertexte, passant du texte au multimédia. Dans les applications hypermédia, un pointeur peut vous emmener vers un morceau musical, une image graphique, ou même un clip vidéo.

Le World Wide Web (WWW)

Le World Wide Web (ou "toile d'araignée mondiale", également appelé "le Web", "WWW", "W3" ou "W cube") est le service mondial d'information hypermédia sur l'Internet. Il est devenu incroyablement à la mode. Une idée erronée, fréquente chez les nouveaux arrivants dans la super-autoroute de l'information, est que le Web et l'Internet sont une seule et même chose. Actuellement, le Web est un sous-ensemble des ordinateurs et des informations sur l'Internet.

Au secours ! Je suis la seule personne dans l'univers qui n'a pas de navigateur !

Ne vous inquiétez pas si vous n'avez pas de navigateur. Vous pouvez vous connecter via telnet sur un site public qui possède un navigateur non graphique.

Si vous n'avez pas de navigateur, et si vous préférez ne pas utiliser telnet, vous pouvez utiliser le FTP Anonyme pour récupérer un navigateur gratuit. Pour trouver un navigateur non graphique, utilisez Archie et tapez cette commande :

```
find lynx
```

Archie pointe sur des sites FTP sur lesquels vous pouvez télécharger Lynx, le navigateur en mode texte, ainsi que d'autres navigateurs.

Si vous utilisez un navigateur non graphique, vous aurez besoin de connaître les commandes qui suivent pour pouvoir naviguer :

Commande	Fonction
`home`	Allcr à la payе d'accueil
`recall`	Revoir les documents que vous avez déjà vus.
`top`	Aller à la première page du document
`bottom`	Aller à la dernière page du document
`next`	Suivre le prochain lien dans la chaîne d'informations
`previous`	Réafficher le lien précédent

Merci, mais je jette juste un coup d'œil

Pour utiliser le Web, vous avez besoin d'un navigateur (client) et d'une connexion TCP/IP à un serveur Web. Le navigateur est une application TCP/IP. Certains utilisent une interface graphique, d'autres sont uniquement en mode texte.

De nombreux systèmes d'exploitation, comme Microsoft Windows 95, 98, et NT, sont livrés avec des navigateurs. En outre, certains produits de communication ont intégré des navigateurs. Par exemple, Lotus Notes ou Netscape Navigator, que vous pouvez acheter seul ou accompagné de Netscape Communicator.

Si vous voulez un navigateur graphique réellement efficace, essayez Opera, de la société norvégienne Opera Software. Opera est un shareware, vous pouvez en obtenir une copie sur le Web sur `www.operasoftware.com`, copie que vous pourrez utiliser gratuitement durant 30 jours. Si vous voulez la garder, vous devrez payer 35 euros. Opera fonctionne sous Windows et OS/2. Une version Macintosh est en cours.

Si vous êtes concerné par la sécurité sur le Web, sachez que S-HTTP (Secure HTTP, ou HTTP sécurisé) est en passe de devenir un standard international. S-HTTP est un HTTP basique avec des extensions pour les communications client/serveur sécurisées.

Des souris et des toiles

Les navigateurs graphiques apportent de la vie au Web. Pour démarrer, il vous suffit de double-cliquer sur l'icône de votre navigateur et vous obtenez la *page d'accueil* (home page) – le terme Web pour l'écran de "bienvenue". La page d'accueil explique ce qu'est le site Web et comment trouver les informations que vous recherchez.

Nous avons énormément parlé de l'Internet dans ce livre parce que TCP/IP et l'Internet sont réellement liés. Vous ne pouvez pas avoir d'Internet sans TCP/IP. Le monde n'aurait pas eu TCP/IP sans l'Internet. Mais ce livre traite uniquement dans les grandes lignes les caractéristiques générales de l'Internet, afin de vous montrer la relation entre le Net et ses protocoles et services. Aussi, si vous pensez devenir un accro de l'Internet (ou si vous l'êtes déjà et comptez le rester), le meilleur endroit pour en découvrir plus sur l'Internet c'est bien sûr l'Internet lui-même.

La page d'accueil de Netscape (`www.netscape.com` ou `.fr`) est un très bon point de départ. Suivez simplement les liens en cliquant sur les sujets qui vous intéressent. Il n'est pas nécessaire d'utiliser un navigateur Netscape pour accéder à cette page Web. N'importe quel navigateur peut y accéder.

L'Internet tend à devenir un site commercial illimité. A l'avenir, vous pourriez passer plus de temps à naviguer dans un centre commercial sur l'Internet qu'à vous promener dans un vrai centre commercial – celui avec des sols en béton, l'air conditionné et les queues interminables aux caisses.

Comment l'information circule sur le Web ?

Les auteurs Web utilisent des technologies de publication Web pour écrire le texte, placer les images et interagir avec vous sur le Web. Comme un langage Web n'est ni un protocole, ni un service, ni une application, ce n'est donc pas une partie de TCP/IP. Quoi qu'il en soit, le Web ne serait pas le Web sans toutes ces pages créatives, passionnantes, conçues avec les langages et outils suivants.

HTML (Hypertext Markup Language – langage de marquage hypertexte) et Dynamic HTML (HTML dynamique)

HTML dit à un navigateur Web comment afficher le texte et les graphismes sur une page Web.

XML (eXtensible Markup Language – langage de marquage eXtensible)

Le langage XML *décrit* aussi bien les données que leurs aspects graphiques. Cette description rend la recherche sur le Web plus efficace. Comme XML est plus descriptif qu'HTML, les recherches sur le Web sont capables de filtrer les sujets qui n'ont plus de raison d'être et que vous trouvez toujours dans le monde basé sur HTML.

Java et JavaScript

Java est un langage de programmation spécialement créé par Sun Microsystems pour être utilisé sur l'Internet. Un applet Java est un petit programme faisant partie d'une page Web. Une application Java peut tourner sur n'importe quel système d'exploitation sans avoir été spécialement conçue pour lui.

JavaScript est le langage de script de Netscape. Un langage de script est un langage de programmation. Si vous créez des pages Web, vous pouvez inclure JavaScript dans des pages HTML. Le navigateur Web sait comment interpréter le code JavaScript, ce qui rapproche les possibilités du navigateur de celles d'une application cliente.

ASP (Active Server Page – page de serveur actif)

Les *ASP* sont des pages HTML qui incluent des scripts (des petits programmes) écrits par des développeurs Web. Les scripts sont traités sur un serveur Web Microsoft, lequel envoie les pages Web HTML à tout navigateur. Ces pages sont appelées actives parce que vous pouvez utiliser des scripts pour personnaliser les pages en fonction des utilisateurs.

ActiveX

ActiveX, un ensemble de technologies orientées objet, est la réponse de Microsoft à Java. Un contrôle ActiveX est un programme qui tourne dans un environnement ActiveX, et ses concepts sont similaires à ceux d'un applet Java. Les contrôles d'ActiveX tournent sous Windows 95, 98 et NT, ainsi que sur les produits Macintosh. Microsoft prévoit également de proposer les contrôles d'ActiveX sous UNIX.

Lotus Domino

Domino est le programme serveur d'application Web de Lotus Development Corporation. En plus des fonctionnalités de messagerie et de groupware, vous pouvez utiliser Domino seul comme un client Web ou conjointement avec Lotus Notes comme un serveur Web, et ce aussi bien sur votre intranet que sur l'Internet.

Le Web est un festin riche en calories

Si vous savez ce que vous voulez voir sur le Web mais ne savez pas où cela se trouve, vous avez besoin d'un moteur de recherche. Un *moteur de recherche* est un site avec un logiciel spécialisé qui contient une base de données sur des sites Internet. Vous dites au moteur de recherche ce que vous voulez chercher, et il parcourt sa base de données pour vous donner les liens vers les sites qui contiennent le(s) mot(s) que vous avez demandés.

TRUC

Allez sur le site d'Easy Searcher (`www.easysearcher.com/index.html`) pour trouver l'emplacement de centaines de moteurs de recherche spécialisés, ainsi qu'un index d'autres moteurs de recherche.

Les répertoires structurés par thèmes sont souvent associés à tort aux moteurs de recherche. Yahoo ! (`www.yahoo.com` ou `.fr`) est un exemple de ces répertoires populaires sur le Web. Plusieurs portails Web, y compris Yahoo !, combinent à la fois le moteur de recherche et la méthode d'approche des répertoires pour trouver des informations. Un *portail* est un site Web qui est supposé être un site de départ pour les utilisateurs.

Réduire le temps d'attente sur le Web

La vitesse sur le Web varie entre celle de la tortue et celle de l'éclair. Toutes ces images originales que vous voyez sur les pages Web prennent beaucoup de place et mettent beaucoup de temps à vous parvenir.

TRUC

Si vous voulez que les choses aillent plus vite, essayez ces quelques trucs :

- **Utilisez un matériel plus rapide**. Un modem 56 Kbps ou une liaison par câble devrait vous aider.
- **Utilisez Lynx**. Peu connu, Lynx fait gagner beaucoup de temps. Pour naviguer dans du texte, utilisez le navigateur Lynx pour sa vitesse. Lynx dépasse largement les performances de Netscape Navigator et de Microsoft Internet Explorer lorsqu'il s'agit de lire des textes et des fichiers FAQ. Vous pouvez obtenir une copie gratuite de Lynx pour Windows 95, ou Windows NT sur `www.fdisk.com/doslynx/lynxport.htm`.
- **Le multitâche**. Laissez votre connexion Internet faire plusieurs tâches en même temps. Contrairement à une croyance répandue, vous pouvez surfer pendant votre téléchargement, ou lancer deux téléchargements en même temps et obtenir de bonnes performances.
- **Mettez à jour le système d'exploitation.** Windows optimise automatiquement les transmissions de TCP/IP si vous configurez la taille des paquets IP en automatique.

Se ressourcer est toujours utile

Le Web n'est pas la seule possibilité qui s'offre à vous. Les sections suivantes décrivent des outils qui, même s'ils datent un peu, sont toujours très utiles.

Utiliser Archie pour chercher des archives FTP

Archie est un environnement client/serveur qui vous aide à trouver quelles archives FTP anonymes contiennent ce qui vous intéresse sur l'Internet. Il est comme un catalogue des librairies FTP.

N'OUBLIEZ PAS

Archie est seulement un chercheur. Après avoir trouvé l'emplacement de ce que vous cherchez, vous devez le rapatrier. Aussi, vous devez utiliser FTP anonyme pour transférer les fichiers sur votre ordinateur. La Figure 11.1 représente un client UNIX accédant à un serveur Archie sur l'Internet.

```
$ archie -h archie.internic.net IPv6

Host ftp.library.uwa.edu.au

        Location: /pub
                FILE -r--r--r--         22  Aug 19 1996  IPv6

Host sunsite.cnlab-switch.ch

        Location: /MIRROR/RIPE
            DIRECTORY drwxr-xr-x       512  Mar  4 06:33  IPv6
        Location: /MIRROR/linux/Networking
                FILE -rw-rw-r--      37884  Feb  7 18:06  IPv6
        Location: /MIRROR/linux/Networking/sunacm
                FILE -rw-rw-r--        930  Jan  4 14:15  IPv6

Host thumper.bellcore.com

        Location: /pub/gja
            DIRECTORY drwxr-xr-x      1536  Mar  8 1996  IPv6

Host ftp.fh-rosenheim.de

        Location: /pub/systems/linux/Kernel
                FILE -r--r--r--       8796  Jun 18 1996  IPv6
```

Montrer à l'utilisateur Betty des articles et des fichiers sur Ipv6

Ignorez cela. Ce sont des protections de fichiers UNIX

Voici quatre sources d'information. Vous pouvez utilisez ftp pour y récupérer des fichiers

Figure 11.1 : Un client Archie demande au serveur de rechercher une information sur le protocole IIpv6.

Les Gophers : la mine d'or de l'Internet

Gopher est une application client/serveur qui se terre dans l'Internet. Les menus Gopher vous permettent de vous frayer un chemin jusqu'au festin de l'Internet. Gopher travaille plus dur qu'Archie. Quand vous voulez récupérer sur votre ordinateur l'information que vous avez trouvée, Gopher l'affiche et lance automatiquement telnet, FTP ou n'importe quelle application TCP/IP dont vous avez besoin pour ramener l'information.

Entrez dans Gopher en utilisant le logiciel client Gopher sur votre ordinateur ou en utilisant telnet sur un serveur Gopher en vous connectant en tant qu'utilisateur gopher.

Les menus Gopher diffèrent de serveur en serveur, mais vous naviguez à travers les menus de la même manière. Les touches "flèche du haut" et "flèche du bas" sont le moyen le plus pratique pour naviguer à travers les menus de Gopher. Lorsque le menu de votre choix est surligné, tapez Entrée ; vous pouvez également taper le numéro de votre choix et taper Entrée ensuite.

La Figure 11.2 présente le menu Gopher de l'Université du Minnesota.

```
$ gopher gopher2.tc.umn.edu
Press ? for Help, q to Quit      Retrieving Directory..\
 Internet Gopher Information Client v2.1.3
  Home Gopher server: gopher2.tc.umn.edu

 1.  Information About Gopher/
 2.  Computer Information/
 3.  Discussion Groups/
 4.  Fun & Games/
 5.  Internet file server (ftp) sites/
 6.  Libraries/
 7.  News/
--> 8.  Other Gopher and Information Servers/
 9.  Phone Books/
 10. Search Gopher Titles at the University of Minnesota <?>
 11. Search lots of places at the University of Minnesota  <?>
 12. University of Minnesota Campus Information/

  Internet Gopher Information Client v2.1.3
   Other Gopher and Information Servers

 1.  All the Gopher Servers in the World/
 2.  Search All the Gopher Servers in the World <?>
 3.  Search titles in Gopherspace using veronica/
 4.  Africa/
 5.  Asia/
 6.  Europe/
 7.  International Organizations/
 8.  Middle East/
 9.  North America/
 10. Pacific/
 11. Russia/
 12. South America/
 13. Terminal Based Information/
--> 14. WAIS Based Information/
      15. Gopher Server Registration <??>
```

Figure 11.2 : Le menu Gopher de l'Université du Minnesota.

WAIS, le chemin à travers l'Internet

WAIS (The Wide Area Information Service, le Service d'information à grande distance), qui signifie "chemin", est un autre environnement client/serveur. WAIS effectue des recherches parmi un grand choix de bases de données disponibles à travers l'Internet sur des sujets aussi variés que les ordinateurs et les réseaux, l'aéronautique, la soupe de poisson...

Troisième partie

Le ragoût de TCP/IP, un doigt de ceci, une pincée de cela

"Je n'arrive pas à me connecter pour voir les photos de Mars Explorer - A la place je tombe sur le site Web des Editions pour les Nuls."

Dans cette partie...

Nous vous présentons les principaux ingrédients de TCP/IP, les noms et les adresses, ainsi que quelques implémentations et épices les plus ésotériques de TCP/IP.

Chapitre 12

Jolis noms et adresses mortelles

Dans ce chapitre :

- Utiliser un nouveau nom pour les ordinateurs : les hôtes.
- Comprendre pourquoi vous avez à la fois besoin des noms et des adresses.
- Utiliser les adresses réseau TCP/IP – c'est classe ou non ?
- Reconnaître les parties et les champs d'une adresse IP.
- Comprendre comment obtenir une adresse IP et une adresse sur l'Internet.
- Comprendre les sous-réseaux et pourquoi ils portent des masques.
- Boire du CIDR pour mettre de l'ordre dans l'espace des adresses Internet (pour le moment).

Quel nom avez-vous déjà donné à votre ordinateur ?

Si votre ordinateur utilise TCP/IP, il porte un nom. Si vous êtes chanceux, vous pourrez le choisir vous-même. Plus probablement, votre organisation a une politique de gestion des noms qui vous aide à choisir un nom ou limite vos choix. Dans quelques cas, le gestionnaire du système ou l'administrateur réseau est le seul à s'amuser à choisir et à affecter des noms aux ordinateurs, dont le vôtre.

Apprendre à vous connaître...

Un ordinateur a besoin d'un nom pour plusieurs raisons :

- Vous devez être capable de vous connecter à un ordinateur particulier et aux services qu'il propose. Connaître le nom de cet ordinateur rend la chose plus facile.
- Vous voulez que le courrier arrive à un endroit particulier. Sans les noms et les adresses des ordinateurs, le courrier électronique ne pourrait pas fonctionner.
- Les humains aiment donner des noms aux choses (chien, chat, poisson rouge) et peuvent se rappeler ces noms. Les ordinateurs aiment manipuler des chiffres.

Rien qu'à vous ...

TCP/IP et l'Internet requièrent que chacun des ordinateurs du réseau, de l'organisation, du monde, et du système solaire, soit identifié de manière unique par à la fois un nom et une adresse. Pour identifier un ordinateur nommé lotus, nous avons besoin de plus de noms – un peu comme un prénom, un second prénom, et peut être plus encore.

Le nom complet d'un ordinateur est appelé nom de domaine complètement qualifié, FQDN (Fully Qualified Domain Name). Ainsi, pour le FQDN de l'ordinateur, lotus peut être :

```
lotus.lotus.com
```

Que sont les fichiers d'hôtes locaux ?

Le fichier local des hôtes, qui réside sur votre propre ordinateur, contient la liste des noms et des numéros des hôtes (ordinateurs) avec lesquels vous voulez communiquer.

- Sur UNIX, le fichier des hôtes est `/etc/hosts`.
- Sur la version de TCP/IP que nous utilisons sous Windows NT, le fichier des hôtes est `c:\winnt\system32\drivers\etc\hosts`.
- Sur les systèmes différents d'UNIX, l'endroit où réside le fichier des hôtes varie selon le produit TCP/IP que vous utilisez.

La Figure 12.1 reprend le contenu d'un petit fichier des hôtes.

Si vous êtes membre d'un réseau important, vous allez probablement utiliser un service de noms pour remplacer ou enrichir votre fichier local des hôtes.

```
# Copyright (c) 1993-1995 Microsoft Corp.
# Exemple de fichier HOSTS utilisé par Microsoft TCP/IP pour
# Windows NT.
#
# Ce fichier contient les correspondances entre adresses IP et
# noms d'hôtes. Chaque entrée doit occuper une ligne entière.
# L'adresse IP doit être placée dans la première colonne,
# et être suivie du nom d'hôte qui lui est associé.
# L'adresse IP et le nom d'hôte doivent être séparés par
# au moins un espace.
#
# Des commentaires (tels que ceux-ci) peuvent être insérés sur
# des lignes individuelles ou après un nom de machine. Ils sont
# précédés du symbole '#'.
#
# Par exemple:
#
# 102.54.94.97     rhino.acme.com    # serveur source
#
# 38.25.63,10      X.acme.com        # hôte client X

127.0.0.1   localhost
# Cardinal Consulting, Inc. LAN
130.103.40.55     redbird       #machine de candace
130.103.40.56     bluebird      #machine de marshall
130.103.40.61     oldbird       #0serveur MS
130.103.40.63     toughbird     #big UNIX server
130.103.40.64     mazarin       #serveur Windows NT
130.103.40.65     macbird       #le Mac
130.103.40.66     topbird       #le mainframe d'administration
130.103.40.52     woodpkr       #l'ordinateur de la bibliothèque
130.103.40.53     oriole        #ancien PC 386
```

Figure 12.1 : Un fichier local d'hôtes identifie chaque hôte par un nom et un numéro.

Les multiples aspects des adresses IP

Les hôtes d'un réseau sont identifiés par leur adresse IP numérique. Certes, vous tapez généralement le nom de l'hôte, mais quelque part en chemin, TCP/IP résout le nom en une adresse IP. C'est pourquoi vous avez un fichier d'hôtes local, ainsi que NIS et DNS. Dans le cas de gros réseaux (et que pourriez-vous imaginer de plus gros que l'Internet ?), DNS est chargé de la résolution.

Qu'y a-t-il dans une adresse IP ?

L'adresse à laquelle vous résidez est composée de plusieurs parties. Elle peut inclure de nombreux éléments qui vous identifient – le nom de votre rue, le code postal, la ville, la région (province, Etat, canton, pays), le pays, et ainsi de suite. C'est exactement la même chose pour votre ordinateur (hôte). La différence est que vous connaissez votre adresse, et qu'elle contient plus de lettres que de chiffres, alors que vous pouvez connaître ou ignorer l'adresse de votre ordinateur, qui est généralement composée de chiffres et de points.

L'adresse IP (l'adresse IPv4, pour être plus précis) est un ensemble de nombres séparés par des points. Elle identifie *une interface réseau ou un hôte*. Chaque machine sur le réseau TCP/IP – c'est-à-dire, chaque interface réseau sur le réseau, car une machine peut en avoir plus d'une – a besoin d'une unique adresse IP. Si votre hôte est sur un réseau TCP/IP, cet hôte a une adresse IP, même si vous avez toujours appelé votre ordinateur par son nom.

Vous pouvez avoir remarqué cette adresse numérique qui s'affiche dans les messages, et vous être demandé ce que c'était. Par exemple, telnet retourne l'adresse IP quand vous tentez de vous connecter à un hôte distant. Voici un fragment de code qui vous le montre. Vous vous connectez à `frodo` par son nom, et telnet vous retourne l'adresse IP de `frodo`.

```
%telnet frodo
Trying 130.103.40.225 ...
Connected to frodo
```

Tous les hôtes d'un même réseau doivent utiliser le même numéro de réseau. Chaque interface hôte/réseau sur un même réseau doit avoir un unique numéro d'hôte.

La Figure 12.2 montre quelques combinaisons légales de numéros réseaux et hôtes.

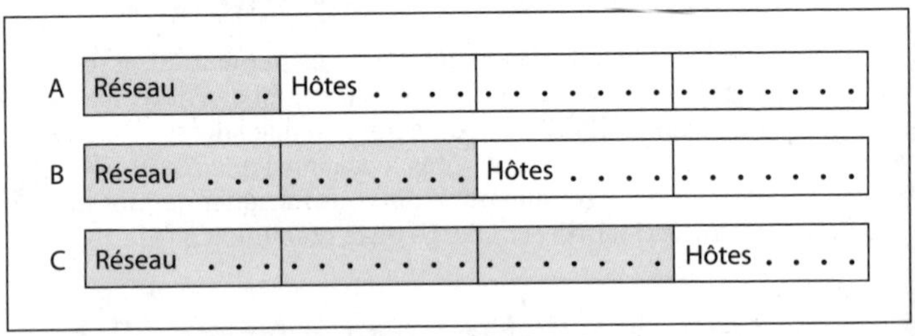

Classe A adresse 1.1.1.1
Classe B adresse 130.103.40.210
Classe C adresss 192.9.200.15

Figure 12.2 : Voici quelques combinaisons légales de numéros de réseau et d'hôtes.

Comment puis-je obtenir une adresse IP ?

Pouvez-vous simplement prendre une adresse IP qui est unique sur votre réseau ? La plupart du temps, la réponse est non, à moins que vous ne soyez l'administrateur réseau. Si votre organisation utilise DHCP, le logiciel serveur DHCP peut vous assigner automatiquement une adresse IP.

La plupart des organisations ont des administrateurs (amicalement désignés la police du réseau) qui vous indiquent ce que vous devez utiliser comme adresse afin que la vôtre n'entre pas en conflit avec celle d'un autre. Certaines implémentations de TCP/IP testent le réseau pour s'assurer que l'adresse que votre ordinateur souhaite utiliser est bien disponible.

Ce n'est que si votre réseau n'est pas connecté à d'autres réseaux que vous ou votre police de réseau pouvez choisir une adresse au hasard. Si votre réseau est connecté, votre adresse doit être unique parmi toutes celles utilisés sur ces réseaux.

Pour connecter votre réseau à l'Internet, vous devez officiellement réserver des adresses IP. L'organisme officiel qui distribue les adresses IP est l'InterNIC. Les prestataires de services régionaux peuvent aussi vous fournir des adresses officielles.

Comment trouver qui sont ces prestataires de services Internet ? La meilleure solution consiste à rechercher dans les listes publiées sur l'Internet, mais autant rechercher une aiguille dans une botte de foin. L'autre meilleure solution consiste à interroger les organisations qui vous sont voisines parmi toutes celles qui sont déjà sur l'Internet. Vous pouvez aussi consulter les publicités publiées dans les magazines qui traitent d'informatique. De nombreux kits de démarrage Internet disponibles dans les librairies sont configurés à l'avance pour vous relier à un prestataire de services Internet.

TRUC

Si vous pensez que vous voudrez un jour connecter votre réseau à l'Internet, vous pouvez vous épargner beaucoup de travail en utilisant par avance des adresses IP. Vous pouvez commencer à les utiliser en local aussitôt que vous les aurez obtenues, et quand vous vous connecterez enfin à l'Internet, vous n'aurez pas à renuméroter votre réseau et tous vos hôtes.

Les quatre sections d'une adresse IPv4

Une adresse IPv4 ressemble à ceci :

```
champ1.champ2.champ3.champ4
```

Le signification de tous ces champs dépend de la classe de votre réseau. Il y a quatre classes de réseau dans TCP/IP. Seules trois d'entre elles sont largement utilisées aujourd'hui ; la quatrième est réservée pour des utilisations particulières. Les trois premières classes fonctionnent de la même manière, que votre organisation se connecte à l'Internet ou qu'elle utilise un intranet privé.

Nous utilisons comme exemple le plus gros internet qui puisse exister – l'Internet – pour examiner comment fonctionnent les classes de réseaux.

La classe A est réservée à quelques réseaux énormes

Il peut y avoir théoriquement 127 réseaux de classe A sur l'Internet, mais chacun de ces 127 réseaux peut disposer d'un nombre considérable d'hôtes : à peu près 17 millions (16 777 216 pour être exact). Seules quelques organisations très importantes ont besoin d'une adresse de classe A. (Remarquez qu'il n'y a pas de réseau de classe A qui commence avec le nombre 0, et que toutes les adresses de classe A débutant par 127 sont réservées. Il ne reste donc que 126 réseaux de classe A.)

La classe B est réservée à de nombreux gros réseaux

Bien que les réseaux de classe B ne soient en aucun cas aussi gros que les réseaux de classe A, ils sont tout de même importants. Chaque réseau de classe B peut avoir 65 000 hôtes – ce que requièrent quelques universités ou grandes sociétés. L'Internet autorise 16 384 réseaux de classe B.

La classe C est réservée à des milliers de petits réseaux

Les réseaux de classe C sont bien plus petits, et l'Internet en contient à peu près deux millions (2 097 152). La plupart des réseaux connectés à l'Internet sont de classe C. Chacun peut avoir 256 hôtes. (En fait, un réseau de classe C peut avoir 254 hôtes, car les numéros 0 et 255 sont réservés.)

La classe D sert au multicasting

Les adresses de classe D sont complètement différentes de celles des autres classes – elles sont utilisées pour le multicasting, qui permet de transmettre en une seule fois une information d'un serveur vers un ensemble de clients. Le multicasting est la technologie qui permet de mettre en œuvre des applications aussi cool que la visioconférence et l'audioconférence, ainsi que les stations de radio et de télévision que l'on trouve sur l'Internet.

Quelques jours ou quelques semaines avant le "broadcast", les organisations qui sponsorisent la manifestation annoncent (via e-mail ou les groupes de news) au réseau de classe D que le serveur va être utilisé pour une transmission. (Les stations de radio et de télévision disposent d'adresses permanentes, de sorte qu'elles puissent transmettre quand elles le veulent.) Il y a plein de canaux disponibles car les adresses de classe D vont de 224.0.0.0 à 239.255.255.255. A la date et l'heure choisie pour la transmission, vous dirigez votre logiciel client – c'est-à-dire que vous le configurez – sur la bonne adresse de classe D. Le broadcast fonctionne exactement comme une radio ou une télévision, mais c'est sur l'Internet.

Pour les fanatiques de mathématiques uniquement : mordre dans les octets et les bits

Qui a décidé combien d'hôtes seraient disponibles sur des réseaux de classe A, B et C ? Et pourquoi ne peut-il y avoir que 127 réseaux de classe A alors qu'il peut y avoir des milliards (enfin presque) de réseaux de classe C ?

Cela est dû à l'organisation des bits à l'intérieur de l'adresse. Par exemple, les adresses de classe A utilisent le premier champ comme section réseau, et les trois derniers champs comme section hôte. Plus il y a de champs dans une section, plus grand est le nombre que vous pouvez obtenir. Puisque la classe A dispose d'un champ dans la section réseau, elle ne peut disposer que d'un petit nombre de réseaux. Mais les trois champs de la partie hôte permettent à chacun de ces trois réseaux de disposer d'une tonne d'ordinateurs.

Le Tableau 12.1 montre comment les quatre champs des adresses IP sont répartis entre section réseau et section hôte.

Tableau 12.1 : Les deux sections d'une adresse IP.

Classe réseau	Partie réseau de l'adresse IP	Partie hôte de l'adresse IP
A	champ1	champ2.champ3.champ4
B	champ1.champ2	champ3.champ4
C	champ1.champ2.champ3	champ4

Administrer des sous-réseaux et des masques de sous-réseau

Les sous-réseaux divisent un réseau en une multitudes de réseaux plus petits. Les réseaux séparés sont habituellement interconnectés par des engins spéciaux nommé *routeurs*.

Tous les environnements ne requièrent pas de sous-réseau. Par exemple, si le réseau de classe C de votre organisation dispose de 254 hôtes ou moins, et que le réseau réside dans un seul et même bâtiment, il n'y a pas de raisons de le découper en sous-réseaux. Mais si le réseau de votre organisation est réparti sur plusieurs localités, l'administrateur réseau peut choisir entre deux options.

La première option consiste à demander un autre numéro de réseau pour chaque localité, mais cela peut sembler un peu gourmand si votre réseau dispose d'un stock d'adresses qui n'ont pas encore été assignées. L'autre option consiste à prendre votre réseau et à le découper en petits morceaux, un morceau par localité.

Quand il devient nécessaire de recourir aux sous-réseaux, et si l'administrateur réseau fait preuve de sens commun dans la division du réseau, les sous-réseaux peuvent présenter plusieurs avantages sur les grands réseaux :

- Des réseaux plus petits sont plus faciles à gérer et à diagnostiquer, même s'ils sont composés de plus d'un morceau.
- Le trafic global sur le réseau est réduit, et les performances peuvent s'améliorer car la plus grande partie du trafic est local aux sous-réseaux.
- La sécurité du réseau peut être plus facilement implémentée à la connexion de sous-réseaux.

La Figure 12.3 représente un réseau principal ayant deux sous-réseaux. Chaque réseau et chaque hôte dispose de sa propre adresse. Observez attentivement le champ3 de chaque adresse ; ne notez-vous pas quelques subtiles différences ?

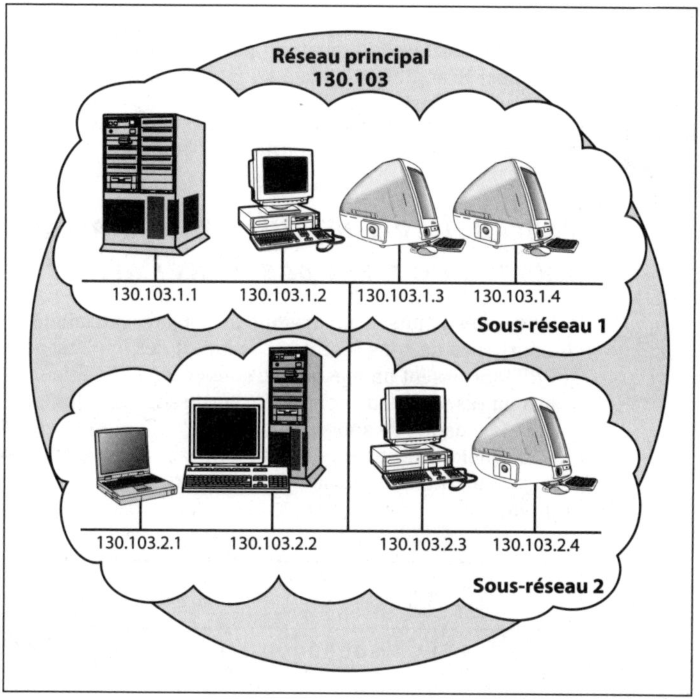

Figure 12.3 : Chaque sous-réseau dispose de sa propre adresse.

L'adresse d'un sous-réseau utilise l'adresse du réseau principal et emprunte quelques bits à la partie hôte pour étendre la section réseau. Les bits empruntés permettent à chaque sous-réseau de disposer de sa propre adresse réseau. Puisque les adresses des sous-réseaux dérivent de l'adresse du réseau principal, vous n'avez pas à les réclamer à l'InterNIC. Ces adresses appartiennent déjà à votre organisation ; vous avez juste décidé de les employer différemment.

La masque-arade des sous-réseaux

Quand les administrateurs réseaux empruntent quelques bits à la section hôte de l'adresse du réseau principal, ils doivent indiquer à

TCP/IP de quels bits il s'agit. L'administrateur utilise un masque de sous-réseau pour emprunter ces bits hôtes. Un masque de sous-réseau est codé sur 32 bits, tout comme une adresse IP. Les bits de l'adresse du réseau sont tous à 1, et les bits de l'adresse de l'hôte sont tous à 0.

Avant de définir un masque de sous-réseau, l'administrateur réseau doit déterminer combien de sous-réseaux il compte créer, et combien d'hôtes comporteront chacun de ces sous-réseaux. Cela permet de déterminer le nombre de bits à 1.

N'OUBLIEZ PAS

Plus nombreux sont les bits utilisés dans un masque de sous-réseau, moins ces sous-réseaux comporteront d'hôtes.

Pourquoi dois-je utiliser un masque puisque ce n'est pas Mardi gras ?

Votre réseau dispose d'un masque de sous-réseau même s'il ne comporte pas de sous-réseaux. La plupart des implémentations de TCP/IP fournissent un masque de sous-réseau par défaut qui dit "Hello, je suis un réseau qui ne comporte pas de sous-réseaux". La Figure 12.4 montre le masque de sous-réseau par défaut pour chaque classe de réseau. Quelques vendeurs de TCP/IP (par exemple, Microsoft) configurent automatiquement le masque de sous-réseau par défaut pour vous.

A	255.0.0.0	11111111	00000000	00000000	00000000
B	255.255.0.0	11111111	11111111	00000000	00000000
C	255.255.255.0	11111111	11111111	11111111	00000000

Figure 12.4 : Chaque classe dispose de son propre masque de sous-réseau par défaut.

TRUC

Le masque de sous-réseau doit être le même pour tous les ordinateurs d'un même réseau. Autrement, les ordinateurs ne comprendraient pas qu'ils appartiennent tous au même réseau.

Le masque de sous-réseau est appliqué sur l'adresse IP dans chaque message afin de séparer le numéro du réseau du numéro de l'hôte. Par exemple, quand votre ordinateur examine l'adresse de classe C 192.9.200.15 et applique le masque par défaut 255.255.255.0, il voit que le numéro du réseau est 192.9.20 et que le numéro de l'hôte est 15.

Découper en réseau 101

Prenons par exemple le numéro de réseau 192.9.202, qui désigne les 256 hôtes numérotés de 192.9.202.0 à 192.9.202.255. Pour partager le réseau en deux parties, une partie qui prend les adresses 0 à 127 et l'autre qui prend les adresses 128 à 255, vous avez besoin du masque de sous-réseau sur mesure 255.255.255.128. Le 0 devient 128 parce que vous avez emprunté le bit de poids fort de champ4. (En binaire, 128 est égal 10000000.)

Dans le réseau 192.9.202, il y a 128 adresses dont le bit de poids fort de champ4 est à 0, et 128 adresses dont le bit de poids fort de champ4 est à 1. Si vous pensiez que le masque de sous-réseau aurait été 255.255.255.1, vous étiez proche de la vérité, mais ce masque emprunte le bit de poids faible de champ4. Il place tous les hôtes dont le numéro est pair (0, 2, 4, 6, et ainsi de suite jusqu'à 254) dans un sous-réseau, et tous les hôtes dont le numéro est impair dans un autre sous-réseau (1, 3, 5, 7, et ainsi de suite jusqu'à 255).

Avant que nous ne découpions en sous-réseau cet exemple de sous-réseau, il était facile de dire que tous les hôtes étaient dans le réseau 192.9.202. Ils y sont toujours.

L'utilisation la plus commune des sous-réseaux est sans doute quand une organisation partage un réseau de classe B en deux sous-réseaux de classe C. Pour faire cela, chaque hôte passe son masque de sous-réseau à 255.255.255.0.

DHCP permet aux administrateurs réseaux de souffler un peu

DHCP est le protocole TCP/IP qui assigne automatiquement les adresses IP et en conserve la trace tandis que l'administrateur réseau prend un bain de soleil sur la plage.

Voici comment cela fonctionne – c'est encore du client/serveur

Quand vous allumez votre ordinateur (un client DHCP), il contacte le serveur DHCP de votre réseau et demande à *emprunter* une adresse. Le client et le serveur *négocient* ce prêt et – c'est tout ! Vous disposez d'une adresse IP pour la durée du prêt.

Voici comment cela fonctionne

1. **Vous allumez votre ordinateur.**

   TCP/IP se lance, mais rappelez-vous que vous êtes un itinérant. Vous ne disposez pas d'adresse IP permanente.

2. **Le logiciel client DHCP demande à emprunter une adresse IP.**
3. **Votre ordinateur continue d'émettre en broadcast sa requête jusqu'à ce qu'un serveur DHCP lui réponde.**
4. **Tous les serveurs DHCP répondent à votre message en vous proposant une adresse IP, l'adresse IP du serveur, un masque de sous-réseau, et la durée d'un prêt mesurée en heures.**
5. **Votre client DHCP accepte la première offre et le fait savoir par broadcast.**
6. **Votre serveur DHCP rend votre adresse IP permanente et vous renvoie un message d'acquiescement (DHCP*ACK*).**
7. **Vous avez une adresse IP.**

   Vous pouvez utiliser des applications et des services TCP/IP aussi longtemps que vous le voulez – ou tout du moins jusqu'à ce que la durée du prêt expire.

Oh non ! Mon délai a expiré. Suis-je mis dehors ?

Un serveur DHCP renouvelle généralement sans problème votre prêt. En fait, vous n'avez rien à faire. Le processus est totalement automatisé et n'interfère pas avec ce que vous faites.

Si le serveur DHCP meurt pendant votre prêt, vous ne pourrez pas renouveler votre adresse IP. Quand votre délai arrive à son terme, vous ne pouvez plus utiliser les services et les applications TCP/IP.

Puisque n'importe quel serveur DHCP du réseau est capable de renouveler votre prêt, votre administrateur réseau devrait configurer plus d'un serveur.

Est-ce que l'Internet commence à manquer d'adresses ?

Oui.

Est-ce que l'Internet sera un jour en panne sèche d'adresses ?

Non.

CIDR (Routage inter-domaine sans classes) rend l'Internet plus juteux

Qu'est-ce que CIDR ?

CIDR est un système d'adressage et de routage qui permet de prendre des décisions de routage plus efficaces – CIDR réduit la taille des tables de routage. Réduire la taille de quelque chose sur l'Internet est toujours une bonne idée. Si vous êtes un utilisateur de l'Internet qui n'a pas besoin de configurer TCP/IP sur son ordinateur, vous savez maintenant tout ce que vous devez savoir sur CIDR. Arrêtez-vous là si vous ne voulez pas trop entrer dans les détails techniques. Si vous êtes un administrateur réseau, continuez votre lecture.

A la fin des années 1990, il y avait 2 190 routes gérées par des tables de routage. Au début 1999, ce nombre dépassait 40 000. Il faut à peu près 64 Mo de mémoire et un CPU très puissant pour stocker 60 000 routes. Si vous utilisez CIDR, vous pouvez économiser beaucoup de mémoire et de temps CPU.

L'adresse d'un réseau CIDR ressemble à ceci :

```
13.103.40.03/18
```

"13.103.40.03" représente l'adresse réseau. "/18" déclare que les 18 premiers bits constituent la partie réseau de l'adresse. Les 14 derniers bits représentent l'adresse de l'hôte.

L'Internet est un réseau de réseaux. Les réseaux des entreprises et des universités s'attachent à d'autres réseaux (tels que des réseaux régionaux). La plupart de ces réseaux d'entreprises et d'universités sont composés de sous-réseaux. Ces sous-réseaux sont interconnectés par des routeurs pour former le réseau du campus ou de l'entreprise.

Vous dites sous-réseau, NEToRAMA dit supernet

Prenez l'exemple d'un fournisseur d'accès à Internet fictif nommé NEToRAMA. NEToRAMA est autorisé à disposer des adresses 192.9.*.* (où * représente 0 à 255). Quand vous signez avec NEToRAMA, vous obtenez un morceau de leur espace d'adressage, qui constitue un sous-réseau dans leur espace d'adressage (une plage d'adresses IP). Du point de vue de NEToRAMA, cela revient à transformer en supernet l'espace d'adressage en 192.9.*.*. Par exemple, la société a.com obtient 192.9.200.*, et votre société obtient 192.9.201.*.

NEToRAMA a 100 clients. Avant d'utiliser CIDR, la table de routage de NEToRAMA contenait 100 entrées – une par adresse de client. Et si NEToRAMA parvenait par un quelconque moyen à partager une entrée entre ses 100 clients ? Cela ferait une table de routage bien plus petite, et donc bien plus efficace. C'est ce que permet CIDR. Appliquez maintenant cette très efficace théorie de routage à tout l'espace d'adressage de l'Internet. Le gain en efficacité est impressionnant !

Chapitre 13

Configurer TCP/IP – Quelqu'un peut-il mettre la table des réseaux ?

Dans ce chapitre :

- Un aperçu de la sécurité réseau.
- Jeter un œil sur l'administration TCP/IP.
- Comprendre ce que peuvent faire les fichiers réseaux.
- Jetez un œil à l'intérieur des fichiers réseaux.

Ce chapitre décrit le contenu des fichiers de base requis pour utiliser TCP/IP.

Les fichiers sont-ils déjà sur la table ?

Quelques-uns des fichiers de base sont livrés avec TCP/IP. Les autres doivent être créés par l'administrateur réseau (probablement vous). La manière de les créer ne dépend que de vous : un simple éditeur de texte suffira. A moins que vous ne disposiez d'une interface graphique vers TCP/IP. Auquel cas pointez avec votre souris, cliquez et saisissez du texte.

Si vous êtes vraiment chanceux, vous disposez d'un outil qui vous guidera pas à pas dans la configuration du réseau comme le ferait un didacticiel. Quelques systèmes d'exploitation disposent d'outils qui vous demandent toutes les informations requises pour configurer le réseau. L'outil crée et maintient pour vous les fichiers.

Configurer TCP/IP

Nous utilisons le client Microsoft Windows et le serveur Windows NT dans nos exemples. Microsoft vous donne un applet Réseau dans le panneau de contrôle de Windows 95, Windows 98 et Windows NT. Les *applets* (miniprogrammes) diffèrent légèrement, mais leur fonction reste dans l'ensemble la même : vous aider à configurer TCP/IP sur votre ordinateur. Il vous aide aussi à configurer tout ce dont vous pourriez avoir besoin en matière de réseau.

Configurer TCP/IP sur un client Windows 95 ou Windows 98

Commencez par ouvrir le panneau de contrôle et double-cliquez sur l'applet Réseau pour accéder à la boîte de dialogue Réseau et à l'onglet Configuration. (Nous ne parlerons pas des autres onglets de cette boîte de dialogue – les onglets Identification et Contrôle d'Accès – dans ce livre.) La première chose que vous voyez est une liste des composants réseaux installés sur l'ordinateur. Le nombre exact d'entrées et le type des entrées que vous pouvez visualiser dépendent de votre propre configuration, mais la liste comprend en général :

- **Clients** : Le logiciel qui vous permet d'utiliser des serveurs de fichiers et d'impression.
- **Adapters** : Le matériel, tel que votre CIR (Carte d'interface réseau) ou un modem.
- **Protocoles** : TCP/IP et tout autre logiciel requis pour communiquer sur le réseau.
- **Services** : Le logiciel qui permet de transformer votre ordinateur en serveur de fichiers ou d'impression.

Nous ne nous préoccupons pour l'instant que de configurer TCP/IP. Déplacez-vous dans la liste jusqu'à ce que vous tombiez sur une ligne dont l'icône représente un câble réseau et TCP/IP, suivie par le nom de l'interface. Sélectionnez-la et cliquez sur le bouton Propriétés (ou double-cliquez simplement dessus) pour accéder à la boîte de dialogue Propriétés de TCP/IP, à l'onglet Adresse IP.

Obtenir automatiquement une adresse IP est sélectionné par défaut, ce qui signifie que vous voulez que votre ordinateur demande une adresse IP numérique d'un serveur DHCP (Dynamic Host Control Protocol). Si vous êtes assez chanceux pour travailler dans un environnement DHCP, vous en avez peut-être fini avec l'applet Réseau. Cliquez deux fois sur OK pour sortir (il vous est généralement demandé de redémarrer le système d'exploitation après avoir effectué des modifications dans l'applet Réseau).

La Figure 13.1 vous montre comment spécifier un masque de sous-réseau manuellement. Bien entendu, vous ne pouvez pas utiliser directement les numéros de la figure. Vous devez obtenir vos propres numéros auprès de votre administrateur réseau. Saisissez ensuite vos informations dans la boîte de dialogue de la Figure 13.2.

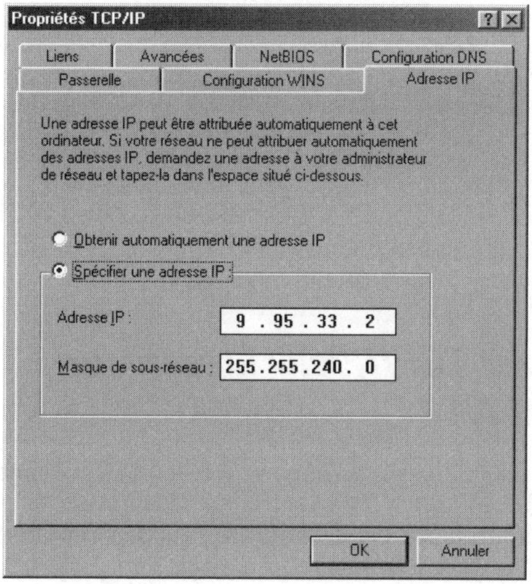

Figure 13.1 : Saisissez l'adresse IP numérique ainsi que le masque de sous-réseau.

Assurez-vous que votre administrateur réseau vous donne toutes les données de configuration dont vous avez besoin :

- Les noms de domaine DNS et les adresses IP numériques des serveurs DNS (pour l'onglet Configuration DNS).
- Les adresses IP numériques des passerelles (pour l'onglet Passerelle).
- Les adresses IP numériques de tous les serveurs WINS optionnels (pour l'onglet Configuration WINS). WINS (Windows

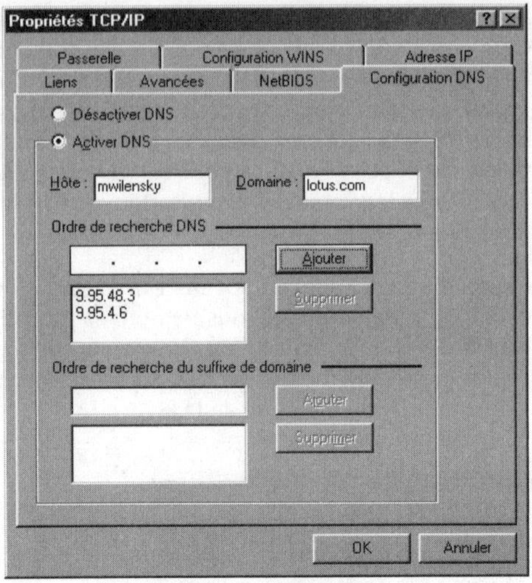

Figure 13.2 : Continuez à saisir vos informations.

Internet Naming System) est une technologie de Microsoft Windows NT Serveur. WINS est une alternative à DNS pour associer les noms de stations de travail avec des adresses IP dans un environnement purement Microsoft.

Configurer TCP/IP sur un serveur Windows NT

Pour configurer TCP/IP sur un serveur Windows NT, commencez par vous connecter en tant qu'Administrateur. Quand vous ouvrez le Panneau de contrôle et double-cliquez sur l'applet Réseau, apparaît l'onglet Identification. Ne touchez ici à rien !

Vous voyez qu'il y a des onglets distincts pour configurer les services, les protocoles, les interfaces et les liens. C'est bien différent de Windows 95 ou Windows 98 ! C'est en partie parce que ces derniers sont des clients, tandis que Windows NT est un serveur qui peut proposer des services en réseau. Puisque vous vous intéressez à la configuration TCP/IP, cliquez sur l'onglet Protocoles. Vous allez accéder à la liste des protocoles installés, comme à la Figure 13.3.

Sélectionnez le protocole TCP/IP dans cette liste, et cliquez sur le bouton Propriétés (ou double-cliquez simplement sur le protocole TCP/IP) pour accéder à l'onglet Adresse IP. Si cet ordinateur doit proposer des services à d'autres ordinateurs, il vous sera impossible de sélectionner Obtenir automatiquement une adresse IP. Vous devrez à la place lui attribuer une adresse IP, un masque de sous-réseau, et une adresse de passerelle.

Le fichier local des hôtes

Nous nous attaquons au plus important des fichiers dont vous avez besoin pour communiquer avec les autres ordinateurs de votre réseau – le fichier local des hôtes.

Quand vous accédez à un autre hôte par son nom sur Internet ou sur tout autre internet, votre ordinateur doit connaître l'adresse IP de cet hôte distant. Vous pouvez obtenir l'adresse d'un hôte distant via DNS ou depuis le fichier local des hôtes de votre ordinateur. Ce fichier contient la liste des noms et des adresses des autres ordinateurs (hôtes) connus de votre ordinateur.

La maintenance d'un fichier local des hôtes devient une tâche très lourde quand vous devez connaître des milliers d'hôtes sur Internet. Imaginez tout ce temps que vous devriez passer à le mettre à jour quand les ordinateurs vont et viennent ou se déplacent sur Internet ! Dans ce cas, vous devez utiliser DNS pour localiser les hôtes distants.

Le nom du fichier local des hôtes et l'endroit où il est stocké dépendent du système d'exploitation et de la version de TCP/IP que vous utilisez. Le Tableau 13.1 dresse la liste des endroits où se trouve ce fichier pour quelques implémentations de TCP/IP.

Performances : laissez DNS et le fichier local des hôtes se partager le travail

De nombreuses versions de DNS vous permettent d'utiliser une combinaison de DNS et de fichier local des hôtes pour localiser les hôtes distants en stockant les hôtes auxquels vous accédez le plus souvent dans votre fichier local des hôtes. De cette manière, vous n'aurez pas à effectuer un accès à un serveur de nom DNS sur le réseau pour obtenir l'adresse des hôtes auxquels vous vous connectez régulièrement. Laissez DNS vous aider à trouver les adresses des hôtes auxquels vous n'accédez qu'occasionnellement. C'est utiliser le meilleur des deux mondes : performance et accessibilité.

Tableau 13.1 : Emplacements communs des fichiers locaux d'hôtes.

Emplacement	Système d'exploitation	Vendeur
`/etc/hsots`	UNIX	Divers
`c:\windows\ftptcp96\hosts`	Microsoft Windows 95	FTP Software, Inc.
`c:\winnt\system32\drivers\etc\hosts`	Microsoft Windows NT	Microsoft
`c:\tcpip\etc\hosts`	OS/2	IBM

Comment maintenir des fichiers locaux d'hôtes

Votre système d'exploitation ou votre produit TCP/IP dispose d'un fichier local d'hôtes lorsque vous l'utilisez pour la première fois. Vous, l'administrateur réseau, le gestionnaire système, ou qui que ce soit à qui il incombe de configurer le réseau, devez maintenir les fichiers locaux d'hôtes. Vous devez mettre à jour le fichier au fur et à mesure que vous ajoutez des noms d'hôtes et des adresses. Si votre vendeur ne vous a pas livré d'outil de configuration, vous devrez utiliser un bon vieil éditeur de texte pour saisir sur deux colonnes les informations – colonne 1 pour l'adresse IP de l'hôte et colonne 2 pour les noms.

Qu'y a-t-il dans le fichier local des hôtes ?

Les Figures 13.3 et 13.4 reprennent le contenu de deux fichiers locaux d'hôtes, l'un issu d'un ordinateur fonctionnant sous UNIX, l'autre issu d'un PC utilisant la pile TCP/IP de FTP Software pour Windows 95. En dépit de leurs origines différentes, ces fichiers contiennent le même type d'information. L'un d'entre eux a été créé à l'aide d'un simple éditeur de texte. L'autre a été généré via une interface graphique qui permet à l'administrateur de cliquer pour ouvrir des fenêtres et remplir les blancs.

En examinant la Figure 13.3, vous pouvez penser que plusieurs noms d'hôtes figurent sur une seule ligne. En fait, le premier nom est le nom d'hôte et les suivants sont des alias plus pratiques à utiliser. Observez attentivement l'entrée de l'hôte spiderman. Voyez-vous l'alias de nom d'hôte peterparker ? Vous pouvez envoyer un mail à Peter sur spiderman, ou sur peterparker. Tout ce qui est précédé par un

```
#
# Base de données de hôtes Sun
#
#
z127.0.0.1   localhost
129.103.40.1   spiderman peterparker   # M Wilensky
129.103.40.3   reddwarf                # Marshall Wilensky
129.103.40.6   giacomo                 # Seveur Netware
129.103.40.7   grapeleaf               # Serveur Notes OS/2
129.103.40.17  kerwien     z            # Erica Kerwien
129.103.40.24  vogon                   # Serveur Notes NLM
129.103.40.53  zugspitz                # SparcStation
```

Figure 13.3 : Ce fichier local des hôtes, créé avec un éditeur de texte, contient l'adresse IP et le nom de l'hôte.

```
#
# Copyright (C) 1993-1994 by FTP Software. Inc. All rights reserved.
#
# Ce fichier contient la table locale des hôtes utilisée pour résoudre
# les noms d'hôtes
#
# Format:
#<adresse hôte> <nom(s) d'hôte> <aliases>
#
# Exemple:
#
# Ceci est un exemple d'adresse IPv4
#
# 10.216.146.1chocolat.abc.com choc

#
# Ceci est un exemple d'adresse IPv6 de la couche Link basée sur
# cette adresse matérielle: 0x12 34 56 78 90 12
#
# fe80::1234::5678::9012chocolat.abc.com choc
#
5F00:2100:1024:9000:2580:800:2C37:7802 emmy.cardinalci.net casper
```

Figure 13.4 : Un fichier local des hôtes créé via une interface graphique d'un logiciel TCP/IP gérant IPv6.

caractère # est un commentaire sur des choses telles que le propriétaire de l'ordinateur, l'endroit, le système d'exploitation, et quoi que ce soit d'autre qui peut avoir un sens.

Pouvez-vous dire du fichier de la Figure 13.4 s'il a été créé par un éditeur de texte ou via une interface graphique ? Observez attentivement le fichier local des hôtes. Le logiciel que nous avons utilisé s'appelle Secure Client, de FTP Software Inc., l'une des rares piles TCP/IP commerciales qui comprennent IPv4 et IPv6.

Améliorer la digestion de TCP/IP après qu'il a avalé le fichier local des hôtes

Sans un fichier local des hôtes tenu à jour, vous n'allez peut-être pas trouver certains ordinateurs sur le réseau. C'est pourquoi il est important de mettre à jour votre fichier des hôtes chaque fois qu'un ordinateur change de nom ou d'adresse, quitte ou se joint au réseau. Pour cela, faites la liste des ordinateurs dans l'ordre du plus au moins fréquenté. TCP/IP effectue une recherche séquentielle dans le fichier local des hôtes, de bas en haut, jusqu'à ce qu'il trouve l'ordinateur qu'il recherche. Trier approximativement les ordinateurs sur un gros réseau qui dispose d'un imposant fichier des hôtes vous procure un avantage en terme de performance.

Le fichier des hôtes de confiance pour l'impression

Sur UNIX, vous pouvez utiliser le fichier `/etc/hosts.lpd` pour dresser la liste des hôtes distants que vous autorisez à utiliser l'imprimante rattachée à votre ordinateur. Le plus simple des fichiers `hosts.lpd` contient simplement le caractère étoile (*), signifiant ainsi que n'importe quel hôte du réseau peut accéder à votre ordinateur. Ne pas disposer d'un fichier `hosts.lpd` équivaut à disposer d'un tel fichier contenant le caractère étoile. Par conséquent, si vous ne vous sentez pas l'âme à partager avec tout le monde votre imprimante, vous devriez créer l'un de ces fichiers hosts.lpd.

Le cauchemar de Freddie : votre fichier de confiance personnel

Chaque utilisateur dispose d'un fichier spécial (et dangereux). Cela signifie que vous, et tous les autres utilisateurs d'un ordinateur, pouvez créer un fichier de confiance personnel dans le répertoire home qui vous est réservé. Dans un environnement UNIX, ce fichier est nommé `.rhosts`, littéralement "les points sont des hôtes". Oui, le point est bien un élément du fichier.

Le fichier `.rhosts` contient deux types d'informations : le nom de l'hôte et le nom du compte. Voici le contenu du fichier `.rhosts` qui se trouve dans le répertoire home de notre nièce Sarah, sur l'ordinateur elmst. Ce fichier permet à sa sœur, Emilie (de l'ordinateur mainst), d'accéder à l'ordinateur elmst sans mot de passe. Si vous habitez Elm Street, ou n'importe où dans le cyber-espace, ne laissez pas une relation de confiance tourner au cauchemar. Veillez à ne pas laisser de méchants joueurs tels que Freddie pénétrer dans votre fichier `.rhosts`.

```
#Local host   user   comment
mainst        emily  # Autoriser Emilie depuis mainst
```

ATTENTION !

La plupart des administrateurs réseaux, tels que Freddie, considèrent que les fichiers `.rhosts` sont des sources potentielles de problèmes. Ces fichiers contiennent la liste des utilisateurs de confiance distants – ceux qui sont autorisés à se connecter sur votre compte local sans avoir à utiliser de mot de passe. Se connecter sans mot de passe permet aux utilisateurs de copier des fichiers depuis votre répertoire en utilisant rcp, et d'exécuter à distance n'importe quelle commande sur votre ordinateur via rsh.

C'est effrayant. Pourquoi voudrais-je un fichier .rhosts ?

Si vous travaillez beaucoup sur divers hôtes, il est plus simple pour vous de vous connecter sous votre propre identité aux ordinateurs sur lesquels vous disposez de comptes. Votre compte peut être Marshall sur un ordinateur, Wilensky sur un autre, et Mwil sur un troisième – avec trois mots de passe différents. Si tous ces ordinateurs disposent d'un fichier `.rhosts` qui vous permet de vous connecter depuis n'importe où, vous n'aurez plus à vous souvenir des mots de passe.

Surprise ! La malédiction des administrateurs réseaux existe

Si Emilie a pu se balader n'importe où sur l'ordinateur elmst parce que Sarah l'a laissé entrer, Emilie peut avoir un jour la désagréable surprise de se voir opposer une interdiction d'entrer. Les administrateurs réseaux chassent et détruisent fréquemment les fichiers `.rhosts`. Si le fichier `.rhosts` de Sarah disparaît, Emilie devra se souvenir de son mot de passe pour se connecter.

Le fichier des réseaux

Vous avez non seulement besoin d'un fichier local des hôtes (ou de DNS) qui contient la liste des hôtes individuels (et de leurs adresses IP) avec lesquels vous comptez communiquer, mais aussi d'un *fichier des réseaux* qui contient les numéros et les noms des réseaux avec lesquels vous comptez communiquer. Dresser la liste des noms de réseaux vous permet de vous référer à tous les hôtes d'un même réseau (ou sous-réseau) comme à un groupe. Le fichier des réseaux qui est installé avec un système d'exploitation ou avec un produit TCP/IP a rarement besoin d'être modifié.

La Figure 13.5 reprend le contenu d'un fichier des réseaux. Sous UNIX, le fichier des réseaux est /etc/networks. Ce fichier peut exister en divers endroits, en fonction du système d'exploitation. Par exemple, Microsoft Windows NT serveur stocke le fichier dans `\winnt\system32\drivers\etc\networks`, plutôt qu'à l'endroit où il est stocké sous UNIX.

```
#
# Réseau des clients Sun
# Ce fichier n'est jamais consulté quand NIS est en activité

loopback       127
sun-ether      192.9.200   sunether ethernet localnet
sun-oldether   125         sunoldether
#
# Réseaux Internet

arpanet     10   arpa
ucb-ether   46   ucbether
```

Figure 13.5 : Le fichier des réseaux contient le nom et l'adresse du réseau.

Quand vous créez votre fichier des réseaux, assurez-vous que vous ne spécifiez que la partie réseau et non la partie hôte d'une adresse IP. Dans le fichier représenté Figure 13.5, certaines des adresses IP sont réduites à un seul nombre, tel que aparnet 10. Les 0 consécutifs sont implicites. Vous pouvez vous dispenser de les écrire pour gagner du temps, ou les mentionner explicitement, comme 10.0.0.

Le fichier de configuration du démon Internet

Le fichier nommé /etc/inetd.conf des systèmes UNIX fournit la description de tout ce que vous voulez que le démon Internet, inetd, fasse.

Le fichier inetd.conf de la Figure 13.6 est à peu près identique à la copie qui en est livrée sur les sytèmes UNIX. Les lignes TFTP ont été légèrement modifiées, et la ligne bootp a été ajoutée pour permettre le chargement des terminaux X.

```
# @(#)inetd.conf 1.24 92/04/14 SMI## Fichier de configuration
  d'inetd(8). Voir inetd.conf(S).## Pour reconfigurer le processus
  inetd en cours, éditez ce fichier
# puis envoyez un SIGHUP au processus inetd.## Syntaxe des services
  Internet:
# <nomservice> <typesocket> <proto> <drapeaux> <utilisateur>
# <cheminserver> <args>
#
# Ftp and telnet sont des services standards d'Internet.
#
ftp    stream tep nowait root /usr/etc/in.ftpd    in.ftpd
telnet stream tcp nowait root /usr/etc/in.telnetd in.telnetd
#
# Les serveurs Tnamed servent le protocole obsolète IEN-116.
#
name dgram udp wait root /usr/etc/in.tnamed in.tnamed
#
# Shell, login, exec. comsat et talk sont des protocoles BSD.
#
shell  stream tcp nowait root /usr/etc/in.rshd    in.rshd
login  stream tcp nowait root /usr/etc/in.rlogind in.rlogind
exec   stream tcp nowait root /usr/etc/in.rexecd  in.rexecd
comsat dgram  udp wait   root /usr/etc/in.comsat  in.comsat
talk   dgram  udp wait   root /usr/etc/in.talkd   in.talkd
#
# Fonctionnez en utilisateur "uucp" si vous ne voulez pas des
# entrées wtmp d'uucp.
#
uucp stream tcp nowait root /usr/etc/in.uucpd in.uucpd
#
# Le service Tftp sert avant tout au boot. La plupart des sites
# ne l'utilisent que sur les machines qui servent de "serveurs
# de boot".
#
```

Figure 13.6 : Le fichier de configuration d'inetd contient la liste des services TCP/IP contrôlés par le démon internet.

```
########## Enabled specifically for NCD X-terminals.##### Marshall
  Wilensky Fri Feb 4 17:50:55 EST 1994#tftp dgram udp wait root /usr/
  etc/in.tftpd in.tftpd -s /tftpboot#tftp dgram udp wait root /usr/
  etc/in.tftpd in.tftpd -s /usrl/
ncd-install/tftpboot
bootps dgram udp wait root /etc/bootpd bootpd
#
# Finger, systat et netstat fournissent des informations qui
# peuvent se révéler utiles aux yeux de "crackers". De nombreux
# sites choisissent de désactiver l'un ou tous ces services pour
# garantir une sécurité accrue.#finger stream tcp nowait nobody /
  usrletc/in.fingerd in.fingerd#systat stream tcp nowait root /usr/
  bin/ps ps -auwwx#netstat stream tcp nowait root /usr/ucb/netstat
  netstat -f inet
#
# Le service time est utilisé pour la syncronisation de l'horloge.
#
time stream tcp nowait root internal
time dgram udp wait root internal
#
# Echo, discard, daytime, et chargen servent généralement lors
# de tests.
#
echo    stream  tcp nowait root internal
echo    dgram   udp wait   root internal
discard stream  tcp nowait root interlial
discard dgram   udp wait   root internal
daytime stream  tcp nowait root internal
daytime dgram   udp wait   root internal
chargen stream  tcp nowait root internal
chargen dgram   udp wait   root internal
#
# Syntaxe des services RPC:
# <prog>/<vers> <type-socket> rpc/<proto> <drapeaux>
# <utilisateur> <chemin> <args>
#
# Le serveur mount est généralement lancé depuis /etc/rc.local
# uniquement sur les machines qui sont des serveurs NFS.
# Il peut être aussi bien lancé par inetd.##mountd/1 dgram rpc/udp
  wait root /usr/etc/rpc.mountd rpc.mountd## Le serveur rexd assure
  une authentification minimale et n'est
# souvent pas utilisé par les sites qui sont soumis à des
# contraintes de sécurité.
#
#rexd/1 stream rpc/tcp wait root /usr/etc/rpe.rexd rpc.rexd
#
```

Figure 13.6 : Le fichier de configuration d'inetd contient la liste des services TCP/IP contrôlés par le démon internet (suite).

```
# Ypupdated est utilisé par les sites qui supportent
# la mise à jour NIS.
#
#ypupdated/1 stream rpc/tcp wait root /usr/etc/
# rpc.ypupdated rpc.ypupdated
#
# Rquotad gère les quotas disques UFS des clients NFS.
#
rquotad/1 dgram rpc/udp wait root /usr/etc/
# rpc.rquotad rpc.rquotad
#
# Rstatd est utilisé par des programmes tels que perfmeter.
#
rstatd/2-4 dgram rpc/udp wait root /usr/etc/rpc.rstatd rpc.rstatd
#
# Le service rusers fournit des informations sur les
# utilisateurs. Les sites soumis à des contraintes de sécurité
# peuvent le désactiver.
# # rusersd/1-2 dgram rpc/udp wait root /usr/etc/
# rpc.rusersd rpc.rusersd#
# Le serveur spray est généralement utilisé lors de tests.
#
sprayd/1 dgram rpc/udp wait root /usr/etc/rpc.sprayd rpc.sprayd
#
# Le serveur rwall permet à n'importe quel utilisateur du réseau
# d'ennuyer tout le monde sur votre machine.#walld/1 dgram  rpc/udp
  wait root /usr/etc/rpc.rwalld rpc.rwalld
#
# La syntaxe des services TLI [pas encore implémentée]:
# <service> tli <proto> <drapeaux> <utilisateur>
# <chemin-serveur> <args>
#
# La syntaxe des services TUMUX [pas encore implémentée]:
# tcpmux/<service > stream tcp <drapeaux> <utilisateur>
# <chemin-serveur> <args>
#
# rpc.cmsd est un démon de base de données qui gère les données
# calendaires sauvées par les fichiers dans /usr/spool/
  calendar100068/2-3 dgram rpc/udp wait root /usr/etc/rpc.cmsd
  rpc.cmsd# Sun ToolTalk Database Server
100083/1 stream rpc/tcp wait root /usr/etc/
rpc.ttdbserverd rpc.ttdbserverd
```

Figure 13.6 : Le fichier de configuration d'inetd contient la liste des services TCP/IP contrôlés par le démon internet (suite).

TRUC

Ce fichier n'existe pas sur Windows 95, Windows 98 et Windows NT. La base de registres assure pour vous la maintenance de cette information.

Démons – sommes-nous à nouveau en enfer ?

Les démons, en général, sont des programmes qui fournissent toutes sorte de services – les démons TCP/IP sont les serveurs pour beaucoup de fonctions client/serveur de TCP/IP. Le programme démon Internet, inetd, est au cœur des services de TCP/IP. (Au fait, la plupart des noms de démons commencent par d.) Inetd supervise les autres démons TCP/IP. Le fichier de configuration du démon Internet, `inetd.conf`, indique à inetd les serveurs dont il a la responsabilité.

Le fichier des protocoles

Le fichier des protocoles contient la liste des protocoles TCP/IP. Vous aurez peut-être à le mettre à jour si vous ajoutez de nouveaux protocoles à votre configuration TCP/IP.

La Figure 13.7 représente un exemple de fichier des protocoles d'UNIX, `/etc/protocols`. Observez la Figure 13.8, qui montre un fichier des protocoles sur Microsoft Windows NT serveur. Sur Windows NT, ce fichier est nommé `protocol`, sans s à la fin.

```
# @(#)protocols 1.9 90/01/03 SMI

# Internet (IP) protocols
# Ce fichier n'est jamais consulté quand NIS fonctionne

IP      0   IP      # internet protocol, pseudo numéro de protocole
icmp    1   ICMP    # internet control message protocol
igmp    2   IGMP    # internet group multicast protocol
ggp     3   GGP     # gateway-gateway protocol
tcp     6   TCP     # transmission control protocol
pup    12   PUP     # PARC universal packet protocol
udp    17   UDP     # user datagram protocol
```

Figure 13.7 : Sur UNIX, le fichier /etc/protocols contient la liste des protocoles TCP/IP utilisés sur le réseau.

Le fichier des services

Le fichier `/etc/services` contient la liste des services réseaux utilisés sur votre ordinateur. Vous n'avez généralement pas à maintenir ce fichier vous-même. TCP/IP le fait automatiquement lorsque vous désactivez un service ou en activez un nouveau.

```
# Copyright (c) 1993?1994 Microsoft Corp.

# Ce fichier contient les protocoles Internet tels que décrits
# par RFC 1060 (Assigned Numbers).

# Format:

# <nom protocole> <numéro assigné> [aliases ... [#<commentaire>]

ip        0   IP       # Internet protocol
icmp      1   ICMP     # Internet control message protocol
ggp       3   GGP      # Gateway-gateway protocol
tcp       6   TCP      # Transmission control protocol
egp       8   EGP      # Exterior gateway protocol
pup      12   PUP      # PARC universal packet protocol
udp      17   UDP      # User datagram protocol
hmp      20   HMP      # Host monitoring protocol
xns-idp  22   XNS-IDP  # Xerox NS IDP
rdp      27   RDP      # "reliable datagram" protocol
rvd      66   RVD      # MIT remote virtual disk
```

Figure 13.8 : Sur Microsoft Windows NT serveur, le fichier des protocoles est /winnt/system32/drivers/etc/protocol.

Chaque ligne comporte les colonnes suivantes :

- Le nom du service.
- Le numéro du port.
- Le protocole (séparé du port par un /).
- Les alias (autres noms optionnels pour désigner le service).

La Figure 13.9 reprend le contenu d'un fichier des services d'un système UNIX. Bien que ces exemples utilisent des services bien spécifiques pour gérer leurs utilisateurs (par exemple, Ingres sur le système UNIX), et bien que le fichier des services soit stocké à des endroits différents dans les deux systèmes d'exploitation, le format de base des fichiers est identique.

Testez vos connaissances en tentant de localiser dans ce listing des services qui vous sont familiers. Pouvez-vous trouver telnet et SMTP ?

TRUC

Sous Microsoft Windows NT, vous pouvez ouvrir le panneau de contrôle et utiliser l'applet Services pour obtenir des informations sur les services, telles que l'état de leur fonctionnement et s'ils se lancent automatiquement. La Figure 13.10 représente le panneau de configuration quand l'applet Services est en cours d'utilisation. Pouvez-vous reconnaître le service TCP/IP ?

```
# @services 1.16 90/01/03 SMI

# Services réseaux, style Internet
# Ce fichier n'est jamais consulté si NIS fonctionne.

tcpmux          1/tcp                         # rfc-1078
echo            7/tcp
echo            7/udp
discard         9/tcp     sink null
discard         9/udp     sink null
systat         11/tcp     users
daytime        13/tcp
daytime        13/udp
netstat        15/tcp
chargen        19/tcp     ttytst source
chargen        19/udp     ttytst source
ftp-data       20/tcp
ftp            21/tcp
telnet         23/tcp
smtp           25/tcp     mail
time           37/tcp     timserver
time           37/udp     timserver
name           42/udp     nameserver
whois          43/tcp     nicname             # usually to sri-nic
domain         53/udp
domain         53/tcp
hostnames     101/tcp     hostname            # usually to sri-nic
sunrpc        111/udp
sunrpc        111/tcp

# Fonctions spécifiques à l'hôte

tftp           69/udp
rje            77/tcp
finger         79/tcp
link           87/tcp    ttylink
supdup         95/tcp
iso-tsap      102/tcp
x400          103/tcp                         # ISO Mail
x400-snd      104/tcp
csnet-ns      105/tcp
pop-2         109/tcp                         # Post Office
uucp-path     117/tcp
nntp          119/tcp    usenet               # Network News Transfer
ntp           123/tcp                         # Network Time Protocol
NeWS          144/tcp    news                 # Window System

# Services propres à UNIX

# ils ne sont PAS officiellement assignés
exec            512/tcp
login           513/tcp
shell           514/tcp    cmd                # no passwords used
printer         515/tcp    spooler            # line printer spooler
courier         530/tcp    rpc                # experimental
uucp            540/tcp    uucpd              # uucp daemon
biff            512/udp    comsat
who             513/udp    whod
syslog          514/udp
talk            517/udp
route           520/udp    router routed
new-rwho        550/udp    new-who            # experimental
rmonitor        560/udp    rmonitord          # experimental
monitor         561/udp                       # experimental
pcserver        600/tcp                       # ECD Integrated PC board srvr
ingreslock     1524/tcp
```

Figure 13.9 : Un fichier des services UNIX, /etc/services

Traiter avec le diable

Les sections suivantes contiennent la description de quelques autres démons TCP/IP que vous devriez connaître.

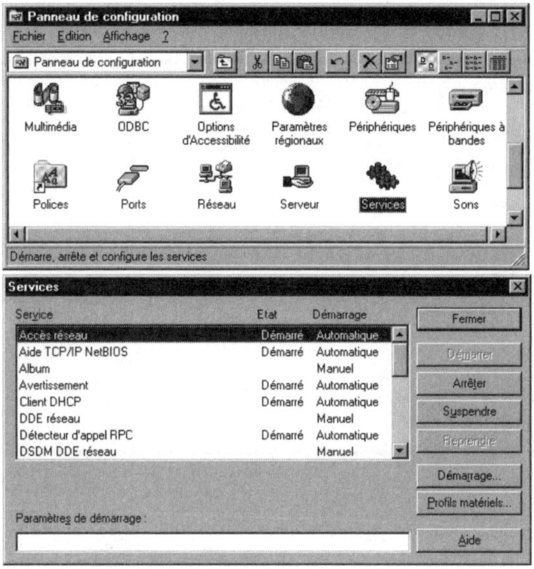

Figure 13.10 : Vous pouvez obtenir des informations sur les services dans le panneau de configuration de Windows NT.

routed (nous y revoilà)

Le démon routed gère les tables de routage et utilise RIP, le protocole de routage d'informations.

named

Le démon named permet de faire fonctionner votre serveur de nom pour gérer DNS et effectuer la résolution des noms d'hôte/adresses IP.

Des démons plus pratiques

Il existe bien d'autres démons. Tous portent des noms qui se terminent par *d*. Les démons les plus connus figurent dans le Tableau 13.2 avec les services qu'ils procurent. La Figure 13.11 représente quelques démons fonctionnant sur un système UNIX.

Tableau 13.2 : Services connus et leurs démons.

Service	Démon
finger	fingerd
ftp	ftpd
telnet	telnetd
rlogin	rlogind
rsh	rshd
rexec	rexecd
talk	talkd
Client NFS	nfsiod
Serveur NFS	nfsd

```
$ ps auwx
USER   PID    %CPU   %MEM   VSZ    RSS   TT   STAT   STARTED   TIME      COMMAND

root   65      0.0    0.0   1160   992   ??   Ss     Thu12PM   1:31.58   named
root   68      0.0    0.0     52   108   ??   Ss     Thu12PM   0:08.83   rwhod
root   70      0.0    0.0     60   108   ??   Is     Thu12PM   5:13.29   nfsiod 4
root   77      0.0    0.0     56    16   ??   I      Thu12PM   1:47.96   nfsiod 4
root   78      0.0    0.0     56    16   ??   I      Thu12PM   0:48.53   nfsiod 4
root   79      0.0    0.0     56    16   ??   I      Thu12PM   0:20.84   nfsiod 4
root   80      0.0    0.0    444   132   ??   Ss     Thu12PM   0:17.39   inetd
root   22947   0.0    0.0     96    72   ??   I      10:28PM   0:00.48   rlogind
root   15491   0.0    0.0    120   172   ??   I       1:00PM   0:00.35   telnetd
root   20008   0.0    0.0    224   556   ??   S       3:03PM   0:00.40   ftpd
root   20033   0.0    0.0     28   232   ??   S       3:03PM   0:00.07   ntalkel
```

Figure 13.11 : Quelques-uns des démons les plus connus fonctionnent sur cet ordinateur.

TRUC

Si vous rencontrez un problème lors de l'utilisation d'un des services du Tableau 13.2, vous devez tout d'abord vérifier si le démon a bien été lancé. Sur Windows NT, utilisez l'applet Services pour vérifier si le démon fonctionne. Sur UNIX, vous pouvez utiliser la commande ps. Dans la sortie générée par la commande ps, examinez la dernière colonne de chaque entrée et recherchez-y le nom du démon (qui se termine par un d). Si vous ne parvenez pas à trouver le démon en charge du service, vous saurez que c'est là que réside le problème. Pour utiliser le service, vous avez besoin de démarrer le démon par n'importe lequel des moyens que le système d'exploitation met à votre disposition. Vous aurez à cliquer tout simplement sur une icône, ou à saisir une commande.

Chapitre 14

Y'a quelqu'un ?

Dans ce chapitre :

- Deviner qui vous êtes et ce que vous êtes sur le réseau.
- Savoir qui et quoi se trouvent sur l'Internet.
- Réaliser si quelqu'un est en train "d'emprunter" votre ordinateur par-delà le réseau ou l'Internet.
- Savoir si les autres utilisateurs de votre ordinateur accèdent au réseau.
- Découvrir les applications et les services TCP/IP qui tournent sur un ordinateur.

De l'information, svp

Vous n'avez peut-être besoin que de vérifier une adresse e-mail. Vous êtes peut-être un administrateur réseau qui a besoin de savoir combien de personnes et combien de machines ralentissent votre réseau, et pourquoi. Quelles que soient les informations que vous recherchez sur un internet et sur l'Internet, il existe des outils TCP/IP qui peuvent vous aider.

N'OUBLIEZ PAS

Quand vous utilisez TCP/IP au travail, gardez toujours à l'esprit que ce n'est pas une interface mais bien TCP/IP qui vous donne des informations au sujet du réseau. Tous les outils et tous les services décrits dans ce chapitre sont TCP/IP – quelle que soit leur apparence rustre ou élaborée.

Pointer du doigt vos amis et vos ennemis

Préparez-vous à découvrir quelques termes étranges : finger, par exemple (pointer du doigt). Finger est un environnement client/serveur qui permet d'obtenir des informations sur les utilisateurs d'un ordinateur. C'est la première application dont nous avons choisi de parler dans ce chapitre en raison de l'importance des informations qu'elle permet d'obtenir.

Vous utilisez votre application client finger pour demander des informations sur un ou plusieurs des utilisateurs d'un ordinateur – celui sur lequel vous travaillez ou un hôte distant. Si vous pointez du doigt un ordinateur distant et qu'un serveur finger fonctionne sur celui-ci, le serveur répondra à votre requête. Si le serveur finger ne fonctionne pas sur l'hôte distant, vous recevrez un message d'erreur, tel que :

```
connexion refusée
```

Quand vous utilisez finger, ce dernier va effectuer une recherche dans un fichier qui contient des informations pour le système d'exploitation. Finger y recherche des mots que vous lui avez fournis. Si vous ne donnez aucun mot, finger recherche le fichier des utilisateurs et retourne une information sur chacun des utilisateurs qui utilisent en ce moment l'ordinateur.

A trop pointer du doigt, vous allez attenter à la santé de votre réseau

Finger est un outil qui vous permet de savoir quelles sont les personnes sur le réseau et (éventuellement) ce qu'elles y font. Vous pouvez obtenir toutes sortes d'informations cool sur l'Internet en utilisant finger sur des hôtes afin de voir ce qu'il peuvent vous raconter. Mais rappelez-vous que l'utilisation de finger peut être une drogue, et un excès de finger peut ralentir votre réseau. N'oubliez pas d'aller faire un tour dehors pour respirer l'air frais de temps en temps. Après avoir fait un détour par le distributeur de boissons.

Cette section contient plusieurs exemples montrant le type d'informations que vous pouvez obtenir en utilisant de différentes manières la commande finger. La plupart de ces exemples ont été réalisés sous UNIX, mais, afin de vous montrer la différence, nous avons inclus quelques exemples réalisés avec une version graphique de finger fonctionnant sous Microsoft Windows. TCP/IP n'a que faire de votre interface. Que vous cliquiez ou saisissiez les commandes, TCP/IP traite votre requête et retourne l'information que vous avez demandée.

Certains administrateurs systèmes désactivent le serveur finger car ils pensent que l'information qu'il permet d'obtenir pourrait être utilisée pour pénétrer par effraction dans un ordinateur. Rien ne vous empêche alors de continuer d'utiliser votre application client finger, mais aucun serveur ne répondra à vos requêtes. (Vous recevrez un message `connexion refusée`.)

Pointer du doigt un utilisateur

Exemple 1 : Dans cet exemple, la commande `finger` épurée (c'est-à-dire, la commande sans mot clé) demande à finger de retourner la liste des personnes connectées à un ordinateur.

```
% finger
Login      Name                    TTY   Idle  When            Where
wilensky   Marshall Wilensky No     co         Fri 17:40
leiden     Candace Leinden          p0         Fri 17:22
jtf        cia ss.psy.emigre.in     s4     3   Aug 22 14:35
```

Exemple 2 : Nous demandons ici à finger de rechercher un utilisateur donné, et nous obtenons donc des informations plus précises :

```
% finger wilensky
Login name: wilensky                        In real life: Marshall
                                            Wilensky
Directory: /usrl/wilensky                   Shell: /bin/csh
On since Aug 22 17:40:09 on console
Mai last read Fri Aug 22 17:14:24 1998
No Plan.
```

Exemple 3 : Dans cet exemple, nous demandons à finger de rechercher Marshall en saisissant le mot clé `Marshall`. Bien que `wilensky` soit en fait le nom correct du compte de l'utilisateur Marshall, finger trouve `Marshall` dans un champ de commentaire et retourne l'information relative à cette entrée. Si le compte de Candace comportait le mot `Marshall` à un endroit quelconque, finder l'aurait elle aussi trouvée.

```
% finger marshall
Login name: wilensky                        In real life: Marshall
                                            Wilensky
Directory: /usrl/wilensky                   Shell: /bin/csh
On since Aug 22 17:40:09 on console
Mai last read Fri Aug 22 17:14:24 1998
No Plan.
```

Pointer du doigt un utilisateur qui a des projets et des plans

Finger ne retourne normalement que des informations élémentaires sur l'utilisateur, telles que le nom de login, le répertoire home, le nom réel, et l'heure à laquelle il a consulté son courrier pour la dernière fois. Cependant, si un utilisateur a créé des fichiers projet et plan, finger pourra vous en dire plus.

Si vous voulez fournir plus d'informations à votre sujet à quelqu'un qui vous pointe du doigt, vous pouvez créer un fichier projet et/ou un fichier plan. Dans ces fichiers, vous pouvez décrire les projets sur lesquels vous travaillez (s'ils ne sont pas Top Secret), vos projets d'avenir, et tout ce que vous voulez que les autres apprennent à votre sujet.

Consultez la documentation de l'utilitaire finger de votre version de TCP/IP pour apprendre où stocker les fichiers projet et plan.

Exemple 4 : Dans cet exemple, nous utilisons finger pour obtenir des informations sur l'un de vos auteurs, qui a créé un fichier projet et un fichier plan. Notez les informations supplémentaires que finger affiche dans ce cas.

```
% finger leiden
Login: leiden                                  Name: Candace Leiden
Directory: /home/leiden                        Shell: /bin/bash
On since Fri Aug 22 14:53 (EST) on ttyq7 from bed-lp3
New mail received Fri Aug 22 12:25 1998 (EST)
Unread since Thu Aug 21 19:10 1998 (EST)
Project:
Vivre.
Plan:
Partir loin de la neige. Visiter Morocco.
```

Pointer du doigt les utilisateurs d'un hôte

Vous pouvez aussi demander à finger de rechercher des informations sur tous les utilisateurs d'un hôte donné.

Exemple 5 : Nous demandons ici à finger de trouver des informations sur toutes les personnes qui utilisent l'ordinateur `frodo` :

```
% finger @frodo
[frodo]
```

```
Login       Name                  TTY  Idle  When        Where
wilensky   Marshall Wilensky No   co          Fri 17:40
leiden   Candace Leiden           p0          Fri 17:22
```

Exemple 6 : A la Figure 14.1, nous utilisons une version de finger disposant d'une interface graphique pour obtenir des informations sur toutes les personnes utilisant un hôte, dont nous spécifions l'adresse IP plutôt que le nom d'hôte.

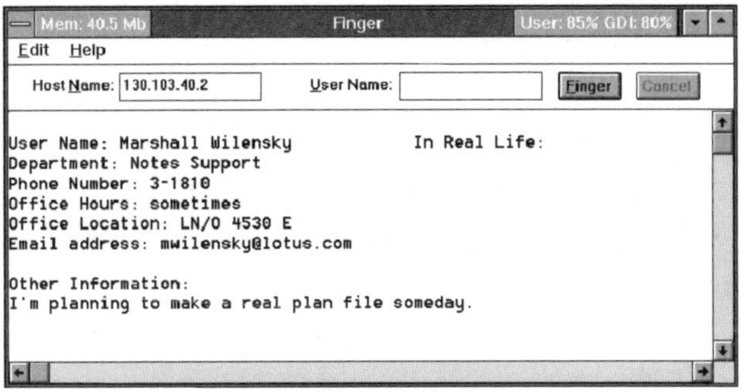

Figure 14.1 : Si vous ne connaissez pas le nom d'hôte, vous pouvez utiliser l'adresse IP.

Utiliser un portail finger

Si vous naviguez sur le Web, vous n'aurez pas à quitter votre navigateur pour utiliser la commande finger – il y a de nombreux portails finger sur le Web. Les portails finger sont des sites Web qui se connectent pour vous à un serveur finger. La section suivante vous explique comment pointer du doigt quelques sites intéressants via un portail. Nous y présentons aussi quelques résultats obtenus en cherchant sur le Web des endroits où utiliser finger.

TCP – le protocole soda ?

Des étudiants de l'université Carnegie Mellon, férus de soda et pour s'épargner le voyage jusqu'au distributeur de boissons fraîches, ont connecté la machine à leur réseau ! Ils ont ensuite configuré finger afin de pouvoir être informés de la disponibilité et de la température du soda. Enfin, ils connectèrent la machine à l'Internet, si bien qu'aujourd'hui n'importe qui dans le monde peut s'informer de l'état de ce distributeur de soda.

Croyez-le ou non, la Figure 14.2 reprend le résultat que finger nous a retourné quand nous l'avons utilisé sur la machine. Vous feriez bien d'aller prendre un soda allégé tant qu'il en reste.

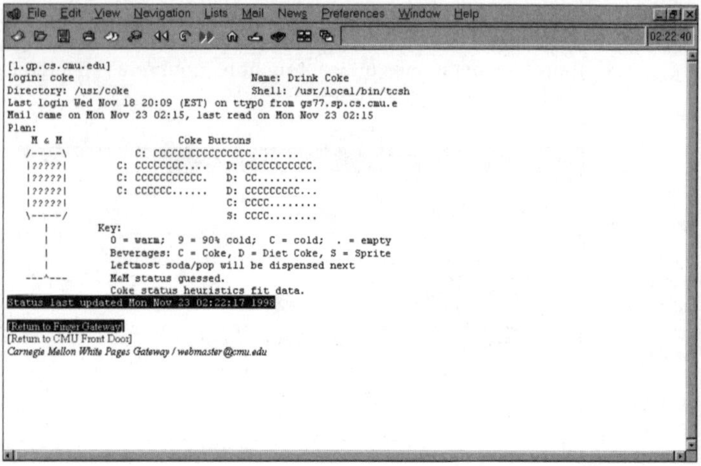

Figure 14.2 : J'ai besoin d'un soda, un soda frais, et il me le faut maintenant !

S'amuser avec finger

Vous pouvez obtenir toutes sortes d'informations amusantes avec finger. Vous pouvez en apprendre plus sur les tremblements de terre, l'espace, la navette spatiale, en interrogeant simplement avec finger des ordinateurs sur l'Internet. Les quelques exemples qui suivent illustrent quelques utilisations plus intéressantes de finger.

TCP – protocole de contrôle des tremblements de terre ?

Jetez un œil à la Figure 14.3. Vous y trouverez les résultats obtenus en interrogeant via finger un système d'information sur les tremblements de terre. Cela peut vous intéresser si vous habitez dans un pays sujet à ce type de catastrophe.

```
<HEAD>
  <TITLE>Finger Gateway -- quake@scec.gps.caltech.edu</TITLE>
  <HEAD>
  <BODY>
  This page generated by the <A HREF="http://www.cs.indiana.edu/finger">IU finger
gateway</A><HR>
  <H1>
  quake@scec.gps.caltech.edu
  <IMG ALT=""
SRC="http://www.cs.indiana.edu/faces/domains/edu/caltech/gps/unknown/face.gif">
  <IMG ALT="" SRC="www.cs.indiana.edu/faces/domains/edu/caltech/unknown/face.gif">
  </H1>
  <PRE>
  Login name: quake                  In real life: SCSN Data Access
  Directory: /export/scec/user1/quake Shell: /usr/local/bin/tcsh
  Last login Wed Nov 4 07:32 on ttyp8 from redhot.wr.usgs.g
  No unread mail
  Plan:
    WELCOME TO THE SOUTHERN CALIFORNIA EARTHQUAKE CENTER DATA CENTER (SCEC-DC)
    AUTOMATED LOCATIONS OF THE CALTECH/USGS SOUTHERN CALIFORNIA SEISMIC NETWORK

    This is a list of automated locations for earthquakes of magnitude 2.0 or
    greater, an RMS less then 0.5 and at least 8 phases in the solution,
    recorded by the CALTECH/USGS Southern California Seismic Network (SCSN)
    in the past 7 days. All times are Greenwich Mean Time.
    Subtract 8 hours for Pacific Standard time. and 7 hours for Pacific
```

Figure 14.3 : Utiliser finger pour obtenir des informations sur les tremblements de terre aux Etats-Unis.

```
    Daylight time. Depths are in km.

  * Entries marked with a "*" are PRELIMINARY and have NOT BEEN HUMAN REVIEWED *
    Entries may contain ERRORS and may be UPDATED or DELETED at any time.
    Entries with origin times within 30 seconds may represent a single event.

    MAGNITUDE TYPES:
      MGN = empirically calibrated ML based on readings from high-gain components
      MLG = ML based on synthetic Wood-Anderson response from low-gain components
      ML = ML based on synthetic Wood-Anderson response from TerraScope stations

    (Q) - EVENT LOCATION QUALITY
      The quality of the location is specified by the "Q" designation, with
      "A" representing the best quality. and "D" representing the worst.

================================================================================

    DATE   UTC TIME    LAT.     LON.    DEPTH   MAG.   Q          COMMENT
yy-mm-dd   hh:mm:ss   (deg.)   (deg.)   (km)    typ
--------   --------   ------   ------   -----   -----  -   ------------------------------
98/11/16   07:34:33   32.94N   116.23W   6.0    2.1ML   C  16 mi.   SSW  of Ocotillo Wells. CA
98/11/16   08:12:38   34.15N   116,42W   2.8    2 1ML   A  23 mi.   NNE  of Yucca Valley, CA
98/11/16   11:19:35   32.41N   115.33W   6.0    2.6ML   C  0 mi.    SSE  of Calexico, CA
98/11/16   12:23:14   32.39N   115.33W   6.0    2.0MC   C  21 mi.   SSE  of Calexico, CA
98/11/16   15:27:13   33.70N   116.82W   17.8   2.1ML   A  7 mi.    WSW  of 1dyllwild, CA
98/11/16   18:41:29   34.15N   116.43W   7.6    2.3ML   B  2 mi.      N  of Yucca Valley, CA
98/11/16   19:10:43   35.17N   119.18W   26.3   2.0MC   B  15 mi.     E  of Taft, CA
```

Figure 14.3 : Utiliser finger pour obtenir des informations sur les tremblements de terre aux Etats-Unis (suite).

```
98/11/17  00:41:26  32.42N  115.33W  6.0   2.2MC  C  20 mi.  SSE  of Calexico, CA
98/11/17  16:13:57  34.64N  116.53W  4.2   2.2ML  A  27 mi.  ENE  of Lucerne Valley, CA
98/11/17  18:14:17  34.15N  116.43W  9.2   2.2ML  A  2 mi.     N  of Yucca Valley. CA
98/11/17  20:44:17  36.07N  118.01W  3.0   2.0MC  A  5 mi.   WNW  of Coso Junction, CA
98/11/17  21:44:07  32.01N  116.30W  6.0   3.0MC  C  53 mi.  SSW  of Ocotillo. CA
98/11/17  22:58:54  31.98N  116.32W  6.0   2.8MC  C  56 mi.  SSW  of Ocotillo, CA
98/11/17  23:44:53  33.36N  115.71W  1.6   2.0MC  A  2 mi.   ENE  of Bombay Beach. CA
98/11/18  00:29:57  33.66N  117.06W  0.0   2.0MC  A  8 mi.    SW  of Hemet, CA
98/11/18  02:29:30  34.32N  119.27W  10.5  2.4ML  A  3mi.    NNE  of Ventura, CA
98/11/18  06:27:15  36.04N  117.72W  1.3   2.1MC  A  12 mi.    E  of Coso Junction, CA
98/11/18  06:46:34  33.47N  116.50W  6.0   2.0ML  C  11 mi.  ESE  of Anza. CA
98/11/18  07:14:51  32.66N  117.35W  6.0   2.1MC  C  10 mi.   SW  of Mission Beach, CA
98/11/18  15:49:02  34.33N  116.84W  5.8   2.9ML  A  4 mi.     N  of Big Bear City, CA
98/11/18  16:50:09  34.29N  118.76W  15.9  2.0ML  A  3 mi.     W  of Simi Valley, CA
98/11/18  18:19:17  31.80N  115.99W  6.0   2.4MC  D  65 mi.    S  of Ocotillo, CA
98/11/18  18:38:25  34.32N  116.84W  5.8   2.3ML  A  4 mi.     N  of Big Bear City, CA
98/11/18  20:13:12  34.32N  118.47W  4.3   2.8ML  A  3 mi.    NW  of San Fernando, CA
98/11/18  20:30:21  34.33N  116.85W  6.1   2.2ML  A  4 mi.     N  of Big Bear City, CA
98/11/18  22:37:28  33.92N  118.74W  15.3  2.1MC  C  6 mi.   SSE  of Pt. Dame, CA
98/11/18  22:41:38  31.90N  115.77W  6.0   2.5MC  D  56 mi.  SSW  of Calexico, CA
98/11/18  23:39:35  35.98N  117.83W  6.3   2.0MC  A  7 mi.    SE  of Coso Junction, CA
98/11/19  00:15:40  33.68N  117.02W  0.0   2.4ML  A  6 mi.   SSW  of Hemet, CA
98/11/19  01:03:13  32.11N  115.42W  6.0   2.5MC  D  39 mi.    S  of Calexico, CA
98/11/19  02:20:58  33.6BN  116.80W  16.9  2.0ML  A  7 mi.    SW  of Idyllwild, CA
98/11/19  04:29:01  33.79N  118.60W  6.0   2.0MC  C  10 mi.    W  of Palos Verdes Point, CA
98/11/19  06:24:58  32.0IN  115.42W  6.0   2.9MC  D  45 mi.    S  of Calexico, CA
```

Figure 14.3 : Utiliser finger pour obtenir des informations sur les tremblements de terre aux Etats-Unis (suite).

```
98/11/19  06:33:20  32.08N  115.44W  6.0  2.6ML   D   41 mi.     S  of Calexico, CA
98/11/19  07:08:33  35.98N  117.83W  6.6  2.1MC   A   7 mi.     SE  of Coso Junction, CA
98/11/19  10:21:14  34.33N  116.84W  6.1  2.1ML   A   4 mi.      N  of Big Bear City. CA
98/11119  11:39:21  31.93N  115.77W  6.0  2.1MH   D   54 mi.   SSW  of Calexico, CA
98/11/20  10:33:45  34.28N  118.52W  3.7  2.0ML   A   1 mi.    WNW  of Granada Hills, CA
98/11/20  11:13:48  34.17N  116.43W  5.3  2.2MC   A   3 mi.      N  of Yucca Valley, CA
98/11/20  18:28:18  34.34N  118.26W  6.0  2.0MC   C   6 mi.    NNE  of Sunland, CA
98/11/20  23:58:09  34.22N  117.44W  8.0  3.3ML   A   3 mi.      W  of Devore, CA
98/11/21  09:39:17  32.05N  115.43W  6.0  3.0ML   D   43 mi.     S  of Calexico. CA
98/11/21  15:39:40  32.6IN  117.27W  6.0  2.1MGN  C*   10 mi.   SW  of San Diego. CA
98/11/22  12:33:34  33.24N  116.79W  5.5  2.IMGN  C*   2 mi.     W  of Lake Henshaw, CA
98/11/23  03:30:40  35.97N  117.90W  4.4  2.3MGN  A*   6 mi.   SSE  of Coso Junction, CA
98/11/23  04:42:57  34.10N  116.93W  6.6  2.1MGN  C*   6 mi.     W  of Mt. San Gorgonio, CA
--------------------------------------------
  &It;&gt; Last update was on 23-NOV-1998 04:44 gmt
    (List is updated when catalog is modified, not at regular  intervals)

  The SCEC-DC, Caltech. and USGS are members of the Council of the
  National Seismic System.
</PRE>
</BODY>
```

Figure 14.3 : Utiliser finger pour obtenir des informations sur les tremblements de terre aux Etats-Unis (suite).

Dans l'espace

Vous pouvez vous informer sur ce qui se passe dans l'espace (l'espace sidéral, et non l'espace cybernétique) en interrogeant par finger le Massachusetts Institute of Technology (voir la Figure 14.4).

Toc, Toc – qui est là ?

Bien qu'il ne fasse pas partie de la pile TCP/IP, l'utilitaire who retourne des informations sur ceux qui utilisent TCP/IP, et depuis quelle machine ils le font. Observez les FDQN et les adresses IP (les quatre champs séparés par des points) qui figurent dans l'exemple suivant. Sur cet hôte, *lp* signifie port local, si bien que les utilisateurs qui sont désignés par *lp* dans la colonne de droite sont des utilisateurs locaux.

```
$ who
sylvie   ttyp9   Aug 24 08:26   (wor-lp10)
emily    ttypb   Aug 24 14:18   (lwl-lp5)
kidman   ttyq5   Aug 24 14:29   (134.174.120.50)
kld      ttyq6   Aug 24 15:04   (132.245.33.7)
leiden   ttyq7   Aug 24 14:53   (bep-lp3)
cruise   ttyqc   Aug 24 13:51   (143.251.97.106)
kath     ttyrc   Aug 24 13:00   (bgray.avid.com)
```

rwho, ouh, ouh

L'utilisation du broadcasting ne pose pas de problèmes quand seuls quelques ordinateurs sont connectés au réseau, mais le nombre de paquets augmente avec le nombre d'hôtes. Le réseau devient bientôt saturé de paquets émis par broadcasting si bien qu'il ne reste plus de place pour les vôtres. Les démons rwho de toutes les machines du réseau conservent toutes les données émises par ceux qui les émettent par broadcasting, afin de pouvoir immédiatement les afficher à la première personne qui utilisera la commande rwho !

Quelques administrateurs systèmes et réseaux peuvent refuser de laisser fonctionner le démon rwho. Ne soyez donc pas surpris si votre commande rwho ne vous retourne pas d'informations.

Voici un exemple de sortie générée par rwho. La deuxième colonne vous indique où l'utilisateur a été signalé.

```
This page generated by the IU finger gateway
----------------------------------------------------------------
nasanews@space.wit.edu
nasanews: [space] Mon Nov 23 02:12:13 1998
          MIT Center for Space Research
----------------------------------------------------------------

This NasaNews service is brought to you by the Microwave Subnode
of NASA's Planetary Data System. It is also available via World
Wide Web at "http://space.mit.edu/nasanews.html". AOL users can
receive this bulletin as: keyword "Gopher" > Aerospace and
Astronomy > Nasa News.

We also maintain an email listserver for planetary microwave
information at "pds-listserver@space.mit.edu". an anonymous ftp
server at "delcano.mit.edu", and a WWW home page at "http://
delcano.mit.edu/".If you have any suggestions for how we might
improve our services, please mail them to
"pds-requests@space.mit.edu".

Similarly. Kennedy Space Center status reports and press releases
are available by sending a message to "domo@news.ksc.nasa.gov".
In the body of the message, type "subscribe shuttle-status" or
"subscribe ksc-press-release" (no quotes). To remove yourself
from the list, send a message to the same address with a line
"unsubscribe shuttle-status" or "unsubscrilbe ksc-press-release".

NASA bulletins are also frequently posted to the "sci.space.news"
Usenet newsgroup, and are also available via anonymous ftp from
the "NASA.News" directory of "spacelink.msfc.nasa.gov", or via
World Wide Web from "http://spacelink.msfc.nasa.gov/".

----------------------------------------------------------------

C 0 N T E N T S

1 Thu Nov 19 14:39 GSK Landsat-7 Launch Scheduled
2 Fri Nov 20 07:07 STScl Hubble Status Report
3 Fri Nov 20 14:04 DFRC NASA Aircraft Sets New Record

----------------------------------------------------------------

Date: Nov 19 14:39 UT C
Subject: Landsat-7 Launch Scheduled

LANDSAT 7 LAUNCH SCHEDULED FOR APRIL 15

NASA has selected a new launch date of April 15. 1999, for the
Landsat-7 Earth science satellite. The launch. originally
scheduled for December 1998. will take place from Vandenberg
Air Force Base, CA, on a Delta II launch vehicle.

----------------------------------------------------------------

Date: Nov 20 07:07 UTC
Subject: Hubble Status Report

HUBBLE SPACE TELESCOPE DAILY REPORT #2255

PERIOD COVERED: OOOOZ (UTC) 11/19198 - OOOOZ (UTC) 11/20/98

The WF/PC-2 was used to make observations of a high-Z supernova
in order to detrermine the cosmological parameters Omega and
Lamca. The observations were executed as scheduled, and no
anomalies were noted.

----------------------------------------------------------------

Date: Nov 20 14:04 UTC
Subject: NASA Aircraft Sets New Record

NASA AIRCRAFT SETS NEW WORLD ALTITUDE RECORD

A NASA ER-2 aircraft set a new world altitude record for medium
weight aircraft on Nov. 19, 1998, reaching 68.700 feet, almost
twice the cruising altitude of most airliners.
```

Figure 14.4 : Finger vous transporte dans l'espace. Voici un extrait d'une lettre d'information de la NASA.

```
$ rwho
Betteb     max:ttyp2          Aug 24 13:23
JMJK       max:ttyqf          Aug 24 14:51
eve        min:ttype          Aug 24 14:24
blakbird   nec:ttys0          Aug 24 14:40
blink      max:ttyrb          Aug 24 14:28
bmunts     n c:ttyra          Aug 24 14:27
breedst    max:ttyr5          Aug 24 08:58
bryanc     millenium:ttyp6    Aug 24 13:06
leaf       dalek:ttyp4        Aug 24 12:41:04
```

ruptime, le cousin de rwho

Tout comme rwho, ruptime utilise le démon rwho pour émettre par broadcasting des paquets. Ruptime peut donc lui aussi affecter les performances de votre réseau. Comme c'est le cas pour rwho, les administrateurs systèmes et réseaux peuvent choisir de ne pas configurer ruptime, si bien que vous risquez de ne pas voir tous les hôtes de votre réseau (voire aucun).

Voici un exemple de sortie générée par ruptime. Le nom de l'ordinateur apparaît dans la colonne de gauche, la colonne suivante contient le statut de l'ordinateur, puis vient le temps durant lequel il a été en ligne, et enfin le nombre d'utilisateurs qui y sont connectés. Vous pouvez ignorer les données UNIX qui figurent sur la droite ; elles quantifient la charge de calcul de chaque ordinateur.

```
$ ruptime
dalek      up 13+17:08,    2 users,   load 1.28, 1.28, 1.288
Max        up  1+02:06,   37 users,   load 1.46, 1.19. 1.13
millenia   up    14:49,    7 users,   load 1.34, 1.19, 1.10
```

Le monde selon ARP

L'utilitaire ARP recherche l'adresse physique (matérielle) de la carte réseau de votre ordinateur en utilisant des requêtes ARP. Votre ordinateur émet des requêtes ARP quand il découvre que la table ARP ne contient pas l'adresse physique d'un ordinateur avec lequel vous voulez communiquer. La requête ARP est un message envoyé en broadcast qui demande à l'ordinateur dont l'adresse IP est spécifiée de retourner son adresse physique. La réponse est stockée dans la table pour des utilisations futures. Chaque ordinateur du réseau maintient sa propre table ARP, stockée en mémoire, et bénéficie de toutes les réponses aux requêtes ARP, y compris celles dont il n'est pas l'auteur. Sans les tables ARP, ce processus devrait se dérouler chaque fois que vous accédez à un hôte. Par exemple, si vous envoyez fréquemment des messages électroniques à `wilensky@frodo.lotus.com`, vous ne voulez pas avoir à parcourir tout le réseau à chaque fois pour trouver l'adresse physique de la carte réseau de frodo. En conservant l'adresse physique de frodo dans des tables ARP, l'ordinateur peut être plus performant et réduire le trafic réseau.

Pour savoir quelles adresses IP contiennent les tables ARP de votre ordinateur, utilisez l'utilitaire ARP. La Figure 14.5 reprend la sortie générée par ARP. Elle contient la liste des adresses IP fréquemment accédées et les adresses matérielles qui y correspondent.

Sur l'Internet, les routeurs utilisent des protocoles de routage tels que RIP (Routing Information Protocol) et OSPF (Open Shortest Path First) pour assister ARP.

```
% arp -a
cisco.tiac.net (199.0.65.1) at 0:0:c:0:a2:94
zork.tiac.net (199.0.65.2) at 0:80:29:e3:95.92
kickoff.tiak.net (199.0.65.3) at 0:40:33:21:d6:9a
lit-lp16.tiac.net (199.0.65.7) at 0:c0:5:1:13:7d
mvy.tiac.net (199.0.65.8) at 8:0:20:f6:20:fa
sundog.tiac.net (199.0.65.9) at 8:0:20:b:bb:94
bed-lp13.tiac.net (199.9.65.10) at 0:c0:c2:1:52:1a:1
bed-lp1.tiac.net (199.0.65.12) at 0:c0:12:ca:a5:47:2e
bed-lp2.tiac.net (199.0.65.13) at 0:c0:36:22:aa:d0:1d
bed-lp3.tiac.net (199.9.65.14) at 0:c0:a:0d:d1:21:ff
bed-lp%.tiac.net (199.0.65.15) at 0:c0:e4:47:f:e6:e4
lwl-lp5.tiac.net (199.0.65.16) at 0:c0:1a:e:4:e5:c9
bed-lp6.tiac.net (199.0.65.17) at 0:c0:ee::d0:a4:98
mvy-lp7.tiac.net (199.0.65.18) at 0:c0:5d:cc:11:40:0
bed-lp8.tiac.net (199.0.65.19) at 0:c0:e7:4d:c:44:71
bed-lp9.tiac.net (199.0.65.20) at 0:c0:71:c:5e:1d:4e
boris.tiac.net (199.0.65.21) at 0:c0:a4:5e:81:aa:5
millenium.tiac.net (199.0.65.24) at 0:c0:78:8a:4:de:a1
toybox.tiac.net (199.0.65.25) at 0:c0:4d:e2:81:ae:47
bed-lp12.tiac.net (199.0.65.26) at 0:c0:8d:14:4e:7e:1a
zima.com (199.0.65.27) at 0:c0:4e:4e:43:12:1a
bed-lp11.tiac.net (199.0.65.29) at 0:c0:14:55:47:4d:4a
bobafet.tiac.net (199.0.65.32) at 0:c0:0d:ee:4a:12:0
wor-lp10.tiac.net (199.0.65.55) at 0:c0:5d:f5:fa:ff:0d
laraby.tiac.net (199.9.65.89) at 0:c0:4a:d5:45:21:a4
mar-lp15.tiac.net (199.0.65.102) at 0:c0:4d:4e:52:24:4a
tl-1.Bedford.MA.tiac.net (199.0.65.111) at 0:c0:4:d4:2d:87:4
lwl-lp19.tiac.net (199.0.65.114) at 0:c0:4d:e0:5e:cd:a0
bed-lp17.tiac.net (199.0.65.121) at 0:c0:ad:cc:00:11:4f
kin-lp18.tiac.net (199.0.65.171) at 0:c0:4c:e2:ac:03:e2
tl-2.Bedford.MA.tiac.net (199.0.65.225) at 0:c0:7:65:87:f4:01
davros.tiac.net (199.9.65.235 ) at 0:c0:e1:22:ed:22:01
? (1 99.9.65. 255 ) at (incomplete)
%
```

Figure 14.5 : Les tables ARP contiennent des adresses d'ordinateurs "différentes" – les adresses physiques.

Qu'est-ce qu'une adresse physique ? L'adresse IP ne suffit-elle pas ?

Quand vous achetez une carte réseau, elle vous est livrée avec une adresse matérielle unique, dite adresse physique. Cette adresse matérielle est l'adresse ultime de votre ordinateur sur le réseau. Tout comme TCP/IP associe le nom de votre ordinateur à son adresse IP, l'adresse IP est associée à l'adresse matérielle. Après tout, quand vous envoyez un e-mail, vous l'envoyez d'un matériel vers un autre. Le morceau ARP de TCP/IP est ce qui assure la résolution adresse IP/adresse matérielle.

Atteindre et toucher quelque chose avec ping

Ping est l'une des premières commandes qu'un administrateur réseau ou un gestionnaire système utilise pour détecter des problèmes réseaux ou systèmes. Après tout, s'il y a un problème, il vous faut savoir si l'ordinateur blessé est vivant ou mort.

Voici un exemple d'utilisation de ping pour vérifier si un ordinateur "millenium" est vivant. Quelques statistiques résumant la situation figurent à la fin, indiquant le nombre de paquets envoyés, le nombre de paquets perdus, et combien de temps le voyage de ping a pris. La Figure 14.6 représente l'interface graphique d'un ping sur PC, et sa sortie. Notez que la version PC n'affiche pas d'informations sur le trafic des données.

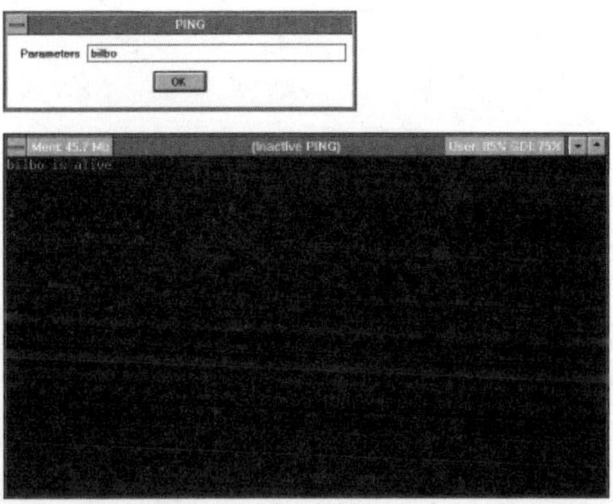

Figure 14.6 : Une version graphique de ping peut aussi être amusante.

Chapitre 15

Mobile-IP, connexion par modem, et téléphonie IP

Dans ce chapitre :

- Comprendre comment l'on devient mobile.
- Faire du réseau via le téléphone.
- Sécuriser les communications via mobiles et modems.
- Utiliser PPTP (Point to Point Tunneling Protocol) pour implémenter un VPN (Virtual Private Network, Réseau privé virtuel) sur Internet.
- Réduire sa facture téléphonique en faxant et en passant des coups de fil via IP.

Ce chapitre décrit les trois développements les plus récents de l'interconnexion réseau par TCP/IP :

- **Mobile-IP** : Baladez-vous librement sur Internet sans vous soucier d'un changement de votre adresse IP.
- **Connexions par modem** : Connectez-vous à Internet ou au réseau de votre entreprise via une ligne téléphonique.
- **Téléphonie IP** : Téléphonez et faxez sans enrichir une compagnie de télécommunications.

Mobile-IP pour voyager tranquille

Mobile-IP est une extension de IP qui permet à un ordinateur de se balader sur un intranet ou sur Internet sans avoir à changer son adresse IP. C'est une astuce car chaque adresse IP contient un numéro de réseau. Supposez que le numéro de votre bureau soit 226, et que ce soit à cet endroit que vous travaillez avec votre ordinateur portable quatre jours par semaine. Chaque vendredi, vous emportez votre portable chez un client, dont le numéro de réseau est 103. Il semble que si vous connectez votre ordinateur portable au réseau de votre client, vous devrez changer votre adresse IP de sorte qu'elle indique que vous êtes sur le réseau 103. Le protocole DHCP (Dynamic Host Control Protocol) peut ici aider en vous attribuant une adresse pour la seule journée de vendredi. En fait, chaque vendredi, si vous utilisez DHCP, vous obtiendrez une adresse différente.

La RFC 2002 définit la technologie Mobile-IP. La RFC 2005 décrit les conditions d'implémentation de Mobile-IP.

Mobile-IP – trop beau pour être vrai ?

L'architecture Mobile-IP, développée par IETF, comprend deux composants :

- L'agent maison (HA pour "Home Agent").
- L'agent étranger (FA pour "Foreign Agent").

Le HA et le FA coopèrent pour permettre à votre hôte mobile (MH) de se déplacer sur votre internet ou sur Internet sans avoir à changer d'adresse. Un réseau qui permet ce type de mobilité doit disposer d'un ordinateur qui tienne le rôle d'agent de mobilité – c'est-à-dire d'un ordinateur qui serve soit le HA, soit le FA, soit les deux.

Pensez aux services postaux. Quand vous emménagez dans une nouvelle maison, vous signalez votre nouvelle adresse au bureau de poste. Le bureau de poste intercepte le courrier destiné à votre ancienne adresse et colle dessus une étiquette sur laquelle figure votre nouvelle adresse. Le bureau de poste fait ensuite suivre le courrier à votre nouveau domicile.

D'une certaine manière, Mobile-IP permet à votre MH de se déplacer en collant des étiquettes sur lesquelles figure la nouvelle adresse sur vos paquets. Votre MH est affilié à un réseau qui fait partie de l'adresse IP permanente du MH. IP délivre toujours les paquets au MH sur ce réseau. Quand MH se déplace, l'agent maison du réseau (HA) intercepte et fait suivre les paquets vers n'importe lequel des endroits exotiques d'Internet que vous visitez.

Chaque fois que vous trimbalez votre MH de votre réseau permanent à un réseau étranger, votre MH demande à l'agent étranger (FA) du nouveau réseau d'informer votre HA que vous êtes parti. Les paquets qui vous sont destinés arrivent toujours sur votre réseau permanent. Le HA envoie ces paquets au FA du réseau que vous visitez.

Vos déplacements causent parfois des problèmes aux services postaux. Il arrive qu'une lettre se perde lors de sa réexpédition. Les services postaux ne disposent malheureusement pas d'un équivalent de TCP permettant de résoudre ce problème.

Avec Mobile-IP, si vous déplacez votre MH, il est possible que certains se perdent tandis que le HA et le FA se règlent sur vos déplacements. Rappelez-vous toutefois qu'IP ne vit pas seul. Les connections maintenues par TCP peuvent survivre à la perte de paquets qu'elles savent réexpédier.

Mobiliser la sécurité

La sécurité est un problème majeur en informatique, surtout si vous déplacez votre ordinateur sur tout Internet. Avec la technologie Mobile-IP, votre réseau permanent doit faire appel à des technologies avancées de pare-feu pour vous protéger où que vous vous rendiez. Les pare-feu protègent l'accès itinérant en utilisant des procédures de connexion sécurisées et des certificats numériques à des fins d'authentification, de sorte que personne d'autre que vous ne soit capable de connecter un portable au réseau permanent et de se faire passer pour vous.

Se connecter avec des protocoles de connexion à distance

Le choix de votre protocole de connexion à distance dépend de ce que vous entendez pouvoir faire depuis d'autres endroits, et des fonctionnalités disponibles sur le site auquel vous comptez vous connecter. Vous connecterez-vous à un système UNIX, à un système NT, ou à quelque chose d'autre ? Pouvez-vous vous contenter d'un minimum de services – le courrier électronique et les groupes de discussion Usenet, par exemple ? Ou avez-vous besoin d'accéder à tous les services dont vous disposez au bureau (telnet, FTP, NFS, DNS, navigation sur le Web) ?

Selon ce que vous répondez à ces questions, la réponse peut être UUCP, SLIP, CSLIP ou PPP. Si vous devez vous connecter au réseau privé de votre organisation via Internet, vous aurez besoin de PPTP.

Qu'est-ce que tout cela signifie ? Les sections qui suivent vont vous l'apprendre.

SLIP

SLIP, Serial Line Internet Protocol, est l'équivalent de TCP/IP pour les connexions directes ou via modem. Il est aussi connu sous le nom de TCP/IP distant.

Au Chapitre 2, nous avons présenté Ethernet et token ring, deux types de réseaux sur lesquels TCP/IP fonctionne. Après des années d'expérience passées à le faire fonctionner sur ces réseaux, les développeurs de TCP/IP ont trouvé qu'il était plutôt simple de faire fonctionner TCP/IP sur des lignes séries à faible débit. SLIP en est le résultat. Le gros du changement est intervenu dans les couches physique et lien (voir le Chapitre 4). Un port série et un modem ont remplacé la carte réseau.

Avec SLIP, un ordinateur peut se connecter à un autre ordinateur ou à un réseau entier ; deux réseaux peuvent s'interconnecter avec l'aide d'un matériel réseau tel qu'un routeur ou un terminal serveur.

PPP

PPP, le protocole Point-To-Point, est une nouvelle solution de communication. PPP est aujourd'hui plus populaire que SLIP, et pour une bonne raison. PPP ne se contente pas de transporter des paquets TCP/IP. Il peut être utilisé pour transporter des paquets d'autres protocoles réseaux, tels que SPX et AppleTalk, et il peut de plus en assurer simultanément le transport.

La partie point-à-point du nom de PPP induit un peu en erreur car cette méthode de connexion peut être utilisée pour connecter un ordinateur à un autre, un ordinateur à un réseau, et/ou un réseau à un autre réseau.

Utiliser PPTP pour créer des VPN (Virtual Private Networks, ou réseaux privés virtuels)

Un VPN (réseau virtuel privé) est un environnement de communication d'accès restreint sur le réseau (très public) Internet. Un VPN est sécurisé car il utilise un tunnel privé sur Internet. Ce tunnel utilise un nouveau protocole TCP/IP, PPTP (Point to Point Tunneling Protocol).

Sécurité : PPTP autorise les administrateurs réseaux à installer des filtres. Les filtres permettent aux administrateurs réseaux de dresser la liste des messages qui sont autorisés sur l'intranet, tels que TCP seulement, IP seulement, UDP seulement, ou une combinaison quelconque. L'administrateur réseau peut aussi interdire toutes les communications à l'exception de PPTP.

Pourquoi SLIP devient-il moins populaire ?

La spécification de PPP est plus rigide et formelle que celle de SLIP, ce qui signifie que les vendeurs doivent passer plus de temps à implémenter, déboguer la partie PPP de leurs produits. PPP est plus sûr, et permet de plus l'utilisation de différents protocoles. Microsoft Windows NT utilise PPP pour son serveur d'accès distant RAS (Remote Access Service).

Dans UUCP, le U ment et le C induit en erreur

UUCP est un protocole de communication distant qui ne fait pas partie de TCP/IP, mais qui mérite tout de même votre attention dans ce chapitre. Si vos besoins se limitent à quelques fonctionnalités, telles que le courrier électronique, les groupes de discussion Usenet, et la copie de fichier, UUCP peut se révéler être une solution particulièrement adaptée, car peu coûteuse. UUCP est une abréviation de UNIX to UNIX CoPy (copie d'UNIX à UNIX). Mais attention, le U ment, et le C induit en erreur.

Ne laissez pas le mot UNIX vous effrayer – des implémentations de UUCP existent aussi pour d'autres systèmes d'exploitation. C'est ce que nous voulons dire en qualifiant le U de menteur. Par exemple, une version de UUCP pour ordinateurs personnels s'appelle UUPC. (Oui, nous savons bien que UUPC est identique à UUCP à une faute de typo prêt, mais ce n'est pas nous qui avons choisi le nom. Dyslexiques, libérez-vous !)

Et pourquoi dire que le C induit en erreur ? Il sous-estime le rôle de UUCP. UUCP vous permet de faire bien plus que de copier des fichiers.

Bon, à quoi sert UUCP ?

Savoir copier des fichiers d'un ordinateur à un autre est certes utile, mais la plupart des utilisateurs d'un réseau ont besoin d'accéder à d'autres services. UUCP dispose pour cela des fonctionnalités suivantes :

- Courrier électronique.
- Impression à distance.
- Accès aux groupes de discussion Usenet.

Pour que les transferts de fichier et les commandes à distance fonctionnent correctement avec les services présentés ici, UUCP doit être installé et fonctionner sur les deux machines.

Le bon, le mauvais et l'UUCP

Tout d'abord, la bonne nouvelle : UUCP ne coûte rien et est sécurisé.

Le logiciel UUCP est intégré à tous les systèmes UNIX, et des versions domaine public en existent pour les autres systèmes d'exploitation. Le seul coût que son utilisation engendre est celui des communications téléphoniques. Cependant, si vous trouvez un site UUCP à côté de chez vous, vous limiterez les dépenses à une communication locale.

Même si le site que vous cherchez à joindre se trouve à l'autre bout de la Terre, il existe des moyens de réduire la facture. Demandez à l'ordinateur avec lequel vous souhaitez communiquer de prendre en charge quelques-uns des appels ; vous partagerez ainsi avec lui les dépenses. C'est vraiment incroyable le nombre de sites UUCP qui veulent vous aider en soulageant le plus possible votre facture.

Maintenant, la mauvaise nouvelle : UUCP est difficile à gérer et à trouver.

Il peut s'avérer difficile pour un gestionnaire système d'installer UUCP et de le maintenir en fonctionnement. UUCP a tendance à disparaître tandis que de plus en plus de sites utilisent TCP/IP et de vraies connections pour se brancher sur Internet. Avec le temps, le nombre de sites auxquels il est possible de se connecter tend à diminuer. Si vous devez vous connecter à un réseau externe, mais que vous n'avez pas déployé TCP/IP, UUCP peut vous servir de solution temporaire. Il a été populaire et largement utilisé, et il se pourrait qu'il survive encore longtemps – mais ce n'est pas TCP/IP.

Quelle solution de connexion distante choisir ?

Optez pour une solution en tenant compte des fonctionnalités dont vous voulez disposer, de la disponibilité de la solution sur votre système d'exploitation, et des coûts qu'elle engendre. Choisissez la meilleure solution possible, mais n'oubliez pas de tenir compte des contraintes qui pèsent sur le site distant. PPP est plus flexible que SLIP et, puisqu'il permet d'utiliser différents protocoles, il vous permettra de partager la ligne avec des protocoles tels que AppleTalk. PPP dispose aussi d'un système corrigeant les erreurs survenues lors de la transmission de paquets. Bien que PPP soit vraisemblablement le meilleur protocole, vous devrez utiliser SLIP si vous devez communiquer avec un ordinateur qui ne dispose que de SLIP.

Si vous avez le choix entre plusieurs solutions, retenez, par ordre de priorité décroissante :

- Mobile-IP, pour que vous puissiez utiliser la bande passante (le débit de données sur un réseau) d'une vraie connexion réseau.
- PPP, à utiliser sur le modem le plus rapide que vous puissiez vous offrir.
- SLIP, à utiliser sur le modem le plus rapide que vous puissiez vous offrir.

TRUC

Si vous devez vous connecter à l'intranet de votre entreprise, faites d'Internet une partie de votre VPN en utilisant PPTP.

Sécurité

Protégez vos connexions à distance de la même manière dont vous protégez votre réseau. Quelques-unes des fonctionnalités liées à la sécurité que vous pouvez retenir sont les suivantes :

Tester un nom d'utilisateur et un mot de passse : Vous devriez avoir à décliner un nom d'utilisateur et un mot de passe quand vous appelez votre réseau avant d'être autorisé à vous y connecter. Les noms d'utilisateur et les mots de passe sont des contrôles de sécurité que vous avez peut-être déjà rencontrés car vous avez besoin d'eux pour vous connecter à nombre d'ordinateurs.

Retour d'appel par modem : Un modem est un matériel qui se connecte à une ligne téléphonique et à votre ordinateur. Quand vous appelez votre réseau, vous devez décliner votre nom d'utilisateur et votre mot de passe. Si vous utilisez un modem permettant le retour d'appel, le réseau vous déconnecte, et son modem vous rappelle à un numéro de téléphone qui aura été communiqué à l'administrateur réseau. Ainsi, même si un intrus a volé votre nom d'utilisateur et votre mot de passe, il ou elle ne pourra pas entrer sur votre réseau (à moins qu'il ou elle se trouve chez vous ou dans votre bureau).

Cryptographie : Option standard de PPTP, optionnelle de SLIP et de PPP, la cryptographie transforme vos données avec un code secret avant qu'elles ne partent sur le réseau. Ceux qui écoutent ne peuvent pas comprendre les messages.

Comprendre la téléphonie par IP

La téléphonie IP est une téléphonie sans téléphone. Les appels circulent sous la forme de paquets de données sur Internet au lieu de circuler sur une ligne téléphonique. Le problème majeur de la téléphonie IP est d'assurer l'acheminement de haute qualité de la voix, de fax, de vidéo et tout autre paquet.

Qui propose des services de téléphonie IP ?

Les fournisseurs d'accès à Internet offrent généralement des services de téléphonie IP, mais gardez un œil sur les compagnies de téléphone et les sociétés de TV par câble. Celles-ci pourraient bientôt s'y intéresser davantage.

VoIP – l'information vocale en paquets

VoIP est un élément essentiel de la téléphonie IP. Délivrer des messages vocaux en utilisant IP signifie envoyer la voix sous forme de paquets plutôt que de recourir aux technologies téléphoniques. Comme toutes les autres formes de téléphonie IP (par exemple, IP Fax), VoIP permet d'éviter les factures de téléphone.

Comment puis-je utiliser VoIP ?

L'utilisation de VoIP pour vos communications vocales sur Internet vous donne beaucoup de flexibilité. Voici quelques-uns des services dont vous pouvez bénéficier :

Avec de nouvelles technologies viennent de nouveaux standards

Le forum VoIP est un groupe qui travaille à la standardisation de la transmission de la voix et de la vidéo via IP sur Internet et sur les intranets privés. Plus de 140 organisations de par le monde, dont Cisco, IBM, Microsoft, France Telecom, Lucent Technologies, Hitachi, Telstra Corporation Australia, et 3Com participent au forum VoIP.

- **Appel ordinateur-à-ordinateur** : Si vous téléphonez à une autre personne via des logiciels compatibles, vous pouvez lui parler à travers le micro connecté à votre ordinateur.
- **Appel ordinateur-à-téléphone** : Vous pouvez commencer un appel en contactant un ordinateur et faire sonner le téléphone à l'autre bout. Si la personne que vous appelez est chez elle, vous pouvez converser avec elle. Si votre correspondant n'est pas là, vous pouvez lui laisser un message vocal.
- **Appel ordinateur-à-fax** : Vous pouvez procéder à des transmissions longue distance de fax via un portail fax sur Internet pour le prix d'un appel local à votre fournisseur d'accès à Internet.

TRUC

Vous aurez besoin d'un micro pour envoyer votre voix et d'enceintes pour entendre les gens parler. Il se peut que ces éléments soient intégrés à votre ordinateur, ou que vous deviez les acheter. Heureusement, ils ne sont pas trop coûteux. Vous pouvez aussi ajouter des fonctionnalités téléphoniques à votre ordinateur en ajoutant une carte téléphonique qui combine les fonctions de modem, de carte son, de micro, et de répondeur vocal.

Chapitre 16

Le chapitre tant redouté sur le matériel

Dans ce chapitre :

- Arranger tous vos pots et vos plats pour le banquet réseau.
- Comprendre le mariage entre logiciel et matériel.
- Accélérer les connexions réseaux.
- Jeter un œil aux modems, et aux choses appelées modems (mais qui sont autre chose).

Ce chapitre présente les matériels les plus couramment utilisés sur un réseau – comment ils fonctionnent pour permettre à votre réseau de s'étendre et de communiquer avec d'autres réseaux – et vous donne quelques conseils pour faire votre choix.

S'approvisionner pour le banquet réseau

Si vous n'êtes ni administrateur réseau, ni gestionnaire système, vous n'êtes probablement intéressé que par le buffet de salades (courrier électronique, stocker et copier des fichiers, et ainsi de suite), et vous pouvez donc sauter ce chapitre. Mais si vous êtes administrateur réseau ou gestionnaire système en charge du service, restez avec nous. Qu'il soit gros ou petit, le banquet réseau a besoin d'être organisé de sorte que chacun y trouve à manger. Et si vous supervisez les administrateurs réseaux et les gestionnaires systèmes, vous devez définitivement rester avec nous. En apprendre un peu plus sur le matériel vous permettra de mieux comprendre pourquoi vos employés vous demandent toujours des machins plus rapides et plus puissants.

Qu'est-ce que le matériel vient faire là-dedans ?

Même si TCP/IP est un logiciel, il doit fonctionner sur du matériel. Tout comme l'amour et le mariage, TCP/IP et le matériel vont ensemble. Et si vous êtes responsable d'un réseau, vous ne pouvez vous contenter du logiciel. Vous avez besoin d'acquérir quelques connaissances et l'usage de quelques termes propres au matériel pour bien faire votre boulot.

Donc, la réponse à la question "Mais qu'est-ce que le matériel vient faire dans la gestion d'un réseau" est : les câbles réseaux (et autres médias) et le logiciel TCP/IP lient entre eux les ordinateurs afin qu'ils puissent permettre à vos utilisateurs de communiquer. Les ordinateurs sont des matériels qui font tourner du logiciel – souvent trop lentement. Si vous êtes de service et que le buffet est froid, les hôtes ne seront pas contents. Si vous êtes les gestionnaires du réseau et que les logiciels fonctionnent trop lentement, les utilisateurs vont se plaindre. Et le problème ne tient peut-être pas qu'au logiciel. De même qu'il faut au majordome assez de pots, de poêles, de soupières et autres instruments, vous avez besoin d'un matériel réseau pour répondre aux besoins de vos utilisateurs lors du banquet TCP/IP. Votre réseau aura aussi besoin d'un peu de matériel supplémentaire pour se bâtir une infrastructure – à moins qu'il ne fonctionne sur la table de la salle à manger comme le nôtre.

Garder les couches à l'esprit

Quelques-uns des matériels présentés dans ce chapitre ne communiquent qu'avec la couche la plus basse (physique) du gâteau réseau TCP/IP, si bien que les protocoles n'entrent pas en ligne de compte. Nous avons néanmoins inclus des informations sur ce type de matériel. Quand vous concevez ou payez pour un réseau, vous pouvez avoir à choisir entre un matériel simple qui n'a rien à voir avec les couches médiane (transport/internet) et supérieure (session/présentation/application) du gâteau TCP/IP, et une solution plus complexe qui consiste en un mélange de matériel et de logiciel TCP/IP. Nous avons inclus la description de quelques matériels attaquant la couche physique pour que vous puissiez comparer leurs fonctionnalités à celles des matériels qui travaillent avec les protocoles TCP/IP.

Toutes ces informations vous permettront de bien organiser votre banquet de mariage réseau, ce qui signifie que vous pourrez construire votre réseau avec les éléments les plus appropriés.

Mastication des paquets à travers les couches réseaux

Un message est découpé en paquets auxquels sont ajoutées quelques informations de contrôle avant qu'ils ne soient émis sur le réseau. Nous suivrons la vie d'un paquet pour expliquer les couches du modèle de réseau.

La vie d'un paquet commence quand une application le crée. Chaque paquet descend le long des couches de l'hôte source, passe par les câbles du réseau, remonte les couches de l'hôte destination, et arrive enfin à l'application appropriée.

Tandis que les paquets voyagent le long des couches de l'hôte source, des informations de contrôle, de formatage, et de directions sont ajoutées. Quand les paquets atteignent l'hôte destination, ces informations sont lues et supprimées tandis que les paquets remontent en passant par chaque couche. Par exemple, si vous transmettez un fichier par FTP d'un ordinateur A vers un ordinateur B, les données du fichier sont découpées en paquets par la couche application puis envoyées via toutes les couches à l'ordinateur A. Le temps que les paquets arrivent sur le câble, ils auront grossi – à cause de toutes les informations qui y auront été rajoutées. Après que les paquets rondouillards ont atteint l'hôte destination, ils commencent à mincir, et ils sont parfaitement sveltes quand ils arrivent dans la couche du dessus et sont stockés sur le disque dur.

La Figure 16.1 vous montre une opération de transfert de fichier par FTP ; un paquet voyage de la couche application d'un ordinateur A via le réseau jusqu'à la couche application d'un ordinateur B. Vous pouvez voir comment le paquet grossit à chaque couche de l'ordinateur A, et comment il subit une cure d'amaigrissement tandis qu'il remonte à travers les couches de l'ordinateur B. Des diètes à répétition peuvent être dangereuses pour les humains, mais elles sont excellentes pour les paquets d'un réseau.

Le reste de ce chapitre vous permet de comprendre quelques-uns des matériels que vous pouvez utiliser pour étendre votre réseau, en quoi ils diffèrent, et comment choisir ce dont vous avez besoin pour votre réseau ou internet.

Petits modems à grignoter

Vous n'avez aujourd'hui plus que l'embarras du choix pour sélectionner un modem parmi le très grand nombre de modèles qui peuvent

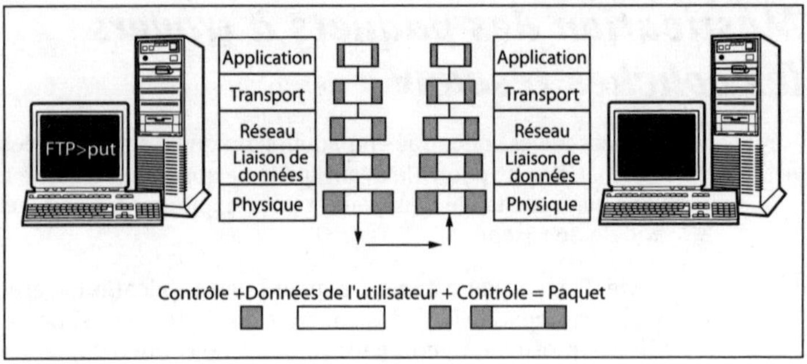

Figure 16.1 : Les paquets peuvent manger le gâteau de mariage TCP/IP toute la journée.

communiquer à plusieurs milliers de bits par seconde (Kbps), mais vous devez vous estimer heureux de vivre en des temps si rapides. Vos deux vieux auteurs ont autrefois transmis des données via modem à 300 bps. Notez l'absence du K ! (Windows n'avait alors pas été encore inventé, mais UNIX existait déjà. Et DOS était un système d'exploitation pour mainframe IBM.)

Un "bon vieux" modem est encore le moyen le plus simple pour vous connecter à un réseau, à défaut d'y être relié par un câble permanent. Le dernier standard international pour les modems est connu sous l'acronyme V.90 et spécifie des débits qui atteignent 56 Kbps. Vos lignes téléphoniques peuvent cependant vous empêcher de faire circuler des données à la vitesse maximale.

Si le V.90 n'est pas assez rapide pour vous, demandez à votre ISP si vous pouvez utiliser deux modems et deux lignes téléphoniques simultanément pour repousser le débit limite à 112 Kbps. (Demandez-lui s'il utilise "PPP multilien".) Quelques sociétés fabriquent maintenant des cartes équipées de deux modems et de deux connecteurs téléphoniques. Cela peut s'avérer une bonne solution si vous choisissez de faire évoluer votre modem interne, mais ça ne semble pas en être une si vous disposez déjà d'une carte modem à haut débit.

Répondre à vos besoins de vitesse avec autre chose que des modems

Quelques nouveaux matériels de connexion, eux aussi désignés par le terme de modems, vous permettent d'aller encore plus vite, bien qu'ils soient encore plus complexes. Ces modems d'un nouveau genre sont les modems câbles, les cartes ISDN, et les récepteurs satellites.

Câblez-moi

Un "modem" câble connecte votre ordinateur au câble coaxial de la télévision, qui, en plus de vous permettre de regarder des films de science-fiction à toute heure, devient votre porte d'accès à Internet. L'accès à Internet via un modem câble est rapide, presque 27 Mbps (millions de bits par seconde). La vitesse moyenne est en fait proche de 1,5 Mbps, selon la qualité de la liaison entre votre ISP et Internet et le nombre d'autres utilisateurs de modems câbles dans le voisinage. C'est toujours bien plus rapide qu'une connexion par un modem analogique, et c'est en plus disponible 24 heures sur 24.

ISDN : surfer immédiatement sur le Net ?

ISDN (Integrated Service Digital Network, ou Réseau numérique à intégration de services) vous connecte à Internet via une ligne téléphonique à haut débit.

ISDN vous permet de rester à la maison pour vous connecter à Internet ou à l'intranet de votre organisation aussi rapidement que si vous vous étiez connecté directement sur un gros mainframe. Plutôt que de transmettre des données à la vitesse d'un modem, vous pouvez utiliser ISDN pour monter jusqu'à 128 Kbps. C'est deux fois plus que 56 Kbps. Si vous effectuez beaucoup de téléchargements, pensez au temps que vous pouvez gagner.

Surfez sur le Web depuis votre lit

L'engin WebTV est une boîte posée sur la télévision qui vous permet d'accéder à Internet en utilisant cette télévision plutôt qu'en utilisant un ordinateur. Tout à fait – vous pouvez naviguer sur le Web dans le confort de votre salle à manger, ou même depuis votre lit (ne vous mettez pas les couvertures sur la tête). Avec WebTV Plus, vous pouvez même surfer et regarder un film en même temps ! Les terminaux WebTV Classic et WebTV se connectent à votre télévision et à votre ligne téléphonique. En gros, le WebTV est un ordinateur spécialisé qui utilise votre télévision pour écran.

Le WebTV n'utilise pas de modem câble. Vous vous connectez à Internet via le téléphone, et via un service de télévision par câble. Vous devez utiliser un signal d'appel pour recevoir des appels tandis que vous surfez, et vous devez vous déconnecter pour passer un coup de fil. Allez voir sur `www.webtv.com` si le sujet vous intéresse.

ISDN est utilisé pour quelques raisons :

- La demande croissante des utilisateurs, des petites entreprises et des télétravailleurs qui désirent se connecter à Internet fait grimper la demande de lignes ISDN.
- Les groupes de standardisation se sont entendus sur des interfaces qui permettent aux compagnies de téléphone de relier les services ISDN à d'autres services sur leurs réseaux.
- La plupart des vendeurs de cartes ISDN ont résolu les problèmes de compatibilité.

Vous pouvez vous abonner à ISDN auprès de votre compagnie de téléphone. Vous devez généralement payer des frais d'installation plus un abonnement mensuel. Certains opérateurs vont en plus payer le transfert de données.

TRUC

Essayez de bénéficier d'un prix promotionnel pour l'installation d'une ligne ISDN. Si votre compagnie de téléphone n'en pratique pas encore, demandez si elle compte bientôt le faire. Ces opérations promotionnelles sont récurrentes.

En plus d'un abonnement téléphonique, vous aurez besoin d'une carte ISDN (ISDN TNR, terminaison numérique de réseau). De nombreuses personnes l'appellent à tort "modem ISDN". Cependant, quand nous disons "modem ISDN", tout le monde voit ce dont nous voulons parler. Notre compagnie de téléphone nous le facture 100 euros, ce qui n'est pas énorme mais tout de même plus cher qu'un modem classique.

ATTENTION !

Avant de vous jeter sur ISDN, rappelez-vous que toutes les compagnies de téléphone ne proposent pas ce type de service.

TRUC

Un autre service de communication à haut débit est expérimentalement disponible dans certaines régions. Il s'agit de l'ADSL (Asymmetrical Digital Subscriber Line). Avec ADSL, vous pouvez parlez et échanger des données simultanément via votre ligne de téléphone standard. Après avoir payé pour un modem spécialisé et l'installation/connexion au réseau, vous payez un abonnement en fonction du débit pour lequel vous optez. Vous recevez les données à ce débit mais l'envoi d'informations est plus lent. D'où la nature "asymétrique" de la communication.

Téléportez-moi Scotty

Un autre moyen de communication rapide est l'antenne satellite. Non, ne commencez pas à couper les arbres pour faire de la place à un terre-plein de béton où vous poserez une énorme antenne satellite. Nous parlons de matériels tels que les antennes DirecPC de Hugues Network Systems. Elles font moins de 90 cm de diamètre. Vous recevez les données du satellite à 400 Kbps, mais vous les émettez via un modem standard. Les données qui vous parviennent font un petit aller-retour dans l'espace – le satellite est en orbite à une altitude de 36 000 km – mais la seconde partie du chemin n'est que de la descente.

Avec l'antenne DirectDuo de Huges, vous pouvez recevoir des programmes de télévision en même temps que vous surfez sur le Web. Ce n'est cependant pas la même chose que WebTV. Le signal de télévision arrive sur votre télévision, tandis que les données arrivent sur votre PC.

Rendez-vous sur `www.direcpc.com` ou `www.direcduo.com` pour plus d'informations.

Servez vos hôtes avec des terminaux serveurs

ATTENTION !

Les terminaux serveurs dont il sera question dans cette section n'ont strictement rien à voir avec le Terminal Server de Microsoft Windows NT.

Même en cet âge où les PC, les Macintosh, et les stations de travail sont en réseau, la majorité des hôtes de la plupart des réseaux sont des terminaux. Le terminal le plus commun est un "bête" terminal compatible VT-100. Un bête terminal ne sait pas effectuer de calculs. Cependant, tous les terminaux ne sont pas aussi bêtes que le VT-100. Certains terminaux disposent d'un petit ordinateur. Plus le petit ordinateur est puissant, plus le terminal est futé. Les terminaux IBM sont futés, et les terminaux X sont vraiment brillants.

La Figure 16.2 illustre trois utilisations possibles de terminaux serveurs :

- Sans un terminal serveur, chaque ordinateur doit être directement connecté à un seul ordinateur. A la Figure 16.2, les terminaux connectés au Terminal Serveur 1 peuvent se connecter aux hôtes A, B, et C.

- Les terminaux serveurs peuvent aussi être utilisés pour créer des pools de modems pour arranger des connexions entre des terminaux distants et un hôte. Le Terminal Serveur 2 permet ainsi aux terminaux de contacter les hôtes A, B et C. Le Terminal

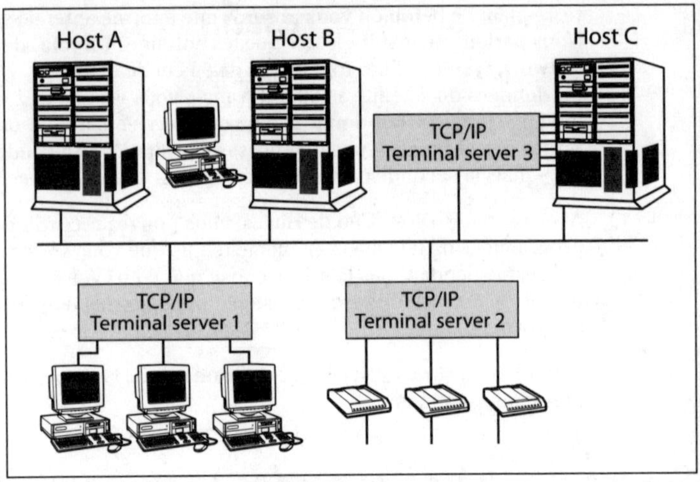

Figure 16.2 : Quelques terminaux serveurs sont nés doués, d'autres sont devenus doués, et d'autres sont doués à cause des autres.

Serveur 2 permet aussi aux hôtes de contacter des ordinateurs distants.

- Quand un terminal serveur est utilisé "à l'envers" – c'est-à-dire, quand ses ports font face à un ordinateur hôte – il peut jouer le rôle d'une interface réseau auprès d'un ordinateur. Le Terminal Serveur 3 fournit une interface réseau à l'hôte C. Notez que les ports séries du terminal serveur font face aux hôtes, et non pas aux utilisateurs. Le nombre d'utilisateurs qui peuvent se connecter à l'hôte C est déterminé par le nombre de ports séries liant l'hôte au terminal serveur.

Avez-vous besoin de terminaux serveurs ? Si un grand nombre de terminaux sont déjà connectés à votre ordinateur, vous disposez peut-être déjà de terminaux serveurs. Si vous êtes en charge de la conception d'un réseau et que les gens travaillent sur des terminaux, il est conseillé d'utiliser des terminaux serveurs. Et si vous devez mettre en place un pool de modems ou une solution créative d'interface réseau, c'est une excellente idée que d'utiliser des terminaux serveurs. Si votre organisation utilise des PC, vous n'aurez pas besoin de terminaux serveurs, mais vous pourriez essayer d'en apprendre plus sur le produit Terminal Server de Microsoft Windows NT.

Transformer le dîner réseau en un banquet

Il existe des réseaux de toute taille, de toute forme, et faisant appel à toute sorte de média. Quel que soit le média que votre réseau utilise, il est soumis à certaines contraintes qui en limitent l'utilisation. Jetez un œil au Tableau 16.1 et notez les limitations des câbles Ethernet.

Tableau 16.1 : Longueurs maximales de brins Ethernet pour une transmission optimale du signal.

Type de câble	Description	Longueur maximale, en pieds/mètres
10Base5	Câble coaxial épais	1640/500 (Ethernet utilisait cela à l'origine)
10Base2	Câble à brins fins	606/185
10BaseT	Paire torsadée	328/100
10BaseF	Fibre optique	6560/2000
100BaseT	Paire torsadée	1351/412
1000BaseT	Paire torsadée	328/100

Vous pouvez dépasser ces maxima (par exemple, en utilisant un câble à brins fins de 188 m de long) sans rencontrer de problème ; les limites offrent généralement une petite marge de manœuvre. Mais rappelez-vous que vos données sont transmises sous la forme d'un signal électronique le long du câble. Plus grand est le chemin que le signal doit parcourir, plus il s'amenuise. Le Tableau 16.1 indique la distance à partir de laquelle le signal commence à s'amenuiser.

Pensez au banquet. Si la cuisine se trouve à deux étages du bar et que vous projetez de servir des hors-d'œuvre au bar, vous feriez bien de ne pas songer à servir des hors-d'œuvre chauds, à moins que vous ne disposiez d'un ascenseur. De même, si vous devez "dépasser" les limitations recommandées pour vos câbles, vous devrez utiliser une solution matérielle – l'équivalent réseau d'un ascenseur – pour délivrer votre signal à temps pendant qu'il est chaud.

Les options matérielles dont vous disposez pour étendre votre réseau au-delà des limites imposées aux câbles sont entre autres les suivantes (chacune est détaillée dans la section suivante) :

- Des hubs.
- Des switches.

- Des routeurs.
- Des portails.

Hubba, hubba !

Vous pouvez utiliser des hubs pour agrandir un LAN en lien entre plusieurs segments de réseaux. Ces segments doivent être du même type. Autrement dit, une solution tout Ethernet fonctionne, mais un mélange d'Ethernet et de token ring ne fonctionne pas. Le hub prend les signaux électroniques d'un segment du réseau et les retransmet sur les autres segments. Il ne tient jamais compte du format des paquets ou des protocoles réseaux.

Bien qu'un hub puisse être une source potentielle de problèmes sur un réseau, le hub est un matériel très simple qui ne tombe généralement pas en panne tout seul. Si vous pensez utiliser des hubs pour allonger les distances des câbles de votre réseau, veillez à tenir compte de l'historique des pannes de courant survenues dans votre zone. Les hubs ne disposent pas de systèmes leur permettant de fonctionner de manière autonome, tels que des batteries. Ils sont simples et peu coûteux, et ils font bien leur travail – mais ils ne disposent pas de beaucoup d'options.

Gardez les animaux loin de vos câbles ! Bien que les hubs soient conçus pour durer et qu'ils soient résistants, si votre éléphant domestique marche dessus, il risque d'être écrasé. Si vous avez un hub sous votre bureau, essayez de ne pas trop lui refiler de coups de pied.

Il y a Ethernet, et il y a Fast Ethernet

Si Ethernet n'est pas assez rapide à 10 Mbps, vous pouvez utiliser Fast Ethernet à 100 Mpbs. Fast Ethernet est aussi appelé 100BaseT, et fait partie du standard orginal 802.3 de l'IEEE. Si Fast Ethernet ne vous suffit pas, vous pouvez utiliser Gigabit Ethernet à 1 Gps (c'est-à-dire, 1 000 Mbps).

Le Gigabit Ethernet est plutôt récent. Tous les vendeurs ne pourront peut-être pas vous fournir ce dont vous avez besoin.

Un matériel rapide est le seul moyen d'accélérer un accès à Internet. Mais il ne suffit pas que vous disposiez d'un matériel rapide pour que vous atteigniez aussitôt des vitesses miraculeuses. Le matériel rapide ne doit pas être simplement sur votre bureau, il doit aussi être chez votre fournisseur d'accès à Internet et sur Internet. Cette leçon s'applique aussi à votre intranet.

Qui a vraiment besoin d'aller aussi vite ?

Vous pourriez être surpris. Fast Ethernet est de plus en plus utilisé sur les serveurs et les ordinateurs puissants, tels que les stations graphiques qui ont créé le film *Fourmiz*. Si les serveurs et les ordinateurs fonctionnent à une telle vitesse, la dorsale du réseau ou le superserveur doit aller encore plus vite. Et il y a probablement quelqu'un, quelque part, sur un Mac, qui se dit : "J'ai maintenant besoin d'aller plus vite."

Switch

Un *switch* est un matériel réseau qui étend un LAN en reliant de multiples segments de réseaux. Hum, tout cela ressemble à un hub, non ? Oui, il y a des points communs, mais il y a aussi des différences :

- Les switches vivent normalement dans des armoires et dans des salles d'ordinateurs plutôt que sous les bureaux.
- Un switch augmente la bande passante disponible du réseau en ne connectant des segments entre eux que lorsqu'un paquet doit passer de l'un à l'autre.
- Un switch prend des décisions de connexion en fonction de l'adresse contenue dans le paquet. L'adresse est soit une adresse matérielle d'interface (de la couche 2, la couche lien) soit une adresse numérique IP (de la couche 3, la couche réseau).
- Un paquet peut passer via plusieurs switches tout au long de son voyage depuis l'ordinateur qui l'a émis jusqu'à l'ordinateur qui le reçoit. Chaque switch doit prendre sa propre décision de connexion, car les switches ne se parlent pas entre eux.

TRUC

Un switch est conçu pour être très rapide, mais pas particulièrement intelligent. Bien qu'il soit très utile au sein d'un intranet, il ne gère pas les WAN, si bien que vous ne pouvez pas en utiliser un sur Internet. Vous avez pour cela besoin de routeurs.

Routeur ou rowter ? peu importe

Les routeurs sont particuliers parce qu'ils sont assez intelligents pour comprendre les adresses IP. En fait, le choix que fait le routeur de la route que doivent suivre vos paquets se base sur la portion réseau de l'adresse IP. Un routeur contient une interface réseau pour chaque segment de réseau auquel il est connecté. Chaque interface réseau dispose d'une adresse IP différente car le routeur est lui-même membre de chacun des réseaux.

Comment fonctionne le routage ?

Les routeurs agissent au niveau des couches internet, liaison de données et physique de TCP/IP.

Un routeur ressemble à une pieuvre dont les tentacules représentent tous les types de câbles. Les routeurs connaissent de nombreux chemins que vos paquets de données pourraient emprunter pour arriver à destination. Les routeurs disposent d'informations sur les autres routeurs du réseau et peuvent diriger le paquet sur le chemin le plus efficace. Le chemin le plus efficace change quand les matériels connectés au réseau changent et quand le trafic fluctue.

Par exemple, lundi, le chemin le plus efficace pourrait passer par le réseau A, le réseau C, et le réseau B. Mardi, le chemin le plus efficace peut passer par le réseau A, le réseau D et le réseau B parce que le réseau C est en panne. Puisqu'il est informé des problèmes qui se posent sur le réseau, le routeur peut faire accomplir à vos données un détour quand cela s'avère nécessaire.

Les routeurs utilisent un protocole de routage pour s'informer de l'état du réseau et déterminer le chemin optimal que doit emprunter un paquet en route vers sa destination. Qu'est-ce qui est optimal ? Est-ce le chemin le plus court (le moins de sauts d'un hôte à un autre) ? Ou le chemin le plus rapide (plus de bonds sur des lignes plus rapides) ? Ou le chemin le moins congestionné ?

Supposez que vous vouliez vous rendre de Boston à New York pour visiter l'Empire State Building. Les itinéraires à retenir seraient probablement :

- Aller à New York en empruntant l'autoroute 95 et utiliser une carte de la ville pour localiser l'Empire State Building.
- Vous rendre à l'aéroport Logan de Boston. Prendre l'avion jusqu'à l'aéroport JFK à New York. Prendre un taxi jusqu'à l'Empire State Building.

- Aller en voiture jusqu'à la gare Sud de Boston. Prendre le train jusqu'à la gare Penn de New York. Prendre le métro jusqu'à l'Empire State Building.

Par quel itinéraire pensez-vous être rendu le plus vite ? Si vous n'avez jamais conduit jusqu'à l'aéroport Logan aux heures de grand rush, la plupart d'entre vous penseront que prendre l'avion de Logan à JFK est le chemin le plus court. Cependant, en fonction de l'encombrement, prendre l'avion peut se révéler être le chemin le plus lent. Croyez-en notre expérience – nous en avons fait les frais plusieurs fois.

Le chemin le plus court n'est pas toujours le chemin le plus rapide. Le chemin le plus direct non plus. Et même si vous n'êtes jamais allé à New York de votre vie, sachez que ces règles s'appliquent aussi aux réseaux.

Les protocoles de routage

Quand vous configurez le routeur, vous devez aussi connaître le protocole de routage approprié : ces protocoles sont, eux aussi, livrés avec le routeur. Il y en a plusieurs, et les trois plus connus sont présentés dans les sections suivantes.

RIP (Routing Internet Protocol)

RIP a été développé par Xerox, bien avant que cette compagnie ne fasse de l'informatique. RIP est une partie de TCP/IP sur UNIX depuis le début, et il est aujourd'hui intégré à la plupart des produits TCP/IP. RIP ayant été développé avant que le RFC correspondant (RFC 1058) ne soit publié, vous en trouvez diverses implémentations.

Bien que RIP soit intelligent et sache parfaitement acheminer vos paquets à leurs destinations, il ne se corrige pas très vite quand survient un changement dans le réseau, tel que l'apparition d'un nouveau routeur ou de chemins plus rapides. RIP est l'un des IGP (Interior Gateway Protocol), ce qui signifie que RIP n'est utilisé qu'au sein d'organisations et non à l'échelle d'Internet.

OSPF (Open Shortest Path First)

OSPF est un descendant d'autres protocoles qu'il remplace, tels que IS-IS (Intermediate System to Intermediate System). OSPF a été conçu autour du concepteur de routeurs désignés – c'est-à-dire que si tous les routeurs sont égaux quelques-uns sont élus à des positions importantes. OSPF est le plus commun des protocoles de la famille IGP.

BGP (Border Gateway Protocol)

BGP est le protocole que les routeurs Internet utilisent pour échanger des tables de routages. Parce qu'il est utilisé entre des organisations, BGP est un EGP (Exterior Gateway Protocol) – en fait, il remplace le protocole qui portait ce nom.

CIDR (Classless Inter-Domain Routing)

CIDR est la technologie clé qui a permis au monde d'éviter d'être à court d'adresses IP en aidant les routeurs à faire leur travail avec la plus grande efficacité possible. Aujourd'hui, chaque fournisseur d'accès à Internet doit utiliser CIDR. Parce que ce n'est pas exactement un protocole, CIDR travaille avec OSPF (pour les intranets) et BGP (pour Internet).

Pour plus de détails sur CIDR et sur la conservation des adresses IP, reportez-vous à la RFC 2050.

Configurer un routeur sur un serveur Windows NT

Bien que la plupart des routeurs soient des matériels dédiés qui utilisent des logiciels spécialisés, vous pouvez utiliser un ordinateur commun pour accomplir cette tâche. L'ordinateur doit disposer de deux (ou plus) interfaces réseaux et être connecté à deux (ou plus) réseaux. L'implémentation de TCP/IP doit inclure des fonctionnalités de routage. La Figure 16.3 représente un système Windows NT en train d'être configuré pour jouer le rôle d'un routeur. Notez qu'une interface réseau a déjà été installée, et qu'une seconde est en cours d'installation.

Voici ce que vous faites :

1. **Dans le menu Démarrage, choisissez Paramètres/Panneau de configuration.**
2. **Cliquez sur l'icône Réseau.**
3. **Dans la boîte de dialogue Réseau, cliquez sur l'onglet Interfaces pour configurer l'interface réseau.**

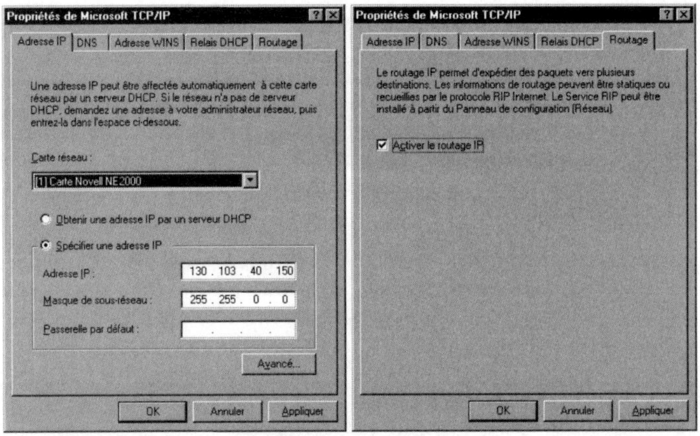

Figure 16.3 : Configurez TCP/IP et activez le routage IP pour chaque interface réseau de votre ordinateur.

4. **Cliquez sur le bouton Ajouter.**

   Une liste des interfaces réseaux apparaît dans la boîte de dialogue Interfaces réseau.

5. **Cliquez sur votre interface réseau dans la liste affichée.**

   Si votre interface n'est pas dans la liste, vous avez besoin d'un disque contenant le driver de l'interface.

Pour configurer une interface réseau avec TCP/IP, suivez chacune de ces étapes. Vous devez le faire pour chacune des interfaces réseaux installées dans votre serveur.

1. **Après avoir configuré votre interface réseau, cliquez sur l'onglet Protocoles dans la boîte de dialogue Réseau.**
2. **Cliquez sur TCP/IP pour ouvrir la boîte de dialogue Propriétés de TCP/IP.**
3. **Cliquez sur l'onglet Adresse IP.**
4. **Remplissez les champs adresses comme à la Figure 16.3.**
5. **Cliquez sur l'onglet Routage et cliquez sur la case à cocher Autoriser le Forwarding IP.**
6. **C'est fini !**

Portails : les interprètes ultimes

Pour effectuer des traductions sur le réseau, vous avez besoin d'un portail. Les portails interviennent à toutes les couches de TCP/IP, de la couche physique inférieure à la couche application supérieure, pour transmettre des données sur le réseau. Ils traduisent et véhiculent l'information d'une application à une autre – et même d'un protocole à un autre.

Quand un portail effectue une traduction, il extrait les informations de routage, les adresses, et les données envoyées, puis les convertit dans le format des protocoles et des données du réseau destination.

Un mythe répandu sur les portails

De nombreuses personnes pensent que les portails servent à étendre la taille des réseaux. En fait, un portail étend la connectivité d'un réseau en transcendant les différences liées au format des données et des protocoles entre deux réseaux connectés.

Parce qu'il est chargé d'une traduction complexe, un portail a plus de travail que tous les autres matériels dont il a été question dans ce chapitre. Vous pouvez vous rendre au magasin d'à côté et acheter un hub, puis le ramener à la maison ou au travail, y connecter quelques fils et l'utiliser aussitôt. Mais un portail est généralement un ordinateur disposant de deux (ou plus) interfaces réseaux, une pour chacun des réseaux auquel il est connecté. Et comme tous les ordinateurs, le portail doit être configuré avec un système d'exploitation et des protocoles réseaux avant que vous ne puissiez l'utiliser.

La fête est terminée, il faut se décider

Le Tableau 16.2 fait le bilan des capacités et des fonctionnalités des matériels réseaux présentés dans ce chapitre.

ATTENTION !

N'ajoutez pas à l'aveuglette des matériels au réseau, sans avoir rédigé de planning. Supposez que tout ce dont vous avez besoin soit un hub. Avant de signer le chèque, posez-vous la question de savoir si ce hub vous suffira dans un mois, dans six mois, dans un an. Si votre réseau est en pleine croissance, il se peut que vous ayez dans quelques mois à le diviser avec un switch ou un routeur. Dans ce cas, et même si vous

Tableau 16.2 : Comparaison des matériels réseaux.

	Hub	Switch	Routeur	Portail
Intelligence	Aucune	Moyenne	Grande	Génie
Coût relatif	Très bas	Moyen	Fort	Dispendieux
Complexité de la configuration	Simple	Moyen	Complexe	Complexe
Couche(s) du modèle de réseau	Physique	Physique, data link, internet	Toutes	
Compréhension des adresses	N/A	Matérielles, IP	Matérielles, IP	Matérielles, IP

n'avez besoin que d'un hub aujourd'hui, vous feriez peut-être mieux d'acheter un matériel plus complexe qui vous servira plus longtemps.

Chapitre 17

Sécurité : les mauvais gars peuvent-ils se lever ?

Dans ce chapitre :

- Rassembler toutes les pièces du puzzle de la sécurité du réseau.
- Découvrir quelques nouvelles terminologies : le cryptage, l'authentification, les clés publique et privée ainsi que les signatures électroniques.
- Obtenir un certificat électronique pour protéger vos transactions sur Internet.
- Découvrir les pare-feu.
- Utiliser SSL et SET pour assurer la sécurité du commerce électronique.
- Surveiller votre réseau avec Kerberos.

Souvenirs, souvenirs...

La sécurité d'ARPANET reposait sur l'isolation physique du réseau ainsi que sur le fait que les hôtes et les utilisateurs étaient dignes de confiance. IP ne peut pas grand-chose en matière de sécurité. A l'époque, les concepts de cryptage, d'authentification et de transactions sécurisées étaient totalement inconnus. Lorsque le réseau grandit pour devenir Internet, quelques éléments apportant un minimum de sécurité furent ajoutés à TCP/IP. Le monde n'est plus si calme de nos jours et la plupart des sites nécessitent plus que ces éléments minimaux de sécurité.

Que faut-il pour sécuriser les réseaux ?

La sécurité des réseaux concerne tout :

- Le matériel : les ordinateurs et les autres éléments du réseau.
- Les systèmes d'exploitation pour fournir des éléments de sécurité tels que des comptes d'utilisateurs et des mots de passe.
- Les logiciels : les applications elles-mêmes.
- Le système de fichiers, qui offre des mécanismes pour protéger des fichiers et des répertoires.
- La conception réseau : le kit complet et tout le bazar.
- Les politiques et les procédures d'organisation.
- La formation et l'éducation des utilisateurs.
- Des réglementations, incluant des sanctions pour ceux qui ne les suivent pas.
- La sécurité physique, tel un verrou sur la porte de la salle des ordinateurs.

Tous ceux qui sont impliqués dans la mise en place d'un système de sécurité doivent tenir compte d'un grand nombre de questions : de quoi et de qui se protéger ? Est-ce que les utilisateurs de votre réseau représentent une plus grande menace que ceux venant de l'extérieur ? Combien êtes-vous prêt à payer, et pour quelle protection ? Jusqu'où les utilisateurs peuvent-ils tolérer ces inconvénients ?

RFC ALERT

RFC 1173, *Responsabilities of Host and Network Managers : A Summary of the Oral Tradition of the Internet* (les Responsabilités des administrateurs d'hôte et de réseau : un résumé de la tradition orale de l'Internet) décrit les responsabilités en matière de sécurité des gestionnaires de systèmes et des administrateurs de réseau.

RFC ALERT

RFC 2196 *Site Security Handbook* (le Manuel de la sécurité des réseaux) contient de bonnes informations qui vous aideront à mettre en place une stratégie de sécurité ainsi que des informations sur les risques engendrés par une connexion à l'Internet.

RFC ALERT

RFC 1470 *FYI on a Network Management Tool Catalog : Tools for Monitoring and Debugging TCP/IP Interconnected Devices* (aussi connu sous FY2) est un catalogue des outils disponibles pour les administrateurs de réseau et les gestionnaires de systèmes.

Qui est responsable de la sécurité du réseau ?

Chacun est responsable de la sécurité du réseau :

- Les utilisateurs, qui ne doivent pas révéler leur mot de passe.
- Les gestionnaires du système, qui contrôlent les services et les ordinateurs
- Les administrateurs du réseau, qui implémentent et gèrent les connexions.
- Les responsables de l'organisation, qui établissent les politiques et les procédures à adopter en cas de comportement inacceptable, ainsi que les punitions à infliger à ceux qui enfreignent les règles.
- Le personnel responsable de la sécurité et de la gestion de l'information, qui doit faire respecter la loi.

Ne pratiquez pas la sécurité obscurantiste. Ne prenez pas les utilisateurs pour des imbéciles. Certains sont plus malins que vous le croyez, alors que d'autres font d'étranges erreurs.

Voici un simple exemple : Léo configure l'organisation de son serveur FTP anonyme. Il n'y met aucune protection et suppose que personne ne le trouvera simplement en n'annonçant pas son existence. Léo pratique une sécurité obscurantiste.

Que peut-il arriver de pire ?

Quatre principaux types de problème se posent pour votre réseau :

- Les bogues logiciels, qui permettent aux intrus d'endommager votre réseau et vos serveurs Web.
- Les intrus, qui trouvent comment entrer dans votre serveur (ce qui recoupe le premier risque).
- Des données confidentielles (telles que mot de passe, numéro de carte de crédit ainsi que sa date d'expiration) sont interceptées et volées.
- Des documents confidentiels (comme l'étude de marché de votre société sur un nouveau produit) peuvent être volés.

IPSEC (IP Security Protocol), le protocole de sécurité de IP

Le groupe d'études IETF travaillant sur IPSEC (Internet Engineering Task Force) a publié 28 documents consacrés à la création d'un standard de sécurité pour les VPN (Virtual Private Network).

Voici les bonnes nouvelles...

Utiliser les ressources d'Internet pour créer le VPN d'une entreprise peut faire économiser à cette dernière beaucoup d'argent, surtout en ce qui concerne le matériel. Economiser de l'argent, c'est plutôt bien !

... Et les mauvaises nouvelles

Si le VPN de votre société ne peut authentifier sans faillir les utilisateurs et les réseaux qui se connectent au VPN, des intrus en tout genre se fraieront un chemin dans les données et les ressources de votre entreprise.

IPSEC est encore en chantier. Le but est de développer un standard pour sécuriser les VPN. C'est-à-dire qu'il reste encore beaucoup de chemin à parcourir avant que IPSec ne prenne vie. Par exemple, IPSec propose un puissant cryptage pour les données, mais requiert encore une méthode standard pour authentifier les utilisateurs.

Le banquet TPC/IP est uniquement sur invitation

Toutes les couches du mille-feuille TPC/IP offrent et nécessitent différents éléments de sécurité. Les sections suivantes explorent les couches spécifiques des étapes de la sécurité.

Contes de la crypte

Tout en bas de la structure de TCP/IP dans les couches physique et liaison, vous pouvez crypter les données sur le câble. C'est une des techniques les plus utilisées en communication. Le cryptage et autres terminologies employées pour la sécurité des ordinateurs viennent en droite ligne du monde des agents secrets. Voici les définitions de certains de ces concepts.

Cryptographie

Procédé de brouillage (cryptage) et de déchiffrage (décryptage) des messages dans un code secret.

Cryptage

Processus visant à brouiller un message avec un code afin de dissimuler sa signification. La méthode la plus courante de cryptage consiste à utiliser une paire de clés – une clé publique et une clé privée – pour encoder les données de sorte que le destinataire du message soit le seul à pouvoir le lire. Si Marshall envoie un message à Hélène, la mère de Candace, il encode le message avec la clé publique de Hélène. Cette dernière décode le message avec sa clé privée. Seule la clé privée d'Hélène peut décoder le message. Candace ne peut pas savoir ce que Marshall et Hélène disent à son sujet.

La clé de cryptage

La *clé de cryptage* est un élément essentiel de l'information – c'est un mot, un numéro ou une combinaison – utilisé lors du cryptage et du décodage d'un message, mais elle ne comprend pas l'algorithme (processus) utilisé pour le cryptage.

Cryptographie avec des clés publique et privée

Dans le processus de codage utilisant des clés publique et privée, une clé de cryptage est utilisée pour crypter le message et une autre clé est utilisée pour décrypter le message. Il existe une relation – en général mathématique – entre ces deux clés. Les clés publique et privée sont composées de nombres premiers très grands qui sont numériquement liés (facteur d'un autre, nombre plus grand). La possession d'une des clés ne suffit pas pour traduire le message. Car tout ce qui est crypté par une clé ne peut être lu que par l'autre.

Chaque utilisateur reçoit une unique paire de clés, l'une est rendue publique, l'autre est gardée secrète. Les clés publiques sont stockées dans des lieux accessibles à tous, envoyées par courrier électronique aux utilisateurs, et peuvent même être imprimées dans les journaux. Les clés privées doivent être stockées dans un endroit sûr et protégé.

Tout le monde peut obtenir votre clé publique, mais vous seul possédez votre clé privée.

Ça marche à peu près comme ceci : vous me parlez ; je n'écoute pas tant que vous ne m'avez pas envoyé votre message en utilisant ma clé publique, ce qui m'assure que personne ne peut écouter aux portes. Seule ma clé privée, que personne d'autre ne possède, peut décrypter le message. Je sais donc que personne d'autre ne peut lire le message. Je me fiche pas mal de savoir que de nombreuses personnes ont ma clé publique, puisqu'elles ne peuvent pas l'utiliser pour décrypter le message qui m'est adressé.

PGP, acronyme de Pretty Good Privacy, est un logiciel exportable du domaine public gratuit et destiné à la cryptographie, qui utilise des clés publiques et privées. PGP est le nec plus ultra pour sécuriser les applications.

X-files, contes d'authentification

Dans le milieu du mille-feuille TPC/IP, dans les couches Internet et transport, il existe une mesure de sécurité d'authentification des noms et des adresses d'ordinateurs qu'une application peut utiliser. L'authentification ne se contente pas de vous identifier. Vous devez prouver que vous êtes bien celui que vous dites être.

Qu'est-ce qu'un certificat et comment puis-je me le procurer ?

Tout comme votre passeport prouve que vous êtes bien celui que vous prétendez être à la douane, l'authentification réseau prouve que vous êtes celui que vous dites être à une application ou à un serveur. Mais il arrive que votre passeport se révèle insuffisant pour vous permettre d'entrer dans un pays. Certains demandent un visa ou une pièce d'identité supplémentaire par mesure de sécurité. La sécurité des réseaux et des ordinateurs fonctionne de la même manière. Une application et un serveur se contentent parfois de votre simple authentification pour vous donner accès à leurs services et à leurs ressources. Mais il arrive parfois que l'application ou le serveur exigent une identification électronique supplémentaire dans un souci de sécurité. Ce "visa électronique" est appelé certificat et contient vos clés de cryptage.

Dans la réalité, vous possédez plusieurs papiers d'identité à des fins spécifiques : passeport, permis de conduire, certificat de travail… Pour que ces papiers d'identité soient dignes de foi, ils doivent provenir d'une autorité reconnue, comme le gouvernement ou votre employeur. Sur un réseau, vous pouvez posséder des certificats distincts pour chaque application ou serveur qui vous les demandent. Pour que ces certificats soient dignes de foi, ils doivent provenir d'une autorité de certification.

Pour obtenir un certificat, il faut soumettre une demande de certificat à une Autorité de certification, une organisation qui délivre des certificats. Si votre Autorité de certification est une société, vous devez payer ce service, car ceux qui délivrent des certificats vérifient que tous les demandeurs sont bien ceux qu'ils déclarent être. Ce processus de validation vous protège vous et votre entreprise. Par exemple, lorsque vous obtenez un certificat pour votre serveur, votre certificat vous protège de la manière suivante :

- Les personnes qui communiquent avec votre serveur sont assurées que votre serveur est celui de votre entreprise et non pas celui d'un imposteur.
- Vous pouvez en toute légalité conduire des transactions sur l'Internet.
- Votre serveur est capable d'établir des connexions sécurisées avec d'autres serveurs et clients comme des navigateurs Web via SSL (TCP/IP Secure Sockets Layer).

Votre entreprise agit comme une Autorité de certification quand elle vous délivre le certificat dont vous avez besoin pour accéder aux ressources intranet. Le Web fait confiance à l'Autorité de certification qui délivre des identifications électroniques seulement après avoir vérifié l'identité des demandeurs. Vous pouvez obtenir un certificat de la société nommée Verisign pour l'utiliser avec votre navigateur Web en répondant à certaines questions sur `www.verisign.com`. Certains logiciels et applications sont autorisés à délivrer certains certificats. Par exemple, quand vous vous enregistrez en tant qu'utilisateur de Lotus Notes, Notes crée un identificateur utilisateur qui contient votre certificat et votre paire de clés publique/privée.

SÉCURITÉ

L'authentification sur le réseau mondial ne consiste pas simplement à prouver qui vous êtes à un serveur Web. Cela peut même être l'inverse. Etes-vous sûr que le site Web que vous parcourez est vraiment le site qu'il dit être ? Cela pourrait être un site truqué créé par un malfaiteur qui voudrait vous voler les informations contenues dans votre carte de crédit. Les certificats à la rescousse ! Un serveur qui possède un certificat peut prouver qu'il est le site qu'il dit être, et peut crypter les données du trafic de communications entre vous et votre navigateur.

Les signatures "numériques" sont-elles aussi légales que les signatures "réelles" et comment puis-je en obtenir une ?

Vous devez parfois signer un document en présence d'un témoin. Si le témoin est un notaire, il ou elle peut estampiller le document avec un cachet. Le document original, signé et cacheté, est manifestement différent d'une photocopie ou d'un fac-similé et il est plus difficile à contrefaire. Dans une application réseau, une signature numérique a encore plus de valeur que le cachet d'un notaire (une signature numérique n'est pas une représentation graphique de votre écriture).

Les documents signés de manière numérique sont plus difficiles à contrefaire que ceux faits à la main, car la signature numérique et le document sont liés et le document est certifié strictement conforme à l'original. Cependant, personne n'a encore fait valoir la validité des signatures numériques devant la justice, aussi ne savons-nous pas vraiment si elles sont légales.

Une application réseau qui gère les signatures numériques vous en crée une à chaque fois que vous lui demandez ou chaque fois que vous en avez besoin. Par exemple, quand vous signez un courrier électronique, l'application utilise un certificat pour créer une signature numérique et l'ajoute au message.

RFC ALERT

RFC 1422 *Privacy Enhancement for Internet Electronic Mail : Part II : Certificate-Based Key Management* explique plus en détails les certificats et la sécurité des courriers électroniques.

Attraper un voleur

Tout en haut du mille-feuille TCP/IP, dans la couche application/présentation/session, les applications peuvent avoir leur propre sécurité.

Quelques applications réseaux (FTP, rexec) utilisent des mots de passe, ce qui est une bonne garantie. Mais l'utilisation des mots de passe peut générer d'autres faiblesses. Par exemple, une personne peut essayer d'entrer dans votre système via telnet, et deviner les mots de passe. Vous pouvez lancer certains types d'applications de gestion de compte ou d'audit système qui vous préviennent quand votre système est attaqué, mais la plupart des personnes malintentionnées sont trop prudentes pour ce type de protection. Elles peuvent contourner le problème en utilisant FTP pour faire des tests au lieu de se connecter directement via telnet. Les différentes implémentations de FTP peuvent fournir ou non des niveaux de protection comparables à telnet. Assurez-vous que celui que vous utilisez possède un système de gestion de compte et d'audit qui vous avertira en cas d'attaque.

Faire son trou sur Internet

Le tunneling IP assure la sécurité et la confidentialité de vos communications lors de vos activités en ligne. Si vous utilisez les lignes téléphoniques, le tunneling IP vous permet de vous connecter à votre bureau via l'Internet sans vous soucier des pirates qui pourraient lire les données de votre entreprise. Le logiciel de tunneling IP crypte vos données avant de les envoyer sur la toile. Vous et votre entreprise avez besoin d'un logiciel sur votre ordinateur qui supporte le tunneling. En général, ce logiciel est fourni avec son pare-feu.

Vous n'avez pas forcément besoin du tunneling si vous désirez juste naviguer sur le Web. Vous pouvez avoir besoin du tunneling si vous voulez naviguer sur votre Web intranet.

Connaissez les faiblesses de vos applications

Nous allons maintenant examiner des précautions supplémentaires que vous pourrez appliquer à des applications spécifiques, à des protocoles et des services.

Restreindre TFTP

Le Trivial File Transfer Protocol, TFTP, permet de charger et relancer un ordinateur à distance. Imaginez les dommages si les personnes qui utilisent TFTP ne l'utilisent pas simplement pour charger un système d'exploitation sur un ordinateur démuni de disque, mais également pour s'emparer de votre fichier des mots de passe. Vérifiez donc bien que vous avez réellement besoin de TFTP. Si tel est le cas, configurez-le avec précaution afin de limiter les fichiers pouvant être transmis à des utilisateurs.

Testez TFTP vous-même, mais seulement sur vos propres ordinateurs. Tester les systèmes d'autres personnes est probablement illégal. Essayez de récupérer les fichiers cruciaux de votre système. Si vous avez convenablement fait les choses, le transfert devrait échouer.

Si vous n'avez pas besoin de TFTP, ne tentez pas le diable qui sommeille en lui.

Attention à l'anonymat !

Puisque tout le monde de n'importe où peut utiliser un FTP anonyme, configurez ce dernier avec précaution afin de limiter la liste des fichiers qui peuvent être récupérés. Comme pour TFTP, FTP anonyme peut être utilisé par un malfaiteur pour s'emparer de votre fichier des mots de passe.

Quand vous configurez un FTP Anonyme, vous spécifiez le répertoire le plus haut qui contient des fichiers proposés au public, ce qui rend tous les sous-répertoires qui se trouvent en dessous automatiquement accessibles. Une fois que vous aurez configuré votre FTP anonyme, vous devrez donc vérifier que vous n'avez pas rendu disponibles des fichiers cruciaux. Assurez-vous également que les utilisateurs ne sont pas en mesure de sélectionner un répertoire en dehors de l'arborescence que vous avez spécifiée.

Considérez comme "dédié" un ordinateur que vous avez consacré à un FTP anonyme, et ne stockez rien dessus que vous ne souhaitiez pas partager.

Ne croyez pas tout ce que vous lisez, 1re partie : le courrier électronique

Vous ne pouvez jamais être sûr qu'un message arrivé dans votre boîte aux lettres électronique provient bien de la personne qui dit l'avoir envoyé. Quiconque voulant envoyer un message frauduleux peut changer le nom de son ordinateur, et même son nom d'utilisateur. Quand un message est émis, SMTP ne peut vérifier ni le nom de l'utilisateur, ni le nom de l'ordinateur, ni l'adresse du courrier électronique de l'émetteur. Il achemine simplement via le Net le message et les informations frauduleuses qu'il contient.

Sur de nombreuses machines, vous ne pouvez pas changer le nom de l'utilisateur et le nom de l'ordinateur (à moins que vous ne soyez le gestionnaire du système), mais ces restrictions ne se rencontrent par sur PC. Vous et votre machine pouvez porter le nom que vous voulez – même elysee.gov !

PEM, Privacy Enhanced Mail, est un environnement de courriers électroniques plus sécurisé qui fait appel au bon vieux SMTP et à un nouvel agent de courrier électronique, ou MUA. PEM sait comment envoyer et recevoir du courrier électronique de manière sécurisée, mais votre correspondant et vous-même devez au préalable vous entendre sur les fonctionnalités sécurisées de PEM à utiliser. Chacun de vous doit en particulier posséder une paire de clés publique/privée pour accéder à la clé publique de l'autre.

Par exemple, un utilisateur nommé Ben ne peut envoyer un message crypté à sa sœur Rachel avant d'avoir réuni les éléments suivants :

- Rachel possède une clé publique à laquelle Ben peut accéder. Il peut la trouver sur un site public, ou elle peut la lui envoyer par courrier électronique.
- Ben possède un logiciel (plus précisément un MUA) lui permettant d'utiliser une clé publique de cryptage, et il sait comment l'utiliser.

Mais ces conditions ne suffisent pas. Supposez que Ben puisse créer une paire de clés publique/privée pour Rachel et utiliser ces clés fraîchement créées pour crypter le message de courrier électronique qu'il lui envoie. Une fois que Rachel aura reçu ce message, comment fera-t-elle pour le décrypter ? Ben ne doit pas seulement donner à Rachel une clé publique, mais il doit aussi s'assurer que Rachel sait comment décrypter et crypter un courrier électronique. Doit-il lui donner une copie de sa clé privée ? Rachel peut-elle faire confiance à Ben ?

PEM peut être très utile, mais vos correspondants et vous-même devez être synchronisés.

Ne croyez pas tout ce que vous lisez, IIe partie : les discussions Usenet

Vous êtes dans la même situation vis-à-vis des auteurs des messages Usenet que vous lisez que vis-à-vis des auteurs de courrier électronique que vous recevez. Il n'est pas impossible qu'un esprit taquin et intelligent ait rédigé un article trompeur. Pour vous aider, NNTP, Network News Transfer Protocol fournit quelques fonctionnalités optionnelles d'authentification.

Le serveur NNTP peut être configuré de telle sorte qu'il accepte les articles à la condition qu'il puisse identifier l'ordinateur source et l'auteur. Pour cela, le serveur NNTP et le client doivent tous deux utiliser les fonctionnalités d'authentification. Cependant, la plupart des clients ne l'utilisent pas de nos jours.

Comme l'authentification NNTP ne fonctionne qu'en coopération avec les utilisateurs (au moyen d'un client NNTP correctement configuré), la seule garantie que vous pouvez avoir est que les gentils utilisateurs sont vraiment ce qu'ils disent être. Les méchants ne sont pas près d'utiliser ce genre de logiciel qui inhibe leurs mauvaises actions – du moins volontairement.

Les articles publiés dans les discussions Usenet ne sont fiables que si toutes les authentifications sont bien coordonnées.

Nous avons seulement confiance en Johnny Carson et Walter Cronkite

Les services basés sur la confiance (rsh, rcp, rlogin) savent en quels ordinateurs et en quels utilisateurs ils peuvent avoir confiance en se basant sur le contenu de fichiers textes au format ASCII. Est-ce que ces fichiers et leurs répertoires sont suffisamment protégés de sorte que seuls les utilisateurs autorisés puissent en modifier le contenu ? (Sur les systèmes UNIX, /etc/hosts.equiv et les fichiers .rhosts sont situés à la racine des répertoires utilisateurs.)

La sécurité de vos services réseaux TCP/IP dépend en fait directement de la sécurité du système d'exploitation. Tout utilisateur de rsh, rcp, et de rlogin, y compris le gestionnaire du système, peut ouvrir des brèches dans la sécurité – accidentellement ou volontairement.

Si vous précisez le nom d'un ordinateur quand vous utilisez rsh, rcp, rlogin, spécifiez toujours le FQDN. Sinon, si vous faites confiance à lotus, vous faites en réalité confiance à tous les ordinateurs nommés lotus n'importe où sur Internet, et pas seulement à l'ordinateur de la société de voitures.

NFS = Nos fichiers sont en sûreté

Sur les systèmes UNIX, le fichier nommé /etc/exports décrit l'espace disque que votre serveur NFS (Network File System) est prêt à partager. Il vous permet également de limiter l'accès aux seuls clients NFS que vous avez nommés, et de réduire les actions des utilisateurs privilégiés de ces clients NFS.

Il existe quelques astuces pour sécuriser votre serveur NFS :

- Soyez attentif à l'espace disque que vous partagez. Ne cataloguez que les répertoires que vous devez partager.
- Soyez attentif aux clients NFS que vous acceptez. Inscrivez leur FQDN dans le fichier.

- N'autorisez pas les utilisateurs privilégiés utilisant des clients NFS à avoir un accès privilégié à l'espace disque. Déclarez (dans /etc/exports) que ces clients n'ont pas d'accès privilégié.

Utilisez la commande showmount sur le serveur NFS pour vérifier l'espace disque que les clients NFS utilisent. Voici un exemple :

```
% showmout -a
frodo:/var/spool/mail
frodo:/usrl/emacs
bilbo:/var/spool/mail
bilbo:/usr2/xmosaic
```

Si vous voyez une adresse IP numérique à la place du nom du client NFS, cela peut signaler un problème de sécurité. Cela signifie que le serveur NFS est incapable de retrouver le nom du client dans le fichier hôte local, le NSI ou le DNS.

Tout est dans les ingrédients de base !

Ne sombrez pas dans les détails de la sécurité, vous pourriez en arriver à oublier les bases. Si vous ne respectez pas les simples recettes suivantes, toutes les astuces les plus inimaginables de sécurité se révéleront inutiles :

- Demandez aux utilisateurs de changer leurs mots de passe régulièrement. Utilisez un programme de recherche de mots de passe pour vérifier si les utilisateurs n'ont pas choisi des mots de passe que des malfaiteurs pourraient trop facilement deviner.
- Utilisez des applications anti-virus, et utilisez-les régulièrement.
- Sauvegardez votre système régulièrement et stockez les médias de sauvegarde (cassettes, disques, disquettes…) en dehors de votre bureau.

Dans quel état est votre contrôleur ?

En temps normal, votre contrôleur réseau ne s'occupe juste que de vérifier les paquets qui lui sont adressés et il ignore tous les autres. Certains logiciels de contrôle réseau et de gestion sont capables de placer l'interface réseau dans le mode "promiscious", ce qui leur permet de récupérer et d'afficher tous les paquets. Ce genre d'outils est utile pour déboguer des problèmes réseaux. Mais ils ne peuvent être utilisés que par des administrateurs réseaux autorisés.

Quiconque utilise ce logiciel peut voir le contenu de tous les paquets et peut-être même un mot de passe crypté ou un courrier électronique. Le logiciel de contrôle et de gestion est facile à obtenir sur les PC. Peut-être même trop facile. Ce qui rend difficile la protection de votre réseau.

Faire des achats avec une carte de crédit sur la toile

De plus en plus d'internautes ne veulent plus se contenter de naviguer dans des océans d'informations. Les clients et serveurs Web ont besoin d'un moyen de communication directionnel afin de proposer des services plus sophistiqués. Les entreprises ont besoin de ce type de communication pour mener à bien des transactions financières sur l'Internet. L'objectif des consommateurs est d'être en mesure de naviguer parmi des offres de produits, de remplir un bon de commande et de pouvoir envoyer les informations relatives à leur carte de crédit (ou encore de fournir le numéro d'un compte électronique contrôlé, etc.). Les deux parties doivent s'assurer que la transaction s'effectue dans les meilleures conditions de sécurité.

Comment le protocole S-HTTP (Secure HTTP) peut-il vous aider ?

Secure HTTP (un HTTP doté de fonctionnalités de sécurité avancées) assure le transport sécurisé des données dans un environnement public tel que le Web. HTTP est l'abréviation de HyperText Transfer Protocol. C'est grâce à lui que les navigateurs communiquent avec les serveurs sur le Web.

RFC 2069 *An extension to HTTP : Digest Access Authentication* décrit S-HTTP, qui est en passe de devenir un standard Internet.

Si vous avez besoin de S-HTTP, procurez-vous les nouvelles versions des navigateurs et des serveurs Web dès qu'ils sont disponibles. S-HTTP supporte également le système de sécurité Kerberos. Vous pouvez consulter `http://commerce.net` pour obtenir des informations et des démonstrations du S-HTTP.

Comment le protocole SSL (Secure Socket Layer) peut-il vous aider ?

Le protocole SSL assure la confidentialité entre le client et le serveur en faisant appel à des certificats pour authentifier le serveur et éventuellement le client, ainsi qu'en cryptant les données qu'ils échangent. Personne ne peut tromper un ordinateur sur le réseau SSL. Si vous faites des achats sur le Web, vous voulez que le serveur vous prouve qu'il est vraiment ce qu'il dit être. SSL comporte aussi une option pour authentifier le client, ce qui permet au serveur de s'assurer que vous êtes bien la personne que vous dites être. SSL nécessite un protocole sûr pour le transport – TCP et non UDP.

Pour vous assurer une totale confidentialité sur l'Internet, vérifiez que SSL est implémenté sur votre client et sur le serveur.

Les logiciels de sécurité qui sont basés sur SSL peuvent vous protéger de personnes infréquentables. Dans TCP/IP, comme dans la vie, la sécurité rend la tâche plus ardue aux malfaiteurs qui souhaiteraient profiter de vous. Mais dans les réseaux (comme dans la réalité), vous devez faire confiance à quelqu'un.

Par exemple, quand vous achetez quelque chose par téléphone, vous faites confiance à la personne qui enregistre votre commande et prend des informations sur votre carte de crédit. Quand vous achetez quelque chose par l'Internet, vous faites confiance à l'administrateur du serveur du site en lui communiquant des informations de votre carte de crédit. L'administrateur du serveur est garant du logiciel de sécurité, de la sécurité physique des ordinateurs, et de la sécurité des mots de passe et des clés privées.

Avez-vous seulement une "ID" de ce qu'un certificat électronique peut faire ?

Un certificat électronique vérifie la relation entre une machine se disant être serveur et la clé publique de ce serveur. Votre passeport fonctionne comme les certificats électroniques en reliant votre personne (votre photographie) à votre identité (nom, âge, date de naissance, nationalité).

Comment sont utilisés les certificats électroniques ?

Les certificats électroniques sécurisent les communications entre les navigateurs Web et les serveurs (par exemple, via SSL ou SET) ou entre deux clients de courrier électronique utilisant S/MIME (Security-Enhanced Multipurpose Internet Mail Extensions).

RFC 2312 décrit comment les certificats et S/MIME travaillent ensemble. Au fait, à l'heure où nous écrivons ces lignes, il existe neuf notes techniques sur S/MIME.

Les organismes présents sur l'Internet utilisent les certificats électroniques pour établir une confiance réciproque, ce qui permet à leurs participants de leur faire confiance lors de transactions qui peuvent être :

- Des achats par carte de crédit sur l'Internet.
- Des opérations financières sur l'Internet.
- Des investissements et opérations bancaires sur l'Internet.
- Des communications entre employés portant sur des informations confidentielles de leur société.

Comment obtenir un certificat ?

Voici comment obtenir un certificat électronique :

1. **Soumettre une requête à une Autorité de certification (une société qui vérifie que votre serveur et votre société sont bien ce qu'ils déclarent être).**

   Par exemple, Netscape Communications obtient les certificats pour les produits sécurisés Netscape Commerce Server auprès de RSA Certificate Services, une filiale de RSA Data Security, Inc.

2. **Payer pour couvrir les frais des recherches nécessaires.**

Le commerce électronique : un rêve de client ?

Le e-commerce (ou commerce électronique) est un marché énorme, sans doute plein d'avenir sur le Web. Il peut aussi être mis en place sur un intranet.

Attention au nouveau venu !

Si le courrier électronique, FTP, telnet et la navigation Web sont les applications les plus couramment utilisées sur internet/intranet, l'e-commerce est le domaine d'application dont la croissance est la plus rapide.

Quel genre d'affaires pouvez-vous faire sur Internet ?

Il n'existe aucune limite à ce potentiel. En tant qu'utilisateur final vous pouvez :

- Consulter les catalogues des entreprises.
- Examiner les tarifs.
- Passer des commandes sécurisées en utilisant SET, le protocole Secure Electronic Transaction.
- Vérifier l'état de vos commandes.

Vous pouvez faire cela 24 heures sur 24, 7 jours sur 7, 365 jours par an.

TRUC

Si vous êtes une entreprise, vous pouvez proposer des services d'achats et de commandes électroniques à vos utilisateurs. Pour offrir une gamme complète de services e-commerce, les entreprises doivent posséder des serveurs dotés des capacités suivantes :

- **Etre toujours ouvert.** Vous n'avez pas à baisser votre rideau, car la porte d'entrée du magasin est cassée.
- **Etre fiables.** Si Marshall achète une nouvelle Lamborghini sur l'Internet, il sera troublé s'il reçoit une Ka.
- **Pouvoir procéder à des transactions sécurisées qui utilisent des systèmes de cryptage et d'authentification appropriés.** Quand Marshall acquiert la voiture, le magasin a la responsabilité de protéger les informations relatives à sa carte de crédit.

TRUC

CommerceNet est une association à but non lucratif réunissant plus de 500 sociétés et organisations. Son objectif est de promouvoir l'Internet comme une galerie marchande électronique internationale. Consultez `http://commerce.net`. D'autres organisations poursuivent des objectifs similaires.

Lieux communs sur la sécurité sur Internet

C'est surprenant ce que les gens peuvent dire ou croire sur la sécurité d'un réseau ! Voici quelques exemples effarants :

- Aucun être malfaisant n'est connecté sur le réseau informatique.
- Seuls des êtres malfaisants sont connectés au réseau.
- Mettre en réseau un ordinateur ne pose aucun problème de sécurité.
- Il est impossible de sécuriser un réseau.
- Une fois que votre réseau est sécurisé, vous n'avez plus à vous en soucier.
- Les utilitaires de gestion de compte et d'audit sont trop généraux pour justifier une telle dépense.

Des boutiques, toujours des boutiques

La région de Singapour est un exemple de e-commerce à grande échelle. Singapour est en train de mettre en place un système électronique d'acquisitions (EPS) pour tous les achats des agences gouvernementales. Le gouvernement de Singapour veut faire de EPS un système de commerce électronique qui gère toutes les acquisitions auprès de 10 000 fournisseurs et distributeurs. En coordonnant leurs activités par l'EPS, tous les départements du gouvernement associent leur pouvoir d'achat pour obtenir les meilleurs prix et services. Singapour espère faire d'énormes économies en main-d'œuvre et en temps.

Protéger votre réseau

Lorsque vous songez à sécuriser votre réseau, vous devez y songer dans l'ordre suivant :

- La connexion des médias.
- Les ordinateurs et dispositifs réseaux.
- Les utilisateurs.

Pouvez-vous protéger les câbles ?

La sécurité de votre réseau dépend en premier lieu de sa conception et de son installation physique. Les efforts nécessaires que vous devrez déployer pour évincer les éléments illégaux de votre réseau varieront en fonction des médias que vous emploierez. Voici quelques éléments à garder à l'esprit :

- Le câble sur un réseau "token ring" est un câble traditionnel blindé à paire torsadée. La nature même du câble et des connecteurs, ainsi que la topologie circulaire du réseau rendent difficiles les branchements illicites.
- Le câble coaxial traditionnel Ethernet (10Base5) peut être dérivé sans avoir été coupé, mais il vous faut des outils spéciaux, et un transceiver pour vous connecter de manière illicite.
- Les câbles Ethernet à brins fins sont très faciles à dériver, plus particulièrement au niveau des connecteurs en "T" et des bouchons. Il est quasiment impossible d'empêcher des connexions supplémentaires sur les segments actifs du réseau.
- Le câble Ethernet à paire torsadée (10 BaseT et 100BaseT) est un câble standard que l'on peut acheter dans n'importe quel magasin. C'est pourquoi vous devez faire courir vos câbles jusqu'à un placard verrouillé où ils seront connectés entre eux.
- Dans tous les placards électriques, les ports inutilisés des hubs doivent être désactivés, comme le sont les prises dans les bureaux vides.
- Les câbles en fibres optiques sont extrêmement difficiles à pirater. Le réseau se plante totalement lorsqu'un câble de ce type est coupé. Ainsi les tentatives de connexion illicites s'annoncent clairement d'elles-mêmes.
- Les liaisons sans câble, comme les infrarouges, liaisons radio, lasers, micro-ondes, et émissions satellites, sont toutes des transmissions susceptibles d'être interceptées. C'est pourquoi vous devez crypter les données pour qu'elles ne tombent pas dans des oreilles indiscrètes.

Pouvez-vous détecter une personne ou un matériel non autorisé sur votre réseau ?

Pour localiser un hôte ou un matériel non autorisé sur votre réseau, vous pourriez essayer de "pinger" toutes les adresses du réseau, mais cela se révélerait peu réaliste sur la plupart des réseaux – car difficile à automatiser et trop fastidieux à la main. Plus vous serez à la recherche de choses qui ne doivent pas être là, plus vous serez distrait par les choses qui devraient y être et qui ne le sont pas. Que se passe-t-il si un nœud est mis hors d'état à dessein ?

Dans une des attaques communes, appelée "spoof", la personne mal intentionnée prend la place d'un hôte connu et valide comme le ferait un imposteur. Le malfaiteur éteint ou déconnecte le système valide et le remplace par le système imposteur (le PC de M le malfaiteur si possible) qui s'approprie alors le nom et l'adresse IP valides.

Bien que vous puissiez avoir un certain contrôle sur le câblage physique, vous devez lui préférer une véritable solution d'administration du réseau basée sur SNMP sous TCP/IP, le Simple Network Management Protocol. Voici quelques produits pour administrer un réseau via SNMP :

- Open View de Hewlet-Packard.
- SystemView d'IBM.

Pouvez-vous évincer les hôtes non autorisés de vos ordinateurs ?

Il peut être plus facile de vous protéger de connexions carrément illégales à votre réseau physique que de protéger votre réseau et vos ordinateurs de l'usage illicite que peuvent en faire des utilisateurs autorisés ou semi-autorisés. Si le réseau de votre entreprise est connecté à l'Internet, chaque personne connectée au réseau peut légalement ou illégalement atteindre l'un de vos ordinateurs ou n'importe quel autre élément du réseau.

Qu'est-ce qu'un pare-feu ?

Un pare-feu réseau ressemble à un barrage avec générateur hydroélectrique. Le barrage possède un nombre spécifique d'ouvertures découpées avec soin pour contrôler précisément la quantité d'eau qui le traverse, et c'est ce que vous voulez faire lorsque vous essayez de mettre en place un pare-feu réseau. Nous pouvons également comparer un pare-feu réseau avec le contrôle des douanes et la vérification des passeports dans un aéroport international. Vous devez subir une série de contrôles avant d'être autorisé à entrer ou à sortir d'un pays. Il en va de même avec un pare-feu réseau : chaque paquet doit subir une série de contrôles avant d'être autorisé à poursuivre son chemin.

Dans un trafic réseau, vous êtes généralement plus préoccupé par le trafic entrant (depuis l'Internet vers le réseau) que par le trafic sortant. De nos jours, il est plus ou moins essentiel de laisser vos utilisateurs sortir vers l'Internet. Cependant, vous avez quelque contrôle sur les personnes de votre entreprise, mais vous n'en avez aucun sur celles qui se trouvent à l'extérieur.

Comment pouvez-vous identifier un malfaiteur ? Vous utilisez ce qui est à votre disposition – l'adresse source, l'adresse de destination, et le port (le service en train d'être utilisé) pour déterminer les services dont vous autorisez les paquets à traverser le pare-feu.

Comment fonctionne un pare-feu ?

Le pare-feu examine chaque paquet et décide s'il est ou non autorisé à passer (dans les deux sens). Si le pare-feu refuse de le laisser passer, le paquet est détruit. Le système émetteur pense qu'il n'y a pas de réponse. La plupart des applications prennent l'absence de réponse pour une mauvaise nouvelle. Elles peuvent alors réessayer, ou abandonner.

Les différents modèles de pare-feu

Vous pouvez utiliser différentes méthodes pour mettre en œuvre un pare-feu.

TRUC

Si vous vous connectez à l'Internet via un fournisseur d'accès à Internet, demandez-lui quelle sécurité il a mis en œuvre et quels services il peut mettre à votre disposition. Vous pouvez également prendre conseil auprès de consultants réseaux qui vous aideront à mettre en œuvre une solution "sur mesure".

Protection minimale : pas de route par défaut

Si un utilisateur d'Internet essaye d'obtenir certains de vos fichiers via FTP, il ne pourra pas le faire, car les requêtes FTP nécessitent une réponse de votre ordinateur. Mais votre ordinateur ne peut rien envoyer vers l'extérieur non plus. Cela veut également dire que vous ne pouvez pas utiliser les services de FTP pour récupérer un fichier depuis un autre ordinateur, car votre ordinateur ne peut pas envoyer de requête vers la destination.

Ainsi, ne pas avoir de route par défaut vous permet de bénéficier d'une protection contre les accès non souhaités, mais au détriment des services. Bien sûr, en condamner les portes et les fenêtres de votre maison rend l'accès plus difficile, mais vous serez bientôt mort, car vous ne pourrez pas sortir pour aller faire les courses. C'est une solution très basique ; ce n'est pas réellement un pare-feu, mais ce n'est pas cher.

Une bonne protection : le filtrage des paquets par un routeur

Les trois champs pouvant être filtrés sont l'adresse source, l'adresse destination et le numéro de port.

- **L'adresse source** répond à la question : "D'où vient ce paquet ?" Rappelez-vous que notre malfaiteur peut donner n'importe quelle adresse IP à son ordinateur. Selon la manière dont son ordinateur est connecté à votre réseau et la manière dont ses paquets IP parviennent à votre ordinateur, vous ne pouvez pas nécessairement avoir confiance dans la validité d'une adresse réseau. Le DNS aide même notre malfaiteur en lui indiquant l'adresse IP à utiliser pour ses attaques. Mais votre filtre peut répondre : "Je ne fais pas confiance à cet ordinateur et je ne veux pas lui parler."
- **L'adresse de destination** répond à la question : "Où va ce paquet ?" Lorsque la destination est l'un de vos ordinateurs, vous pouvez décider si les paquets peuvent y être acheminés ou non. Votre filtre peut proclamer : "Cet ordinateur ne doit pas en aucun cas recevoir des paquets directement de l'extérieur." Parfois vous devrez décider de rediriger un paquet vers un serveur particulier. Dans ce cas, votre filtre pourrait dire: "Le paquet est bon, mais il doit être envoyé à une autre adresse." Les courriers électroniques sont un bon exemple d'un service que vous pourriez vouloir rediriger. Vous pouvez désactiver la réception des courriers électroniques directement de l'extérieur

en faisant en sorte qu'ils soient tous routés vers un point de ralliement. Les enregistrements du DNS relatifs au courrier électronique, aussi connus sous le nom d'*enregistrements MX*, sont spécialement conçus pour cela.

- **Le numéro de port** répond à la question : "Vers quel service ce paquet est-il destiné ?" Si vous n'êtes pas sur un serveur, pourquoi accepteriez-vous tous les paquets d'un protocole donné ? Par exemple, si vous n'utilisez pas un serveur Web, vous pouvez sans risque ignorer tous les paquets HTTP. Votre filtre dira alors : "Je refuse de parler de ce sujet."

Considérations sur la gestion d'un réseau lorsque l'on configure un pare-feu

Un pare-feu très simple est composé d'un routeur qui relie les réseaux interne et externe, examine chaque paquet, et décide de ceux qui sont ou non autorisés à passer. Un simple routeur offre quelques protections, mais est-ce suffisant ? Avec cette approche basique, il peut se poser la question de propriété et de contrôle : à qui appartient le routeur ? A vous ou à votre fournisseur d'accès Internet ? Où est-il installé ? Dans vos locaux ou chez le fournisseur ?

Certaines sociétés choisissent d'ajouter un autre routeur et un autre segment de réseau. Le fournisseur d'accès Internet possède un routeur et vous en possédez un autre. Heureusement, les routeurs sont invisibles aux yeux des utilisateurs du réseau. Dans cette configuration, vous devrez décider soigneusement de l'arrangement des ordinateurs du réseau – les ordinateurs doivent être connectés au bon segment, selon leur rôle sur le réseau.

Cette méthode intermédiaire présente un avantage majeur : si vous décidez de vous déconnecter de l'Internet en éteignant votre routeur, votre société continuera à apparaître sur le réseau, car certains de vos ordinateurs sont encore en activité, même si aucun trafic ne leur parvient. Les courriers électroniques pourront être stockés afin d'être délivrés plus tard en interne. Les utilisateurs externes pourront toujours accéder à votre serveur FTP anonyme. Et le Web pourra encore être parcouru. D'un autre côté, si le fournisseur d'accès désactive son routeur, votre société est déconnectée du réseau !

Certains ordinateurs, comme le serveur FTP anonyme et votre serveur Web, doivent être accessibles depuis l'extérieur (ce qui correspond au coté Internet de votre pare-feu). Vous pouvez toujours transférer des fichiers sur disquette ou sur des médias amovibles. Mais quelle somme d'ennuis cela représentera-t-il ? Les bénéfices qu'apporte ce surplus de sécurité supplantent-ils les inconvénients ?

Certains ordinateurs doivent être accessibles à la fois de l'intérieur et de l'extérieur de votre entreprise afin de servir à quelque chose. Les serveurs de courriers électroniques et telnet en sont les meilleurs exemples.

Les protections par pare-feu interfèrent parfois avec les services dont vos utilisateurs ont besoin tels le FTP anonyme ou le Web. Une solution simple consiste à ajouter un serveur de calcul sur le segment de votre réseau où se trouvent vos serveurs accessibles depuis l'extérieur. Pour naviguer sur le Net, vos utilisateurs doivent tout d'abord se connecter à ce système. Cette configuration est parfois rébarbative, à la fois pour les utilisateurs et pour l'administrateur qui doit créer des comptes utilisateurs sur cet ordinateur. Une autre solution consiste à mettre en place un serveur Proxy qui redirige les paquets vers leurs destinations réelles.

SÉCURITÉ

Votre intranet est-il sûr ?

Supposez que votre société est bien protégée contre des intrusions externes. Est-elle aussi bien protégée contre les attaques internes? Votre pare-feu peut contenir les personnes mal intentionnées à l'extérieur, mais êtes-vous sûr qu'il n'y en a pas dans votre société : peut-être un employé mécontent ?

Intranet utilise les technologies d'Internet, comme le navigateur Web. Avez-vous besoin d'empêcher les représentants d'accéder aux données sur l'ingénierie ? Ou inversement, avez-vous besoin de protéger des données personnelles comme les dossiers médicaux, les salaires ? Si c'est le cas, vous avez autant besoin d'un pare-feu interne que d'un pare-feu externe.

Les environnements sécurisés à venir

Les fabricants, comme les chercheurs dans le domaine des technologies réseaux, sont conscients des problèmes de sécurité et travaillent sur des solutions pour les traiter. Il existe deux méthodes dominantes pour sécuriser les échanges entre des systèmes distincts.

- Ne permettre que quelques activités spécifiques entre les ordinateurs travaillant ensemble, et s'assurer qu'ils ont convenu de tous les détails. Ajouter des sécurités (comme le cryptage des données) au sujet desquelles les deux parties se sont entendues. Par exemple, un client Lotus Notes communique avec un serveur Lotus Domino. Les deux parties doivent avoir convenu de communiquer de manière sécurisée.

- Permettre aux ordinateurs de faire tout ce qui leur passe par la tête, en étant certain que tout sera sécurisé car les ordinateurs sont vraiment ceux qu'ils disent être. Cette méthode entre en conflit avec le concept d'accès public aux ordinateurs. Car si vous donnez à n'importe quel ordinateur accès à un service publiquement accessible (comme le FTP anonyme), comment pouvez-vous être sûr que cet ordinateur est vraiment ce qu'il dit être ?

A méditer…

Les questions rhétoriques suivantes sont destinées à vous faire penser aux problèmes soulevés par la sécurité de votre environnement.

Devez-vous savoir à l'avance qui est autorisé à vous parler, et comment il pourra le faire ? Ou désirez-vous plutôt pouvoir parler à n'importe qui, à n'importe quel instant ? Si oui, comment pourrez-vous le faire de manière sécurisée ? Pourrez-vous sécuriser les éléments futurs de votre réseau ? Pouvez-vous bâtir de nouvelles applications qui seront sécurisées ? Pouvez-vous identifier à coup sûr l'émetteur d'un message ? Cet émetteur est-il digne de confiance ?

Nous n'avons pas toutes les réponses, mais nous souhaitons que vous compreniez qu'il y a beaucoup de questions à se poser.

Kerberos : gardien ou démon ?

Le projet Athena du Massachusetts Institute of Technology est dédié à la recherche dans les très grands environnements informatiques. Très grand signifie des milliers d'ordinateurs. Kerberos est la partie de ces recherches dédiée à la sécurité. Kerberos est également un protocole utilisé comme un composant des environnements informatiques sécurisés. C'est un environnement client/serveur (mais cela veut dire tout et n'importe quoi de nos jours).

Le serveur maître Kerberos – il n'y en a qu'un seul dans votre réseau sécurisé – fournit un service d'authentification utilisé pour sécuriser un environnement internet. Les comptes utilisateurs cryptés sont stockés dans une base de données sur le serveur maître Kerberos, en lieu et place, plutôt que dans un fichier local des mots de passe ou dans une table NIS.

L'environnement informatique sécurisé a besoin de services coordonnés dans le temps pour que tous les ordinateurs puissent synchroniser l'expiration de leur ticket.

La RFC 1510 décrit le service d'authentification du réseau Kerberos.

Jouer au casino Kerberos

Supposons que nous simulions ce qui se passe quand vous utilisez Kerberos. Nous rencontrons Barry, qui aime jouer à la roulette. Un beau jour, Barry se présente à la porte du casino Kerberos : il entre son nom d'utilisateur dans l'ordinateur faisant tourner Kerberos.

Barry demande au videur l'autorisation d'entrer dans le casino : l'ordinateur de Barry demande au serveur maître Kerberos de lui donner un ticket, qui lui permet de dialoguer avec le serveur de ticket. Le videur demande à Barry le mot de passe : l'ordinateur de Barry lui demande son mot de passe et l'utilise pour vérifier la réponse du serveur maître Kerberos.

A la caisse du casino, Barry achète plusieurs jetons : l'ordinateur de Barry envoie ensuite une requête au serveur de ticket pour demander un ticket d'accès à une application. Ces tickets ont une durée de vie limitée.

Barry est maintenant prêt à jouer. Il peut à présent perdre tout son argent aux jeux que lui propose le casino, du moment qu'il utilise toujours les bons jetons à la table de jeu de son choix. S'il veut aller jouer à un autre jeu, il doit avoir les jetons adéquats ou retourner à la caisse pour en obtenir. (L'ordinateur de Barry peut maintenant présenter le ticket d'accès à une application à un serveur d'application, comme permission d'utiliser le service.)

Tout le monde dans le casino parle le javanais : toutes les communications entre l'ordinateur de Barry et le serveur maître Kerberos, entre l'ordinateur de Barry et le serveur de ticket, et entre l'ordinateur de Barry et une application spécifique, sont cryptées.

Lorsque tout cela est en place et fonctionne normalement, Barry peut être sûr qu'il est à la bonne table et que tous ceux qui l'entourent jouent en respectant les règles. (Barry sait qu'il parle avec des ordinateurs et des services qui sont bien ceux avec lesquels il veut parler, et qu'ils sont bien ceux qu'ils prétendent être.)

Le cercle vicieux du casino Kerberos

Voici les mauvaises nouvelles. Il n'y a pas beaucoup de croupiers (applications) qui travaillent au casino Kerberos. Si vous voulez ou si vous avez besoin d'un tel niveau de sécurité, il vous faudra des applications spécialement conçues pour Kerberos. Mais vous n'en trouverez pas pour le moment au magasin du coin.

Kerberos est un environnement sécurisé complet au sein duquel vous pouvez faire confiance aussi bien aux utilisateurs qu'aux ordinateurs. La raison pour laquelle il n'a pas vraiment décollé est sans doute que la plupart des environnements ne sont pas aussi fermés. La plupart sont liés à d'autres environnements. Kerberos est compliqué et pas très convivial comme la majeure partie des logiciels issus de l'informatique scientifique. Kerberos n'est pas largement déployé car il n'y a pas assez d'applications fonctionnant avec lui, et il n'y a pas beaucoup d'applications car Kerberos n'est pas largement déployé.

Dans la mythologie grecque, le cerbère (d'où Kerberos) était un chien à trois têtes avec une queue de serpent et des serpents enroulés autour de son cou. Il gardait l'entrée d'Hadès, et si vous passiez cette porte vous étiez en enfer.

TRUC

Microsoft utilise Kerberos comme modèle de sécurité pour Windows NT v5.0.

Dresser le chien, une tête à la fois

Un administrateur système ou réseau a beaucoup à faire avant que Kerberos soit prêt à protéger le réseau. Voici les étapes de base pour configurer (*kerberizer*) les ordinateurs et les applications de votre réseau.

1. **Lancer le serveur Kerberos.**

   Attention, administrateur réseau ! Vous devrez installer le logiciel, éditer des fichiers, créer une base de données, et y insérer les données sur les personnes et les ordinateurs.

2. **Enregistrer les principaux.**

   Un principal Kerberos fonctionne comme un compte utilisateur classique. Le nom du principal ressemble à ceci :

```
Vous choisissez cette partie@VOTRE.ROYAUME
```

Le principal ressemble un peu à une adresse électronique, mais la ressemblance s'arrête là. Kerberos sait comment l'utiliser dans un environnement sécurisé. Vous devez choisir la partie avant le "@". Vous pouvez choisir pour cela le nom de votre compte. La partie après le signe "@" est le nom du domaine. Pour des raisons pratiques, il devrait correspondre au nom de votre ordinateur. Chaque principal est crypté avec une clé du maître Kerberos de manière à ce que personne ne puisse l'examiner, et est stocké dans la base de données Kerberos. Le principal comprend le nom, le mot de passe et quelques autres machins techniques.

3. **Trouvez des programmeurs pour "kerberizer" les applications.**

   Kerberizer signifie contrôler ceux qui utilisent une application, valider leur identité en tant qu'utilisateur, vérifier que l'utilisateur a le bon ticket et procurer aux utilisateurs les tickets appropriés.

Nous sommes CERTainement intéressés par la sécurité

CERT, Computer Emergency Response Team, est une agence indépendante qui aide les sociétés à se défendre elles-mêmes des attaques. La mission du CERT inclut un support d'aide pour les membres de la communauté Internet confrontés à des incidents de sécurité et recherche les moyens d'améliorer cette sécurité. Les membres du CERT maintiennent également un programme d'information sur les faiblesses de sécurité des systèmes d'exploitation et sur la façon de les réparer.

CERT ne fournit aucun renseignement sur les faiblesses d'un système d'exploitation avant de vous avoir parlé et de vous avoir proposé un moyen de les contourner.

TRUC

Vous pouvez découvrir les conseils du CERT sur le site `www.cert.org`.

Quatrième partie

Les dix commandements

"Eh bien, j'ai vraiment hâte de voir votre système de transmission de données non câblé, M. Duchnock."

Dans cette partie...

Dans le buffet réseau, ces chapitres sont les petits fours de TCP/IP, arrosés de la sauce qui vous convient. Allez-y, engloutissez ces petites bouchées salées comme autant de précieuses informations indispensables à votre équilibre alimentaire.

Chapitre 18

Dix raisons d'utiliser TCP/IP

Dans ce chapitre :

- Gagner de l'argent sur le Web.
- Empêcher le retrait d'adresse électronique.
- Trouver des partenaires de jeux.
- Parcourir le monde sans quitter la maison.

TCP/IP propose le plus large niveau de connexion réseau que vous pouvez obtenir. Cette raison est suffisante pour les nombreuses sociétés qui l'utilisent. Si vous recherchez une liste concise d'arguments convaincants pour déployer TCP/IP dans votre entreprise et pour vous connecter à Internet, commencez par lire ce chapitre.

Vous voulez vendre vos produits sur le Web

Etes-vous photographe ? Proposez-vous vos services en tant que consultant ? Travaillez-vous pendant votre temps libre ? Nous connaissons des personnes qui le font. Elles exposent et vendent leurs produits sur le Web et apprécient la vitrine que leur procure le Web en retour d'un investissement minimal. Si vous avez un produit, un service ou bien un loisir que vous souhaitez commercialiser, commencez par le Web. Il est riche de millions de clients potentiels.

Vous avez besoin d'une adresse électronique

Pour beaucoup d'entre nous, un jour sans courrier électronique est un jour sans soleil. Pour d'autres, un jour sans courrier électronique est un miracle ou une ombre qui dissimule un dysfonctionnement sur le réseau.

Pourquoi avez-vous besoin d'une adresse électronique ? Parce que cela vous permettra de faire ceci :

- Garder contact avec des amis qui vivent loin de vous – c'est bien moins cher que le prix d'une communication téléphonique.
- Annoncer à votre patron que vous prenez des vacances au beau milieu d'un grand projet parce que vous n'avez pas le courage de lui dire en face.
- Communiquer avec un correspondant électronique. Des relations par courrier électronique furent le point de départ de nombreuses histoires d'amour.
- Commander un plat cuisiné parce que vous n'avez pas le temps de sortir déjeuner.
- Contacter le président de la République.
- Envoyer vos vœux de bonne année.

Toutes sortes de personnes intéressantes possèdent une adresse électronique. .

Vous vivez pour faire les boutiques

Le centre commercial Internet. Il existe vraiment, ouvert 24 h sur 24, 7 jours sur 7, et dans le monde entier. Nous pourrions vous en dire davantage, mais nous céderions à la tentation de faire quelques achats après y être entré.

Vous voulez utiliser des programmes sur d'autres ordinateurs

Voilà un avantage non négligeable de TCP/IP ! Si votre ordinateur a une puissance de calcul pathétique ou un disque dur trop faible pour faire fonctionner tous les programmes, les jeux et les outils que vous souhaiteriez utiliser, rlogin et telnet sont là pour résoudre vos problèmes. Ils vous permettent de voler la puissance d'autres ordinateurs partout dans le monde.

Vous cherchez un partenaire de jeu

Il n'y a pas que le travail dans la vie. Bien que l'Internet procure d'innombrables moyens à ceux qui désirent travailler ensemble, il vous offre aussi de nombreuses opportunités pour jouer, seul ou avec d'autres personnes. Par exemple, les versions réseaux des dernières versions de jeux vidéo vous permettent de combattre d'autres joueurs au lieu de jouer seul contre votre ordinateur. Les services de jeux multi-joueurs sur Internet, tels que `www.mplayer.com`, vous permettent de rechercher des adversaires à votre taille. Comme les joueurs peuvent se montrer agressifs ou coopératifs, la dynamique du jeu varie constamment avec l'arrivée ou le départ de certains joueurs.

Snearkernet vous épuise

Avez-vous déjà utilisé Sneakernet ? C'est quand vous copiez des fichiers d'un ordinateur sur une disquette et que vous allez sur un autre ordinateur, puis la chargez. Vous réalisez alors que vous avez la mauvaise disquette ou que vous avez copié le mauvais fichier ; vous retournez à l'autre ordinateur, où vous réalisez que vous avez supprimé le... Bien, vous comprenez.

Ce va-et-vient pourrait ressembler à un vrai cours d'aérobic si tous les ordinateurs sur votre lieu de travail n'étaient pas reliés par TCP/IP. Une fois que TCP/IP est installé sur tous les ordinateurs, vous pouvez vous détendre, vous asseoir confortablement dans votre chaise et transférer les fichiers que vous désirez.

Vous pouvez aussi trouver des distributeurs de boissons et de friandises sur Internet (voir le Chapitre 20). Si votre réseau est connecté à un distributeur par TCP/IP, vous pouvez vérifier si ce dernier contient encore un soda de votre marque préférée avant de quitter votre chaise.

Vous devez vous procurer des fichiers

Alors que vous étiez à la recherche de *TCP/IP Pour les Nuls* dans une librairie, vous êtes accidentellement tombé sur d'autres livres d'informatique (nous vous pardonnons). N'avez-vous pas remarqué que de nombreux livres contiennent des disquettes ou des CD-ROM ? La plupart de ces logiciels sont disponibles gratuitement sur Internet. Vous pouvez les obtenir via FTP anonyme.

Vous rêvez d'un Web sans embrouilles

Vous devez vous y résoudre : le World Wide Web est le lieu où il faut être vu. Le droit d'entrée comprend :

- Une bonne connexion sur Internet.
- Un navigateur Web. Netscape Communicator et Microsoft Internet Explorer sont les favoris, mais vous pouvez en choisir un autre.
- Beaucoup de temps libre.

Votre navigateur vous propose quelques points d'entrée pour démarrer sur le Web du bon pied. Les pages Web vont et viennent, aussi ne devez-vous pas vous énerver si certaines pages ont changé ou disparu. Cela fait partie du jeu.

Avant de commencer, sachez que vous aurez du mal à vous arrêter.

Vous avez toujours souhaité écouter un concert gratuitement

Le 18 novembre 1994, les Rolling Stones furent le premier groupe de rock à diffuser un concert sur Internet. Les deux signaux audio et vidéo furent transmis vers plus de 60 000 sites. Aujourd'hui vous pouvez voir et entendre bien plus que des concerts gratuits. Nous aimons nous connecter à `www.broadcast.com` pour voir le programme des événements en direct, tels que des concerts, du sport, des courses de chevaux, ainsi que des programmes de radio et de télévision comme la BBC et Voice of America.

Chapitre 19

Dix questions les plus fréquentes sur TCP/IP et l'Internet

Dans ce chapitre :

- Trouver le bon logiciel TCP/IP.
- Rechercher le meilleur navigateur Web pour chaque système d'exploitation.
- Se préoccuper de la sécurité sur le Web.
- Dévorer des cookies et HotJava – miam !
- Parcourir le catalogue de la carte du Web.
- Recevoir des nouvelles fraîches de Usenet.

Ce chapitre répond sans détours aux questions les plus courantes.

De quel logiciel ai-je besoin pour me connecter à l'Internet ?

TCP/IP : c'est tout ce dont vous avez besoin pour naviguer et travailler sur le Net. La suite du protocole TCP/IP comprend toujours les applications clients FTP et telnet. Si vous voulez disposer d'outils plus élaborés, comme Archie ou Gopher ou encore un navigateur Web, choisissez-les en fonction de votre système d'exploitation et de votre fournisseur TCP/IP. La plupart des systèmes d'exploitation intégrant TCP/IP intègrent aussi un navigateur, mais vous pourriez avoir à télécharger des versions gratuites de Lynx, Archie et de Gopher pour effectuer des recherches en mode texte.

Si vous n'envisagez d'utiliser Archie et Gopher qu'occasionnellement, vous pouvez vous contenter d'accéder via telnet à un site public qui propose les services d'Archie et de Gopher.

Une suite de protocoles est un ensemble de protocoles, de services et d'applications qui travaillent ensemble.

Si vous n'avez pas pu obtenir les outils que vous souhaitiez auprès de votre fournisseur, les Chapitres 8 et 11 vous expliquent comment les trouver et comment utiliser le FTP anonyme pour les transférer depuis d'autres sites Internet. La majeure partie des nouveaux systèmes informatiques sont livrés avec un navigateur Internet, mais si le vôtre ne l'est pas, passez directement à "Comment puis-je récupérer un navigateur ?", utilisez le FTP anonyme pour en récupérer un chez Netscape (`ftp.netscape.com`) ou chez Microsoft (`ftp.microsoft.com`).

Ai-je besoin d'UNIX pour utiliser TCP/IP ?

Pas du tout. La raison pour laquelle TCP/IP est utilisé sur l'Internet est qu'il fonctionne sur pratiquement tous les systèmes d'exploitation. TCP/IP a été initialement déployé sur UNIX ; il a été depuis transposé partout. Vous pouvez compter sur UNIX pour inclure TCP/IP, et de nombreux systèmes d'exploitation commencent aussi à l'inclure. Parcourez les exemples de ce livre : il y en a plus qui ont été réalisés sur des systèmes d'exploitation Windows que sur UNIX.

Puis-je avoir un serveur Web et garder une certaine sécurité ?

Oui, mais soyez prudent. Quand vous installez un serveur Web qui se connecte au monde extérieur, vous transformez votre propre intranet en buffet libre pour les pique-assiettes de l'Internet. La plupart des visiteurs goûtent ce que vous exposez, mais certains peuvent consommer des choses qui ne leur sont pas destinées. D'autres peuvent tenter de forcer la porte de votre cuisine (la structure du système informatique de votre entreprise). Assurez-vous que tous les scripts CGI installés sur votre site sont bien écrits par des programmeurs attentifs et qu'ils sont sans bogues. Les bogues dans votre programme Web et dans les scripts CGI constituent des failles potentielles de sécurité. Reportez-vous à la section du Chapitre 17 concernant les astuces de protection d'un site Web.

Comment puis-je récupérer un navigateur ?

C'est un cercle vicieux ! Utilisez un navigateur pour récupérer un navigateur : lisez la documentation de `www.boutell.com/faq/index.htm`. Elle vous explique comment récupérer et utiliser un navigateur pour quasiment tous les systèmes d'exploitation, y compris les plus rares et les plus vieux comme Amiga, Acorn RISCOS, et NeXT. La documentation vous explique aussi comment récupérer des navigateurs contrôlés par scripts et où trouver les navigateurs accessibles par telnet. N'oubliez pas que vous pouvez utiliser FTP ou Gopher pour récupérer un navigateur.

Y a-t-il un catalogue du Web ?

Vous trouverez une foule de catalogues ou d'index d'informations sur le Web. Vous espérez avoir une réponse définitive ? Désolé, il n'y en a pas. Le Web ne dispose d'aucun mécanisme pour générer un seul catalogue rassemblant toutes les informations qu'il contient. Yahoo ! (`www.yahoo.com`) est un index complet de sites Web, classés par thèmes. Yahoo ! propose également des facilités de recherche. Le catalogue original du Web est la WWW Virtual Library (`www.w3.org/hypertext/DataSources/bySubject/Overview.html`), créée par le CERN en Suisse et maintenant maintenue par le W3 Consortium. C'est une bonne adresse pour trouver des éléments sur un sujet particulier.

Qu'est-ce qu'un cookie ?

Un cookie est l'information qu'un serveur Web envoie à votre navigateur quand vous vous connectez à un site pour la première fois. Par la suite, le navigateur retourne une copie du cookie au serveur chaque fois qu'il se connecte.

Les cookies ne peuvent pas affecter votre système d'exploitation. Les amateurs de cookies déclarent que ces derniers permettent au serveur Web de vous servir mieux en connaissant vos préférences. Par exemple, si vous dites que vous aimez voyager en avion à la place assise côté fenêtre, le serveur enregistre votre préférence dans un cookie et l'envoie à votre navigateur. La prochaine fois que vous consulterez le site, votre navigateur retournera le cookie, ce qui vous permettra de consulter la liste des vols où des sièges côté fenêtre sont disponibles.

Il peut arriver que votre navigateur vous demande si vous acceptez un cookie. Vos serviteurs refusent habituellement, parce que vous livrez des informations personnelles comme le nom et l'adresse IP de votre ordinateur, votre marque de navigateur, votre système d'exploitation, et l'URL chaque fois que vous visitez une page Web.

Si vous souhaitez en savoir plus sur les cookies, lisez le fichier cookies.text, que vous trouverez aux endroits suivants :

- Les utilisateurs de Netscape peuvent trouver ce fichier dans le répertoire `C:\Programs\Netscape\Navigator`.
- Les utilisateurs de Macintosh chercheront dans le dossier du système (System Folder) sous `Preferences\Netscape`.
- Les utilisateurs de Microsoft Internet Explorer trouveront ce fichier dans `C:\Windows\Cookies`.

Qu'est-ce qu'un robot ?

Un robot est un programme qui navigue automatiquement sur le Web, recherchant ce que vous lui avez demandé. Les robots sont relativement faciles à utiliser, mais ils peuvent aussi faire un peu n'importe quoi et obstruer le trafic sur l'Internet.

Qu'est-ce que le CGI ?

CGI est l'acronyme de Common Gateway Interface. Les programmes CGI (aussi appelés scripts) automatisent les actions qu'une page Web doit effectuer, comme ouvrir une connexion avec une base de données. Si vous passez beaucoup de temps sur le Web, vous devez probablement utiliser un script CGI, sans vous en douter.

Puis-je attraper un virus en consultant une page Web ?

Non, certainement pas. La page Web en elle-même ne transmet pas de virus. Mais les programmes exécutables que vous téléchargez d'un site Web peu fiable peuvent infecter votre ordinateur. Vous prenez le même risque quand vous téléchargez des programmes à partir d'un BBS ou d'un FTP anonyme.

Qu'est-ce que le VRML ?

Le VRML, Virtual Reality Modeling Language, ouvre la 3e dimension au Web. Les mondes "VRML" représentent des environnements réalistes ou fantastiques. Pour de plus amples informations sur le VRML en général, consultez le site (`www.sgi.com/Products/`).

Qu'est-ce que Java ?

Java est un langage développé par Sun Microsystems qui permet aux pages Web de contenir un code qui fonctionne sur votre navigateur. Les programmes Java sont portables parce qu'ils fonctionnent sur tous les systèmes qui ont une version de Java. HotJava est un navigateur Web écrit pour exploiter les capacités du langage Java. Vous pouvez en apprendre plus sur la page d'accueil HotJava (`java.sun.com`).

Comment puis-je recevoir des nouvelles fraîches de Usenet

Sachez que vous n'avez pas forcément besoin d'un client Usenet pour accéder aux forums de discussions depuis votre navigateur Web. L'un de nos sites favoris est `www.dejanews.com`. Ce site permet non seulement de consulter les forums de discussion, mais il dispose aussi d'un outil permettant d'effectuer des recherches de plusieurs mots clés dans tous les forums ou dans une catégorie de forums. C'est ainsi que nous avons choisi une litière pour chat et des jouets pour Sybil, Hank et Hannah, nos charmants chatons. Nous sommes allés sur dejanews via notre navigateur et avons recherché "litière pour chat". Nous avons vu du même coup tout un tas de trucs que les chats affectionnent, avant de craquer et de dépenser une somme considérable. Vous pouvez utiliser dejanews pour chercher "TCP/IP". Vous trouverez ainsi des trucs et des astuces que d'autres personnes ont découverts. En fait, si vous cherchez suffisamment, vous trouverez ce livre et de nombreux autres cités dans des revues de presse.

Si votre administrateur réseau a déjà installé un forum de discussions Usenet, vous avez seulement besoin d'un client Usenet comme ceux présentés au Chapitre 6.

Vous devrez effectuer une tâche supplémentaire si vous n'avez pas accès à un forum de discussions Usenet. Procurez-vous tout d'abord le logiciel serveur Usenet, disponible pour de nombreux systèmes d'exploitation via FTP anonyme. Vous devrez ensuite trouver un site Usenet qui acceptera que votre ordinateur s'y connecte.

TRUC

Un célèbre FTP anonyme possède le logiciel dont vous avez besoin ; il vous proposera également de nombreuses informations supplémentaires sur Usenet. Il s'agit de `ftp.uu.net`.

TRUC

News.announce.newusers est un bon forum de discussions pour débuter car il permet aux nouveaux utilisateurs de se former à l'Internet.

Chapitre 20

Dix engins TCP/IP étranges mais bien réels

Dans ce chapitre :

- Explorer le garde-manger de l'Internet.
- Reconnaître que toute chose sur Internet n'est pas forcément un hôte.
- Découvrir des choses puissamment étranges qui sont connectées sur Internet.

Ce chapitre présente quelques drôleries résidant sur l'Internet – certaines sont juste idiotes. Vous pouvez accéder à ces machines avec n'importe quel navigateur Web.

Distributeur de soda

Les étudiants en ingénierie sont un troupeau d'assoiffés qui n'aiment pas faire une incursion infructueuse pour assouvir leur soif, aussi ont-ils une vieille tradition qui consiste à mettre des distributeurs de boissons sur le réseau. C'est vrai, vous pouvez trouver quelques distributeurs de soda sur l'Internet en plus de celui de l'Université Carnegie Mellon (`www.cs.cmu.edu`) dont nous vous avons parlé au Chapitre 13. La liste des distributeurs de soda accessibles sur l'Internet se trouve sur `www.cs.cmu.edu/~coke`.

Ces machines peuvent être examinées par différents clients, dont finger, telnet, et les navigateurs Web. La Figure 20.1 reprend l'image de deux d'entre elles, dont l'une se trouve à la Computer Science House du Rochester Institute of Technology à Rochester, New York. Pour avoir un premier aperçu, accédez à l'URL suivante avec votre navigateur Web : `www.csh.rit.edu/projects/drink/`.

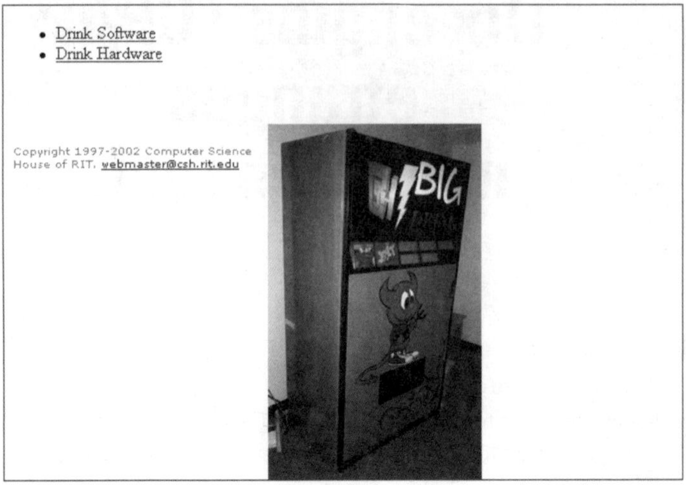

Figure 20.1 : Ce distributeur de soda accessible sur Internet attend de vous servir.

Grille-pain

Les grille-pains sont les machines favorites des fournisseurs pour démontrer les capacités de leurs stations de gestion SNMP (Simple Network Management Protocol). Grâce à une bonne connexion entre l'hôte et le grille-pain, il est facile de contrôler le toast et de déterminer le temps nécessaire pour griller une tranche de pain ou un muffin.

Vous ne trouverez pas de grille-pains connectés en permanence sur l'Internet. Vous devrez plutôt les rechercher dans des démonstrations commerciales ou dans des conférences techniques, ou vous contenter de jeter un œil sur l'une de leurs photos sur `www.internode.com.au`.

Cafetière

Qu'est-ce qu'un toast sans café ? Le laboratoire informatique de l'Université de Cambridge (au Royaume-Uni et non dans le Massachusetts) a mis une cafetière sur l'Internet. Bon, ils trichent un peu : une caméra vidéo est orientée vers la cafetière et toutes les images enregistrées sont disponibles sur l'Internet. Avec votre navigateur Web, accédez à cette URL : `www.cl.cam.ac.uk/coffee/coffee.html`.

D'autres friandises en vidéo

Vous avez maintenant un café et un toast. Et les protéines ? Tout un chacun sait que les poissons et les insectes sont une bonne source de protéines.

Les poissons sont à cette adresse : `www.netscape.com/fishcam/fishcam.html` (Figure 20.2).

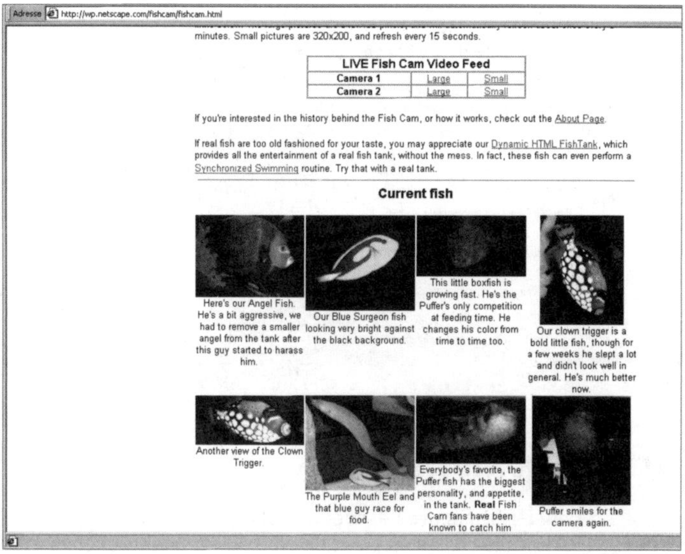

Figure 20.2 : Il est beau mon poisson ! Il est beau !

Un réfrigérateur

Paul Haas a connecté des capteurs/détecteurs dans les parties vacantes de son réfrigérateur (`www.hamjudo.com/cgi-bin/refrigerator`). Comme vous pouvez le constater à la Figure 20.3, l'ordinateur contrôle les capteurs/détecteurs et fait le compte-rendu de :

- La température du réfrigérateur.
- La température du congélateur.
- La température d'une canette de Coca Light.
- L'état de l'ampoule.
- L'état de la porte.

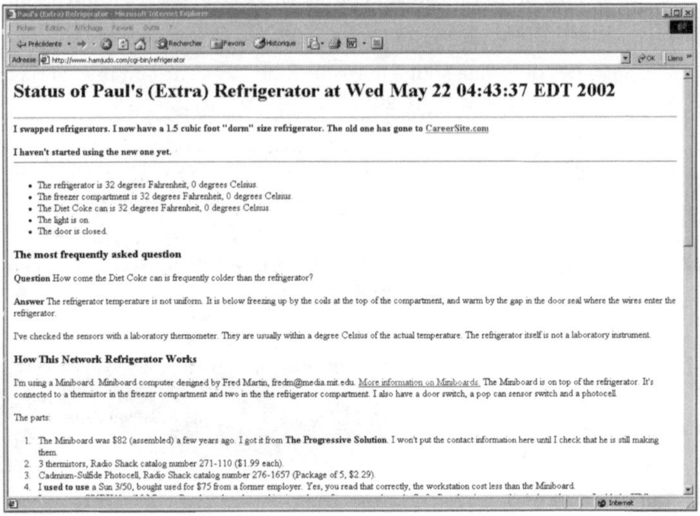

Figure 20.3 : Y a-t-il des restes du banquet TCP/IP ?

Un thermomètre

Paul Haas, encore lui, avec son thermomètre. La Figure 20.4 indique les conditions, mais omet de dire s'il est en marche. Ici, pas de caméra vidéo – devrions-nous lui en être reconnaissant ? – aussi devez-vous envoyer un courrier électronique à Paul avant de passer chez lui. Si vous naviguez sur le Web, le thermomètre et le FAQ du thermomètre sont sur `www.hamjudo.com/cgi-bin/hottub`.

Les stations météorologiques

Les données météorologiques sont constamment réunies par des instruments tout autour du monde. Nous aurions pu vous donner l'adresse de celle de l'Université de Washington afin que vous vous

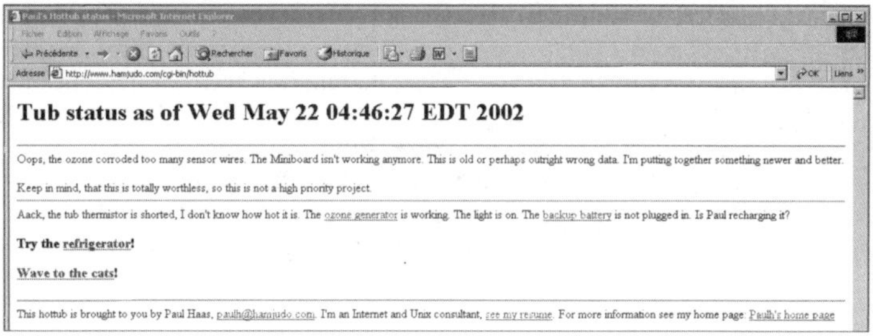

Figure 20.4 : Après manger, attendez au moins une heure avant de prendre votre température !

décidiez de prendre ou non la voiture pour vous rendre dans la banlieue de Seattle. Mais pourquoi ne pas vous intéresser à la station de Norvège : `www.adm.uit.no/studie/foreign/index.htm`.

Ou voir comment les pingouins se reproduisent en Antarctique : `www.antdiv.gov.au/stations/mawson/mawson_aws.html`.

Ou encore connaître les prévisions météo de votre week-end sur le site de Météo France `www.meteo.fr`.

PC d'IBM

C'est vrai ! De nos jours, un PC original d'IBM – avec 64 K de RAM et un lecteur de disquette 5 pouce1/4 et sans disque dur – est considéré comme une machine "plutôt étrange".

La station spatiale internationale

D'accord, la station spatiale internationale n'est pas connectée à l'Internet, mais vous pouvez observer quelques-unes des opérations de la NASA (National Aeronautics and Space Administration) sur `www.ambitweb.com/nasacams/nasacams.html` et aussi sur `www.nasa.gov`. Nous sommes sûrs que de nombreux autres sites Web apparaîtront tandis que se poursuit l'effort international pour concevoir et réaliser une station spatiale.

Bipeurs

Nous pouvons comprendre que vous souhaitiez que les gens puissent vous biper facilement (en fait ils vous envoient un message alphanumérique), ce qui est possible en connectant votre bipeur à l'Internet.

Mais pourquoi devriez-vous expliquer au monde entier comment y accéder ? C'est vrai, vous pouvez être bipé à n'importe quelle heure du jour et de la nuit par des gens qui vous sont totalement inconnus, des gens confortablement installés chez eux dans des zones aux fuseaux horaires différents du vôtre. Nous doutons sérieusement que vous les rappeliez, en particulier s'ils vous laissent un numéro de téléphone non attribué, quand ils vous en laissent un. Peut-être pourriez-vous inverser la facturation pour éviter les frais de communications téléphoniques longue distance.

Si vous voulez toujours connecter votre bipeur sur Internet, vous pouvez contacter Jonathan Rosenson (`www.rosenpages.com`). S'ils vous rappellent, peut-être vous expliqueront-ils comment procéder.

Chapitre 21

Surveillez vos arrières : dix astuces pratiques en matière de sécurité

Dans ce chapitre :

- Protégez-vous ainsi que votre navigateur.
- Naviguer incognito.
- Rechercher et effacer vos traces cachées dans votre navigateur.

Ce chapitre vous donne un ensemble de règles de survie qui vous permettront d'éviter de vous faire manger tout cru par les failles de la sécurité.

Soyez paranoïaque

Dissimulez vos traces. Si vous voulez que personne ne vous voie naviguer sur le Web, restez anonyme. Recherchez les sites Web qui vous permettent de protéger votre identité.

Soyez CERTain de connaître les dangers

Les internautes prudents s'inscrivent d'eux-mêmes sur la liste de mailing du CERT (Computer Emergency Response Team). Le CERT vous informe des dernières failles de sécurité et vous indique comment les pallier ou les contourner. Pour figurer sur la liste de diffusion du CERT, envoyez un courrier électronique à `cert_advisory-resquest@cert.org`. Entrez le mot "inscription" pour sujet.

Reportez-vous au Chapitre 17 pour consulter la liste des autres ressources du CERT et pour savoir comment y accéder.

Sachez ce que votre navigateur est en train de faire

Vérifiez que votre navigateur utilise un protocole de sécurité tel que SSL v2 ou v3 qui supporte le cryptage. Assurez-vous aussi que le protocole est activé, ce qui vous permet d'utiliser une connexion SSL quand vous envoyez des informations personnelles comme le numéro de votre carte de crédit sur Internet.

Soyez capable d'identifier, de voir et de supprimer les certificats de clé publique personnelle que vous avez obtenus auprès d'une Autorité de certification. La Figure 21.1 présente les informations qui s'affichent en pressant les touches Ctrl + Shift + I dans Netscape Navigator 3.0 (Windows Security info menu). La Figure 21.2 présente les fonctionnalités similaires du menu de Microsoft Internet Explorer 4.0 (IE4).

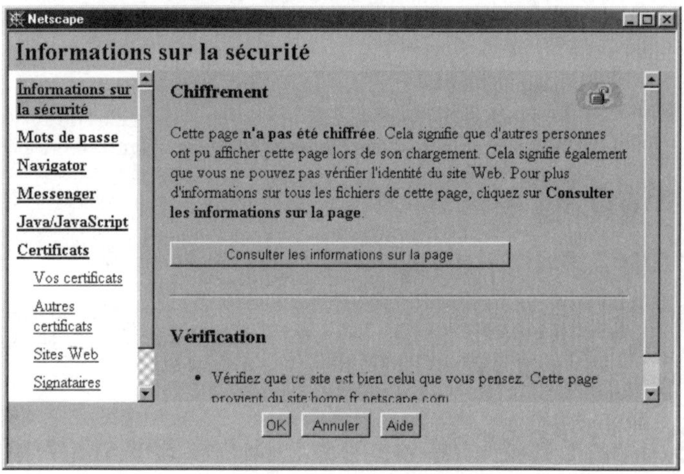

Figure 21.1 : Vérifiez les paramètres de sécurité de Navigator.

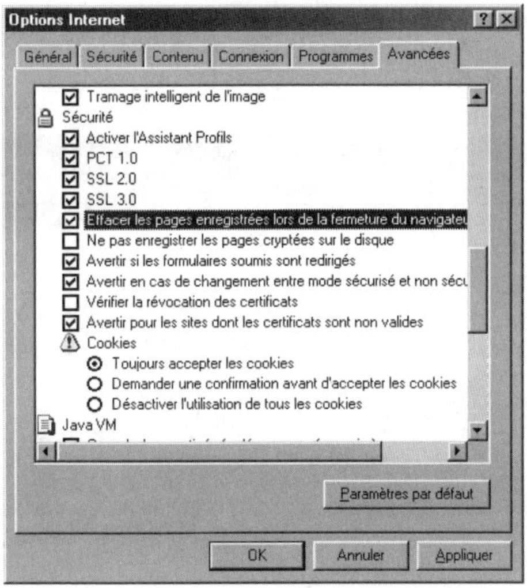

Figure 21.2 : Vérifiez les paramètres de sécurité d'Internet Explorer.

Mettez à jour la sécurité de votre navigateur

Lorsque les fournisseurs de logiciels trouvent des failles dans la sécurité de leurs navigateurs (ce qui arrive malheureusement), ils publient des patches que vous pouvez télécharger pour régler le problème. Récupérez des patches de sécurité pour Internet Explorer sur le site de Microsoft `www.microsoft.com/security/`, puis suivez le lien pour mettre à jour Internet Explorer 4.0. Microsoft met régulièrement à jour son site, aussi devriez-vous le consulter fréquemment. Pour les patches et bogues de Netscape, consultez la page dédiée à la sécurité sur `home.netscape.com/products/security`.

Préservez votre intimité

Le cache du disque de votre navigateur conserve une copie de toutes les pages auxquelles vous avez accédé. Si vous laissez votre ordinateur sans surveillance, des petits curieux pourraient consulter votre répertoire cache pour voir où vous avez navigué. Nettoyez le cache afin que ces personnes indiscrètes n'apprennent rien sur vos habitudes de navigation. Les différents navigateurs utilisent différentes méthodes pour gérer le cache. La Figure 21.3 montre comment un utilisateur d'Opera choisit d'utiliser le cache dans le menu Préférences/Cache.

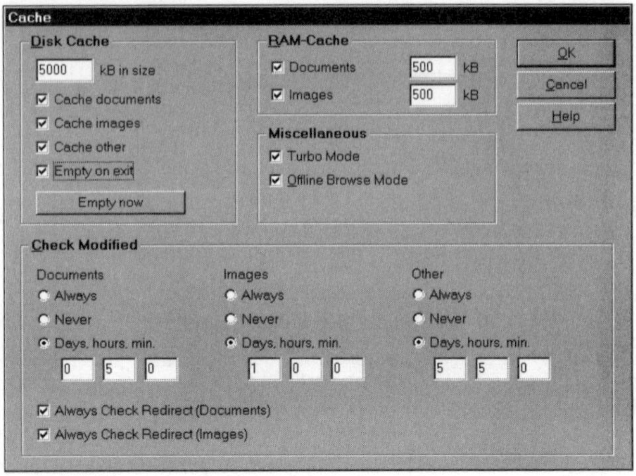

Figure 21.3 : Videz le cache des fouineurs.

Quand votre navigateur affiche une page cryptée, il laisse une version décryptée de cette page dans le cache de votre disque. Reportez-vous au Chapitre 17 pour de plus amples informations.

Pour vider le cache de votre navigateur Internet Explorer 4.0, sélectionnez Aperçu/Option/Général, puis cliquez sur le bouton Supprimer les fichiers. Pour vider le cache du disque à partir de votre navigateur Netscape Navigator, sélectionnez Éditer/Préférences/Avancé/Cache, puis cliquez sur le bouton Effacer le cache disque.

Vous pouvez configurer vos options de sécurité pour vider le cache de votre disque chaque fois que vous quittez le navigateur. Reportez-vous aux Figures 21.1 et 21.2.

Dissimulez vos traces de navigation dans le registre de Windows

Lorsque vous entrez une URL dans Internet Explorer, vous pouvez ultérieurement y accéder de nouveau à partir d'un menu, ce qui signifie que cette URL a été stockée quelque part afin de vous simplifier la vie. Ce quelque part n'est rien d'autre que la base de registres

Windows. Vous pouvez utiliser l'Editeur de la base de registre pour dissimuler vos traces.

Voici comment virer ces URL :

1. **Fermez Internet Explorer.**
2. **Choisissez Exécuter et entrez "regedit". Cliquez sur le bouton Entrée.**
3. **Gardez ouvert "Hkey_Current_User/" jusqu'à ce que vous trouviez "Sofware/Microsoft/Internet Explorer/TypedURLs" sur le côté gauche de l'affichage.**

   La Figure 21.4 fait apparaître ces valeurs dans la base de registres.

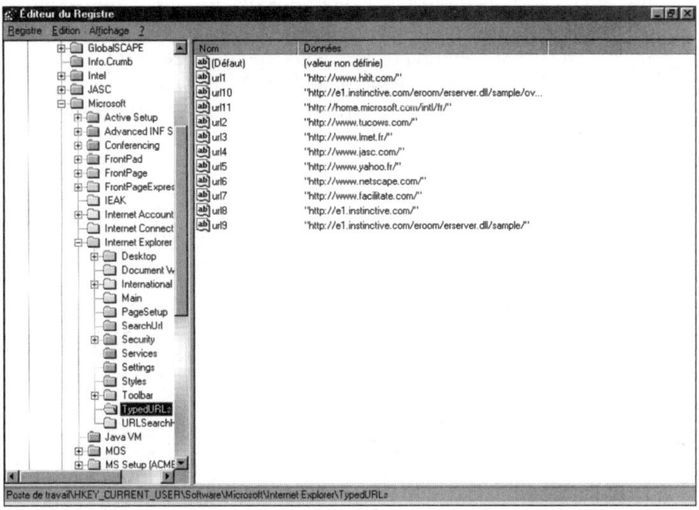

Figure 21.4 : Ne laissez aucune trace d'une URL d'Internet Explorer 4 dans le registre.

   Pour Netscape Navigator, ouvrez "Hkey_Current_User/" jusqu'à ce que vous trouviez "Software/Netscape Navigator/URL history".

4. **Examinez la liste des liens Web, en commençant par url1.**
5. **Supprimez les URL.**

Lorsque vous supprimez une URL, celles qui suivent ne sont plus visibles dans la liste déroulante du navigateur dans Internet Explorer. Cependant, elles existent encore dans le registre.

Quelques astuces juteuses sur le SPAM

Le SPAM est un courrier électronique non sollicité, en général bon à jeter aux ordures. Habituellement, les expéditeurs de tels messages récupèrent votre adresse électronique à partir de vos envois vers les forums Usenet. Mais vous n'avez pas à renoncer aux forums pour éviter ce type de courrier. Ajoutez simplement une expression comme "NOSPAM" à l'adresse électronique à laquelle on peut vous joindre. Vous pouvez aussi choisir n'importe quelle expression du moment qu'elle enlève toute signification à votre adresse électronique. Bien sûr, nous savons que vous ne choisirez rien de douteux ! Faites-le lorsque vous configurez votre client Usenet. Par exemple, Candace pourrait transformer `cardinalci@aol.com` en `cardinal@NOSPAMARAMA.aol.com`.

Soyez bons pour vos camarades des forums. Ajoutez une note dans vos messages qui mentionne "si vous voulez me répondre, supprimez NOSPAM de mon adresse électronique". Ceux qui voudront vous répondre sauront exactement quoi faire, mais les extracteurs automatiques d'adresses électroniques seront déconcertés face à cette adresse invalide.

Chapitre 22

Dix méthodes pour récupérer des RFC

Dans ce chapitre :

- Trouver les RFC dans un index.
- Utiliser le Web pour trouver RFC.
- Utiliser FTP anonyme pour trouver RFC.

La méthode la plus facile et la plus commune pour consulter une RFC (Request For Comments) en ligne est de se rendre sur le World Wide Web. Si vous avez besoin ou si souhaitez disposer de votre propre copie, vous pouvez la récupérer via un FTP anonyme. Les RFC sont disponibles sur de nombreux sites dans le monde entier, notamment celui du RFC Editor de l'IETF (`www.rfc-editor.org`).

Toutes les RFC ont des titres, mais leur numéro est la clé qui permet de les trouver, plus particulièrement si vous utilisez un FTP anonyme. Connaître le numéro de la RFC que vous recherchez vous suffit pour vous mettre en chasse (sautez jusqu'aux sections "Utiliser le Web pour récupérer une RFC" ou "Utiliser un FTP anonyme pour récupérer une RFC", si vous connaissez déjà le numéro de RFC que vous voulez). A moins que vous ayez appris par cœur tous les numéros des RFC – il en existe plus de 2 400 ! – votre première tâche sera de trouver un index des RFC.

Trouver un index des RFC

Un index des RFC dresse la liste de toutes les RFC, qui comprend en général leur numéro et leur nom. Plusieurs index de RFC sont disponibles sur le Web ainsi que sous la forme de fichier texte que vous pouvez récupérer sur un FTP anonyme.

Reportez-vous à la section "Utiliser un FTP anonyme pour récupérer une RFC", plus loin dans ce chapitre pour savoir comment obtenir votre propre copie de l'index des RFC.

Comprendre les entrées dans un index des RFC

Le contenu d'une entrée d'un index des RFC varie en fonction de la personne qui entretient cet index. Les entrées dans l'index des RFC de l'IETF mentionnent les informations suivantes :

- Le numéro RFC.
- L'auteur.
- Le titre.
- La date de parution.
- Le nombre de pages.
- Le format : texte (.txt) ou Postscript (.ps).
- Le type : si une RFC est aussi un FYI ou un STD.
- La relation entre cette RFC et toutes les autres : si cette RFC est une mise à jour d'une RFC existante, ce qui rend la précédente RFC obsolète, ou si elle est devenue obsolète à cause d'une autre RFC.

Par exemple, l'entrée de la RFC 1 129 contient les informations suivantes :

```
D.Mills, "Internet time synchronisation : the network
   Time Protocol", 10/01/1989, (Pages=29)
(Format=.ps)
```

Cette entrée nous indique que la RFC 1 129 est rédigée par D. Mills et s'intitule *Internet Time Synchronisation : the Network Time Protocol*. Publiée le 1er octobre 1989, elle contient 29 pages PostScript. Elle n'a ni été mise à jour, ni remplacée par une autre RFC. Ce n'est ni un FYI ni un STD. (Rappelez-vous qu'il s'agit ici d'un exemple. Ces informations peuvent avoir été modifiées depuis.)

Le format de nom RFC

Les noms de fichiers RFC adoptent la convention suivante, où #### représente le numéro de RFC, sans tenir compte des zéros :

```
Rfc####.txt
Rfc####.ps
```

L'extension .txt désigne un fichier texte, l'extension .ps désigne un fichier PostScript. La version PostScript contient souvent des images et des graphiques qui ne peuvent être représentés en mode texte. Cependant, vous aurez besoin d'une imprimante PostScript ou d'un visualisateur PostScript pour consulter le contenu du fichier.

Ainsi la version PostScript de RFC 1 291 correspond au fichier nommé rfc1291.ps.

TRUC

Quand vous chargez une copie d'une RFC grâce à un FTP anonyme, faites attention à bien copier le fichier au format que vous souhaitez.

Utiliser le Web pour récupérer une RFC

RFC ALERT

Quand vous lisez une RFC sur le Web, vous n'avez pas à vous préoccuper du format du fichier, parce que le HTML s'occupe de tout. Lire une RFC sur le World Wide Web est facile : naviguez simplement jusqu'à `www.rfc-editor.org/categories`. RFC Editor regroupe les RFC par catégories, ce qui en facilite la recherche. La Figure 22.1 reprend la page des catégories de RFC Editor, où apparaissent les noms des sites Web qui contiennent des RFC.

RFC ALERT

Les RFC sont stockées sur de nombreux serveurs Web. Pour trouver un serveur Web proche de vous, utilisez un moteur de recherche Web. Il vous permettra aussi de trouver les sites qui disposent d'un index RFC ou de la RFC précise que vous désirez.

D'autres personnes ou sociétés possèdent des sites Web sur lesquels se trouvent des RFC. L'un de nos sites préférés est le site de Lynn Wheeler (`www.garlic.com/~lynn/rfcietf.html`.). En plus des RFC, il inclut des liens vers des références utiles sur TCP/IP et Internet. Le site Web de Philippe Dax comprend des RFC et un guide de

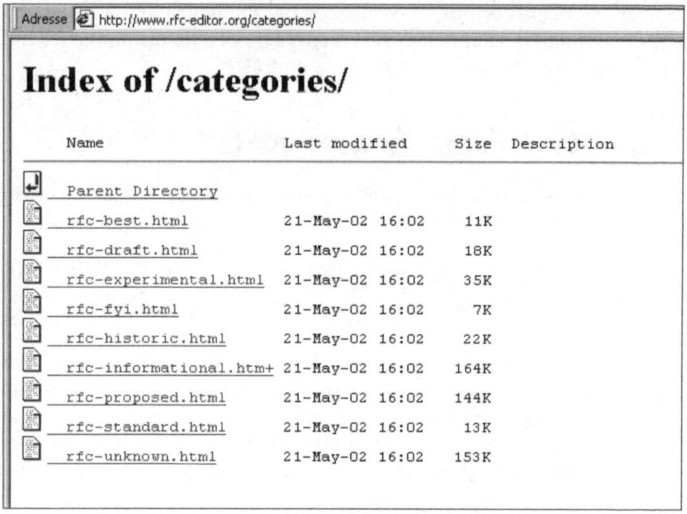

Figure 22.1 : Choisissez une catégorie. Les RFC sont si proches que vous pourriez presque les toucher.

l'utilisateur sur les protocoles de TCP/IP (en français) dont IPv6 (consultez `www.infres.enst.fr/~dax/services/rfc/`). La Figure 22.2 reprend la page RFC de ce site. Une fois que aurez lu les RFC, remontez d'un niveau jusqu'à la page d'accueil de M. Dax pour accéder à d'abondantes informations en français.

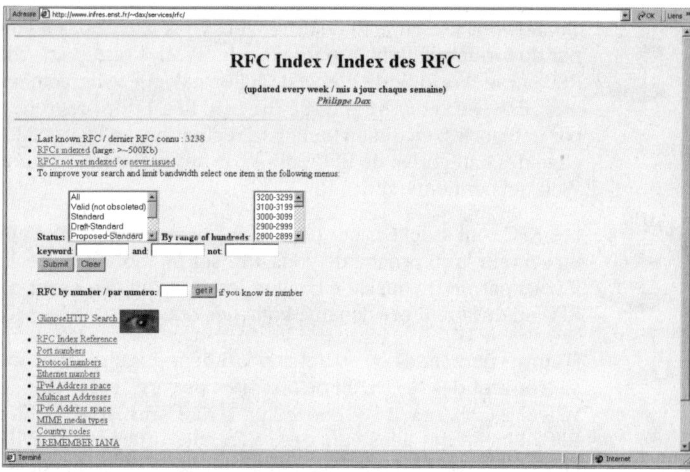

Figure 22.2 : Après avoir lu les RFC, prenez le temps de naviguer sur ce site.

Utiliser un FTP anonyme pour récupérer une RFC

Si vous souhaitez obtenir votre propre copie d'un index des RFC ou si vous possédez le numéro de la RFC que vous voulez copier, il va falloir sortir votre client FTP anonyme. Si nécessaire, reportez-vous au Chapitre 17 pour vous rafraîchir la mémoire sur le FTP anonyme.

1. **Connectez-vous à un site FTP anonyme qui contient une liste de RFC.**

   La Figure 22.3 représente un site Web très utile, `www.tile.net/ftp/rfcs.html`, qui répertorie tous les sites FTP anonyme qui contiennent des RFC. Il peut paraître bien étrange d'aller sur le Web pour trouver des archives FTP, mais croyez-nous, ça vaut le coup de récupérer une liste aussi complète.

Figure 22.3 : Passez sur le Web avant d'utiliser le FTP anonyme.

2. **Déplacez-vous dans le répertoire où les RFC sont stockées en utilisant la commande FTP** `cd/rfc`**.**

3. **Utilisez la commande FTP** `get` **pour transférer les fichiers que vous désirez sur votre ordinateur.**

Par exemple, vous pourriez utiliser `get rfc-index.txt`.

A la Figure 22.4, nous récupérons la RFC 1077 au format texte.

```
C:\WINDOWS>ftp cs.ucl.ac.uk
Connected to cs.ucl.ac.uk.
220 cs.ucl.ac.uk FTP server (SunOS 4.0) ready.
User (cs.ucl.ac.uk:(none)): anonymous
331 Guest login ok, send ident as password.
Password:
230 Guest login ok, access restrictions apply.
ftp> dir
dr-xr-xr-x  2 0     0         512 Mar  1  1996 mmanela
dr-xr-xr-x  4 0     0         512 Apr 19  1996 osisec
dr-xr-xr-x  9 0     0         512 Nov 23 14:54 papagena
dr-xr-xr-x  7 0     0        1536 Jun  5  1997 pyggy
dr-xr-xr-x  3 0     0         512 Nov 24 09:47 rbordini
dr-xr-xr-x  2 0     0         512 May 29  1996 relate
dr-xr-xr-x  3 0     0         512 Oct 13  1994 research
dr-xr-xr-x  2 0     0       31232 Dec  8 17:42 rfc
dr-xr-xr-x  6 0     0         512 Nov 11 13:55 toast
dr-xr-xr-x  9 0     0         512 Mar  5  1998 vr
226 ASCII Transfer complete.
4393 bytes received in 1.64 seconds (2.68 Kbytes/sec)
ftp> cd rfc
250 CWD command successful.
ftp> dir rfc1077*
200 PORT command successful.
150 ASCII data connection for /bin/ls (32.100.56.23,2170).
-r--r--r--  1 0     0      113877 Jun 23  1989 rfc1077.txt
226 ASCII Transfer complete.
67 bytes received in 0.05 seconds (1.34 Kbytes/sec)
ftp> get rfc1077.txt
200 PORT command successful.
150 ASCII data connection for rfc1077.txt (32.100.56.23,2171) (113877 bytes).
226 ASCII Transfer complete.
116449 bytes received in 13.51 seconds (8.62 Kbytes/sec)
ftp> quit
221 Goodbye.

C:\WINDOWS>
```

Figure 22.4 : Récupérer une copie d'une RFC est facile !

TRUC

Les RFC sont stockées sur de nombreux sites FTP anonymes. Voici la liste de quelques-uns :

- `src.doc.ic.ac.uk`
- `ftp.isi.edu`
- `wuarchive.wustl.edu`
- `sunsite.unc.edu` (dans le répertoire `/pub/docs/rfc`)

Chapitre 23

Dix RFC qui valent le coût

Dans ce chapitre :

- Découvrir ce que les Martiens pensent de TCP/IP.
- Obtenir les réponses aux questions les plus courantes sur l'Internet.
- Comprendre comment fonctionnent les RFC.
- Apprendre à utiliser les outils et les applications TCP/IP.
- Découvrir toutes sortes d'informations sur la sécurité.

Il existe plus de 2 400 RFC (Requests for Comments). Nombre d'entre elles peuvent être utilisées comme d'excellents somnifères, mais celles que nous répertorions dans ce chapitre ont au moins un intérêt marginal.

Comme Internet et TCP/IP sont intimement liés, de nombreuses RFC traitent non seulement des protocoles mais aussi du Net et du Web.

TRUC

Le Chapitre 22 vous explique comment récupérer la liste de toutes les RFC actuellement disponibles. Pour en obtenir d'étranges et d'amusantes, cherchez dans l'index RFC les RFC datées du 1er avril.

Une vision de Mars

RFC ALERT

RFC 1607 : A view from the 21st Century. Cette RFC est véritablement exaltante. Elle a été rédigée par Vinton Cerf (le grand-père de l'Internet) sous une forme épistolaire où l'auteur travaille quelque part sur la planète Mars, vers 2023. Avec humour, il raconte l'histoire de l'explosion de l'Internet comme elle risque d'être perçue dans un futur proche. Certains de ses commentaires sur l'Internet venant à manquer d'adresses sont très amusants, notamment à la lumière du travail qui a été effectué sur les nouveaux espaces d'adressage IP.

Vous avez besoin du bon outil pour travailler

RFC2151 : A Primer on Internet and TCP/IP Tools and Utilities. Cette RFC est un guide des applications TCP/IP, des utilitaires et des outils, dont nslookup, ping, finger, telnet, ftp, whois, Archie, Veronica, WAIS, Gopher et de nombreux autres. Elle dresse aussi la liste des forums de discussion et des listes de diffusion, et comprend un guide pour mieux comprendre l'Internet.

Le guide du routard

RFC 1118 : The Hichhicker's Guide to the Internet. Cette RFC fut écrite pour aider les nouveaux internautes à comprendre l'histoire et le devenir de l'Internet. Vous y trouverez aussi un guide vous permettant d'obtenir des informations en ligne sur l'utilisation d'Internet et sur les règles à suivre pour être un bon internaute. C'est aussi une excellente introduction à TCP/IP à l'attention des nouveaux venus, parce que les développements d'Internet et de TCP/IP vont toujours de pair.

Comment puis-je... ?

RFC 1594 : FYI On Questions and Answers – Answers to Commonly Asked "New Internet User" Questions. Si vous êtes nouveau sur l'Internet, lisez cette RFC. Il y a fort à parier que vos questions ont déjà été posées et qu'elles ont déjà obtenu des réponses.

Le catalogue RFC complet

RFC 1000 : The Request for Comments Reference Guide. Cette RFC est historique. Elle retrace l'histoire de la naissance des protocoles et comment le processus RFC a été mis en place. Elle répertorie aussi les diverses catégories dans lesquelles une RFC peut être classée, car toutes les RFC ne définissent pas des standards – certaines sont éducatives (FYI), alors que d'autres sont humoristiques.

C'est officiel

RFC 2400 : Internet Official Protocol standards. Cette RFC décrit le processus IAB (Internet Advisory Board) de standardisation des protocoles. Cette RFC est elle-même un standard de l'Internet. RFC 2 400 répertorie aussi les protocoles par catégorie :

- Standards.
- Projets de standard.
- Standards proposés.
- Protocoles expérimentaux.
- Protocoles informatifs.
- Protocoles historiques.
- Protocoles obsolètes.

Ressentez-vous un sentiment d'insécurité ?

RFC 2084 : Considerations for Web Transaction Security. Cette RFC répertorie les conditions requises par la sécurisation des transactions sur le Web qui devrait être implémentées soit par une extension de HTTP, soit par un protocole de sécurité séparé. Les services proposés comprennent la confidentialité, l'intégrité des transactions, l'authentification des utilisateurs et serveurs ainsi que les serveurs proxy.

Ne faites confiance à personne !

RFC 1244 : Site Security Handbook. Cette RFC propose des directives sur la gestion de la sécurité des ordinateurs sur Internet. C'est une bonne référence de départ pour les administrateurs de réseau et les responsables de la sécurité, qui les aidera à mettre en œuvre la politique et les procédures d'une organisation.

Cette RFC traite des pratiques sécuritaires en vigueur aux Etats-Unis. Si vous gérez un réseau ailleurs, les idées et les concepts de cette RFC sont utiles, mais nombre des ressources listées ne sont disponibles qu'aux Etats-Unis.

Voici quelques-uns des thèmes abordés dans la RFC 1244 :

- Comprendre les besoins d'une politique de sécurité.

- Etablir une politique de sécurité et des procédures.
- Déterminer les ressources qui doivent être protégées.
- Sécuriser votre système quand les règles sont violées.
- Contrôler les activités non autorisées et les intrusions.
- Répondre aux activités non autorisées et aux intrusions.

La vérité est ailleurs

RFC 1462 : What Is the Internet ? Voici une autre RFC de type FYI, connue également sous le nom FYI 20. Elle a été rédigée par le User Services Working Group of the Internet Engineering Task Force (IETF). Ce groupe a pour membres la plupart des personnes généreuses que nous avons citées au Chapitre 1. Cette RFC contient les informations extraites du livre *The Whole Internet User's Guide and Catalog* de Ed Krol.

Cette RFC traite également des opportunités commerciales qu'offre Internet. La commercialisation du Net est un des sujets les plus à la mode. Cette RFC contient quelques informations concernant les origines et les directions que prend cette activité commerciale.

Le livre de cuisine

RFC 1180 : A TCP/IP Tutorial. Cette RFC est une étude technique, expliquant étape par étape le chemin suivi par datagram IP quand il se déplace d'une source hôte à une destination via un routeur. Si vous écrivez une application TCP/IP ou une implémentation, cette RFC est inestimable.

Tables séparées : avis aux utilisateurs de sous-réseau

RFC 1219 : On the Assignement of Subnet Numbers. A moins que vous n'ayez à gérer des sous-réseaux (diviser un réseau en petits morceaux interconnectés), ne vous embarrassez pas de cette RFC. Néanmoins, si vous gérez des réseaux de sous-réseaux, vous pourrez trouver cette RFC utile : elle propose des procédures pour attribuer un numéro au sous-réseau dans le réseau principal de votre organisation.

Chapitre 24

Dix sites Web sur TCP/IP

Dans ce chapitre :

- Trouver d'excellents sites Web.
- Explorer les coins et les recoins de TCP/IP.

Le Web est l'une des meilleures sources pour trouver du TCP/IP à se mettre sous la dent – des ingrédients de base (les protocoles) aux ustensiles (les applications) jusqu'aux gamelles (standards et procédures d'Internet).

Nous ne pouvons pas vous garantir l'exactitude des informations auxquelles vous pourrez accéder via les liens que vous trouverez en parcourant ces sites Web. Nous avons simplement visité ces sites et nous avons été impressionnés par le contenu qu'ils proposaient.

Gober tout rond Zdnet

Nous adorons le site de Ziff Davis, `www.zdnet.com`. On y trouve bien plus que des informations strictement réservées à TCP/IP, mais les rubriques réservées à Internet, à TCP/IP et aux réseaux sont excellentes. C'est un endroit merveilleux pour obtenir des informations non seulement pour l'Internet, mais aussi sur le monde informatique en général. Vous pouvez aussi lire des articles extraits des magazines comme *PC Week*, *PC Computing*, et *PC Magazine*. Vous pouvez aussi obtenir un compte de courrier électronique gratuit sur ZDNet. Le seul problème que pose ce site est que votre cerveau risque d'exploser si vous essayez d'en digérer toutes les informations.

Bouffer du Netscape

Comme le Netcenter de Netscape, `www.netscape.com`, est un portail, vous pouvez trouver tout et n'importe quoi de l'entrée au dessert. Nous apprécions particulièrement la catégorie "Informatique et Internet" pour rechercher des informations sur Internet, comme sur la sécurité. Vous pouvez également télécharger des navigateurs et des outils, et vous abonner aux nouvelles d'Internet. Vous pouvez même apprendre à créer des pages Web en construisant un site Web et accéder via des liens à des exemples.

CENT, `www.cent.com`, est l'un de ces sites géants où chacun peut trouver son bonheur. Nous vous recommandons de déguster leur *Guide du débutant en informatique*. Ne soyez pas froissé si vous n'êtes plus un débutant. Nous vous recommandons ce guide parce qu'il inclut :

- Le guide du débutant pour le téléchargement.
- Des astuces concernant les courriers électroniques.
- Le dernier guide des ISP de CENT.
- 20 questions sur le fonctionnement du réseau.

Déguster InterNIC

Visitez le site Web INterNIC (`www.internic.net`). Vous trouverez quasiment tout sur TCP/IP et les réseaux. L'interNIC propose :

- **Une documentation Internet** : toute la documentation technique sur les protocoles TCP/IP.
- **Une liste des nouveautés** : mettez-vous à jour des dernières technologies Internet.
- **La série des 15 minutes** : des formations en ligne sur l'Internet.
- **Un WebFinder** : un moteur de recherche Internet d'InterNIC qui effectue des recherches sur les serveurs Web.
- **Le moteur de recherche des fournisseurs d'accès à Internet :** il vous permet de trouver un fournisseur d'accès à Internet local.
- **Les répertoires des pages jaunes et blanches** : il vous permet de trouver des personnes et des entreprises sur l'Internet.

- **Les répertoires de sujets du World Wide Web** : il vous permet de naviguer dans des répertoires d'informations liées à l'Internet et classées par sujet.
- **La liste des listes de diffusion** : elle vous permet de trouver un forum de discussions par courrier électronique ou un forum de discussions Usenet.
- **Les bibliothèques en ligne** : vous permettent d'effectuer des recherches dans les catalogues des bibliothèques du monde entier.
- **Le moteur de recherche Usenet** : recherche dans les archives des forums de discussions Usenet.

Tester AlterNIC

Vous trouverez bien plus que des informations sur l'enregistrement des domaines sur AlterNIC. La page d'accueil de AlterNIC, `www.alternic.org`, vous renvoie vers des RFC, des informations sur le SPAM et sur des documents abordant les problèmes de confidentialité, de sécurité et le cryptage.

Qu'est-ce que Whatis ?

Whatis, `www.whatis.com`, est un super-glossaire de termes informatiques, y compris sur les termes de TCP/IP et des interconnexions. En plus de fournir des définitions, whatis propose des liens vers d'autres sources d'information qui complètent ses propres définitions. Tout le monde peut suggérer une définition ou un terme qui sera ajouté. Pourquoi ne pas vous connecter et voir s'il y manque un terme que vous connaissez ? Si tel est le cas, suivez les instructions pour demander à ce qu'il soit rajouté.

Griller Web Proforums

Présenté par le International Engineering Consortium, ce site (`www.webproforum.com`) contient des liens vers des cours rédigés par de nombreuses organisations. Nous avons téléchargé le document sur la sécurité d'Internet de Sun Microsystems, ce qui n'a pris que deux minutes à télécharger avec notre modem 56 Kbits. Ce document inclut un petit test que vous pouvez faire pour déterminer votre niveau de compréhension. Vous trouverez également des références vers d'autres documents.

Goûter le Dot Com

Une visite à ce site (networksolutions.com/DOTCOM/) vous aide à mettre en place votre activité commerciale sur l'Internet. Vous y trouverez des explications sur les domaines et sur les bases du commerce électronique.

Savourer Spectral

Si vous décidez d'en savoir davantage sur la technique et de pratiquer TCP/IP après avoir lu ce livre, spectral.mscs.mu.edu est un bon point de départ. Ce site universitaire inclut également des formations à JAVA et au HTML.

Essayer NetworkDNA

Ce site (networkdna.com) contient un ensemble de leçons et de FAQ sur TCP/IP en général et sur Windows NT et LINUX (la version gratuite et sulfureuse de UNIX). N'oubliez pas de visiter le lien vers Linux Ressource Kit – ne soyez plus effrayé par la simple évocation de "Linux" car ce site contient de très nombreux documents et des leçons pour vous former à TCP/IP.

Siroter le Secret Agent's Networking Page

Ce site technique (www.secretagent.com/networking/ip.html) contient un ensemble de documents sur les divers aspects de TCP/IP, comme le routage, les sous-réseaux, et la gestion réseau SNMP.

Feuilleter Cisco System'Internetworking Technology Overview

Ce site (www.cisco.com/univercd/cc/td/doc/cisintwk/ito_doc/index.htm) contient un livre électronique complet. Vous pouvez ne pas lire ce livre dans son entier, mais si vous souhaitez approfondir vos connaissances sur TCP/IP, commencez par le chapitre "Introduction au réseau sur l'Internet". Puis, passez au chapitre "les Protocoles de l'Internet".

Index

D

J

K

L

M

N

S

T

U

" ENFIN DES LIVRES QUI
VOUS RESSEMBLENT ! "

Titre	ISBN	Code
Access 2002 Poche pour les Nuls	2-84427-253-3	65 3297 2
C# Poche pour les Nuls	2-84427-350-5	65 3410 1
C++ Poche pour les Nuls	2-84427-312-2	65 3338 2
Dreamweaver 4 Poche pour les Nuls	2-84427-945-7	65 3197 4
Excel 2000 Poche pour les Nuls	2-84427-964-3	65 3229 5
Excel 2002 Poche Pour les Nuls	2-84427-255-X	65 3299 8
Flash 5 Poche pour les Nuls	2-84427-942-2	65 3202 2
Gravure des CD et DVD Poche pour les Nuls	2-84427-349-1	65 340903
HTML 4 Poche pour les Nuls	2-84427-321-1	65 3363 2
iMac Poche pour les Nuls (3e édition)	2-84427-320-3	65 3362 4
Internet Poche pour les Nuls	2-84427-936-8	65 3198 2
Java 2 Poche pour les Nuls	2-84427-317-3	65 3359 0
JavaScript Poche pour les Nuls	2-84427-335-1	65 3385 5
Linux Poche pour les Nuls	2-84427-313-0	65 3339 2
Mac Poche pour les Nuls 2ème édition	2-84427-319-X	65 3361 6
Mac OS X Poche pour les Nuls	2-84427-264-9	65 3308 7
Office XP Poche pour les Nuls	2-84427-266-5	65 3310 3
Pages web Poche pour les Nuls	2-84427-943-0	65 3195 8
PC Poche pour les Nuls	2-84427-939-2	65 3201 4
Photographie numérique Poche pour les Nuls (la)	2-84427-351-3	65 3411 9
Photoshop 6 Poche pour les Nuls	2-84427-254-1	65 3298 0
TCP/IP Poche pour les Nuls	2-84427-367-X	65 3443 2
Réseaux Poche Pour les Nuls	2-84427-265-7	65 3309 5
Unix Poche pour les Nuls	2-84427-318-1	65 3360 8
Visual Basic 6 Poche pour les Nuls	2-84427-256-8	65 3300 4
Windows Me Poche pour les Nuls	2-84427-937-6	65 3199 0
Windows XP Poche pour les Nuls	2-84427-252-5	65 3296 4
Word 2000 Poche pour les Nuls	2-84427-965-1	65 3230 3
Word 2002 Poche Pour les Nuls	2-84427-257-6	65 3301 2